이럴 때, 연극

이럴 때, 연극

마음의 허기를 달래 줄 연극 처방전

1판 1쇄 발행 2019년 7월 16일
1판 2쇄 발행 2023년 4월 7일

지은이   최여정

펴낸이   이민선
편집   김유석, 이해진
디자인   박은정
일러스트   박태연
제작   호호히히주니 아빠
인쇄   신성토탈시스템

펴낸곳   틈새책방
등록   2016년 9월 29일(제25100-2016-000085)
주소   08355 서울특별시 구로구 개봉로1길 170, 101-1305
전화   02-6397-9452
팩스   02-6000-9452
홈페이지   www.teumsaebooks.com
페이스북   www.facebook.com/teumsaebook
인스타그램 @teumsaebooks
블로그   www.naver.com/teumsaebooks

ISBN 979-11-88949-17-5   03680

※ 이 도서는 한국출판문화산업진흥원 '2019년 우수출판콘텐츠 제작 지원' 사업 선정작입니다.
※ 이 책 내용의 전부 또는 일부를 재사용하려면 반드시 저작권자와 틈새책방 양측의 동의를
   받아야 합니다.
※ 책값은 뒤표지에 표시돼 있습니다.

이 도서의 국립중앙도서관 출판예정도서목록(CIP)은 서지정보유통지원시스템 홈페이지(http://
seoji.nl.go.kr)와 국가자료종합목록 구축시스템(http://kolis-net.nl.go.kr)에서 이용하실 수 있습니
다. (CIP제어번호 : CIP2019025205)

이럴 때, 연극

마음의 허기를 달래 줄 연극 처방전

○○○

최여정 지음

틈새책방

차례

연극이라는 세상에서
당신과 행복했던 그때를 추억하며
고故 홍기유 대표님께 이 책을 올립니다.

프롤로그

연극의 기원을 찾아 여행을 떠나는 당신에게——

무대를 밝히던 희미한 조명이 꺼집니다. 서서히 내려앉는 어둠과 함께 객석의 웅성거림도 잦아들죠. 짧은 고요가 흐르고 이어지는 미세한 긴장감, 그리고 암전. 현실의 시간에서 무대의 시간으로 데려가는 마법의 장치. 가만히 눈을 감습니다. 카운트다운을 시작해 볼까요? 하나, 둘, 셋. 눈부신 스포트라이트 속에 드러나는 배우의 실루엣. 그녀가 이야기를 건넵니다. 자, 이제 시작합니다, 오늘 밤의 연극을.

지금 이 순간에도 전 세계 수많은 극장의 무대에서 배우는 울고 웃고, 관객은 박수를 보냅니다. '희곡을 바탕으로 배우가 관객 앞에서 어떤 인물과 사건을 연기하는 무대 예술'을 연극이라고 부릅니다. '연극의 3요소'를 기억하시나요? 앞에서 한 줄로 설명한 연극의 정의에 이 모든 것이 들어가 있는데요. 바로 희곡, 배우, 관객입니다.

이 세 가지가 모두 있어야 연극이라고 부를 수 있죠. 그 어느 것 하나 중요하지 않은 게 없지만 연극에서 관객의 역할은 특별합니다. 둘의 관계는 연극의 어원이 탄생한 고대 그리스까지 거슬러 올라가요. 관객석을 뜻하는 '테아트론theatron'에서 연극을 의미하는 영단어 '씨어터theater, theatre'가 탄생했죠. 관객이 없는 연극 무대? 과연 의미가 있을까요? 오래전부터 관객은 그저 객석에 앉아서 무대를 보고 듣는 수동적인 타자가 아니라 배우와 교감하고 연극을 완성하는 일부였습니다.

연극과 친해지는 가장 쉬운 방법은 물론 '관객'이 되어 보는 것입니다. 그런데 막상 연극 한 편 고르는 일이 쉽지가 않아요. 사람 사이에도 첫인상이라는 게 있듯이, 첫 연극이라 부를 만한 특별한 경험이 있는데 둘의 공통점이 있어요. 하나는 별다른 인상이랄 게 없어서 아무런 기억이 없거나, 또 하나는 강렬한 인상이 두고두고 기억나거나. 종종 볼 만한 연극 한 편 추천해 달라는 부탁을 받곤 합니다. 몇몇 연출가와 작가 이름 정도는 알고 있어서 '연극 좀 본다' 하는 분들보다는 처음 공연장에 가시는 분들이 볼 만한 연극을 고르는 일이 훨씬 부담되고 어렵습니다. 저의 잘못된 선택으로 어쩌면 평생 다시는 연극을 보지 않을 수도 있으니까요. 첫 연극이 얼마나 중요한지 제 이야기를 잠깐 들려 드리는 게 좋겠어요.

제가 처음으로 본 연극은 〈문제적 인간, 연산〉이었습니다. 하도 오래전 일이라 정확히 언제인지는 한참을 더듬어 봐야 하지만, 난생 처음 봤던 연극 무대며, 의상이며, 배우들의 얼굴은 지금도 생생합니다. 첫인상이 아주 강렬했죠. 훌쩍 독일로 유학을 떠났던 사촌 오빠가 방학을 맞이해 잠시 한국에 들렀던 때 같은데, 제가 고등학교 2학년이었으니 1995년의 일입니다. 오빠를 따라나선 곳은 대학로의 동숭아트센터. 매표소 앞에 길게 이어진 줄의 끄트머리에서 한참을 기다리고 나서야 예매한 표를 겨우 찾을 수 있었습니다.

당시에도 꽤나 화제가 됐던 이 연극의 배우들 면면도 대단했죠. 주인공인 연산은 훗날 문화체육관광부장관이 된 유인촌 배우가, 녹수는 관능미와 연기력을 모두 갖춘 이혜영 배우가, 그리고 폐비 윤씨 역은 윤복희 배우가 맡아 그야말로 전설의 무대를 만들었습니다. 〈문제적 인간, 연산〉은 초연 이후 몇 번의 재연이 있었지만, 이들이 함께 무대에 서는 일은 더 이상 없었습니다. 나중에 안 일이지만 이 연극은 동아연극상, 백상예술상 등 공연이 됐던 그해의 모든 상을 휩쓸었죠. 그저 별 생각 없이 사촌 오빠를 따라나섰다가 한국 연극사에 기록될 만한 역사의 현장에 있었던 셈입니다.

저에게 이 연극이 특별한 이유는 또 있습니다. 제 삶을 바꾸어 놓았기 때문이에요. 어두컴컴한 객석에 앉아 무대에서 시선을 떼지 못하던 고등학생 관객이 연극을 기획하고 홍보하는 일을 하게 될 줄 누가 알았을까요? 그러고 보니 사촌 오빠에게 감사의 인사라도 해야겠네요.

쭈뼛거리며 공연장으로 들어서니 초여름 대학로의 열기는 온데간데없이 음산한 기운이 감돌았습니다. 대나무 숲의 짙은 그림자가 드리워진 무대에는 극장 천장까지 닿을 듯 용마루 궁궐이 자리하며 관객을 압도했어요. 하지만 자세히 보니 단청은 볼품없이 색이 바랬고, 문짝은 부서져서 덜컹거리는 게 이제 막 일어날 불길한 사건의 서막을 알리는 경고 같았어요. 공연의 내용이나 배우들의 연기만큼이나 호평을 받은 무대는 '한국 무대 미술의 대모'라고 불리는 신선희 무대 디자이너의 작품이었습니다. 시간이 흐른 뒤 국립극장장까지 역임하신 분입니다.

역사상 '최악의 폭군'으로 기록되며 폐위된 오명의 왕, '연산군' 대신 한 명의 '문제적 인간, 연산'이 무대에 섰습니다. 그리고 관객은 보았죠. 왕이기 이전에 인간 연산의 나약함과 고뇌를요. 어머니 폐비 윤씨의 죽음을 주도한 인물들에게 피비린내 나는 복수를 하는 잔인함의 이면에는 어미를 잃은 아들의 애끓는 심정이 있었고, 조선을 세운 개국 공신들을 무차별적으로 제거하며 폭정을 일삼았다 비난을 받았지만 그에겐 왕권 강화를 위한 혁명의 꿈이 있었어요. 하지만 이미 잘 알고 있듯이 연산의 어미에 대한 복수도, 사회 변혁을 위한 혁명도 모두 실패로 끝나고 비극적인 결말을 맺습니다.

공연이 끝나고 나오는데 사촌 오빠가 어땠냐고 묻더라고요. 전 잠깐 생각하다가 "음… 좋았어"라는 한마디를 한 것 같아요. "애써 표구했더니 반응이 겨우 그거냐"라는 오빠의 핀잔이 이어졌지만, 더 이상 어떻게 말을 해야 할지 잘 몰랐습니다. 정말 좋았으니까요. 어렴풋하게나마 느꼈던 건 연산군의 인간적 면모를 드러낸 희곡이 신선했고, 배우들의 열연도 훌륭했고, 그날 함께 객석을 가득 메운 관객들의 열기도 대단했다는 것이었습니다. 이 모든 것이 색다른 경험이었고 연극에 재미를 느끼게 한 시작이 됐어요. 방학이 끝나고 오빠는 다시 독일로 떠났지만 그날 이후로 전 희곡을 찾아 읽고 용돈을 아껴 혼자 연극을 보러 다녔습니다.

대학 졸업 후 공연장 공채 1기로 일을 시작한 지 어느 덧 10여 년이 훌쩍 넘었습니다. 그사이 사촌 오빠와 함께 처음 연극을 보러 갔던 동숭아트센터로 출퇴근을 하며 매진 행렬을 기록하는 연극 기획으로 화제가 됐던 순간도 있었고, 1962년 극작가 유치진이 개관한 한국 연극의 산실 남산예술센터구 드라마센터에서 일을 하며 한국 현대 연극을 이끄는 연출가와 작가들도 만날 수 있었습니다. 그 후 몇 번의 이직을 하면서 뮤지컬, 클래식, 무용 등 다양한 공연 예술 현장에 있었지만, 언제나 저에게 최고의 무대는 연극이었어요. 모든 이야기의 원형은 바로 연극에 있었습니다.

연극은 늘 제 가까이에 있었습니다. 살아 있는 무대가 저의 일터였으니 이만한 기회가 또 있을까요? 관객이었던 제가 공연장에서 일을 하게 되고, 용기를 내어 희곡도 끼적여 볼 정도가 됐으니 대단한 일이죠. 미뤄 두었던 시민 연극배우도 언젠가는 꼭 도전해 볼 생각이에요. 자연스레 연극의 역사와 희곡을 쓴 작가들의 삶에 대해서도 궁금해졌죠. 책들을 읽고 공부하며 연극 감상의 재미는 더욱 커져 갔습니다.

사실 연극보다 재미있는 게 많은 요즘입니다. 뉴스를 보면 고대 그리스 비극에 나오는 가족의 패륜, 살인, 치정의 이야기가 현실로 펼쳐지고, 24시간 TV 채널은 우리의 잠을 이루지 못하게 합니다. 연극이 탄생했던 기원전 그리스나 셰익스피어 시대의 영국처럼 연극이 유일한 오락이었던 시대는 오래전에 끝이 났죠. 기술의 발달은 연극의 종말을 점치곤 하고, 또 한편에서는 인류가 발명한 이 오래된 예술이야말로 지구 종말의 마지막 순간까지 살아남을 보루라고 선언합니다. '3D 영화나 드라마 같은 영상에 비하면 연극은 점점 더 경쟁력이 떨어지지 않아?', '소설 한 권 읽을 시간도 없는데 희곡을 무슨 재미로 읽어?' 종종 듣는 질문입니다. 그런데 혹시 알고 계셨나요? 우리의 안방을 점령한 드라마drama라는 영단어가 연극을 의미하는 것을요. 시와 소설만 문학이 아니라 연극 대본, 즉 희곡도 문학의 한 갈래라는 것을요.

연극의 시작, 희곡. 작가가 종이 위에 적은 글자들은 마법처럼 연극으로 살아 움직이죠. 연극의 재미는 주인공의 입에서 체화되어 나오는 '말 맛'에 있다지만, 연극의 씨앗인 희곡은 문학의 한 장르로서 '읽는 맛'이 있습니다. 작가의 지문에 따라 무대 세트를 만들고, 배우를 이쪽에서 저쪽으로 옮겨 가며 연출가가 되어 보는 건 희곡을 읽을 때만 느낄 수 있는 재미죠. 우연히 보게 된 연극인데, 순식간에 귀를 스쳐 지나가는 대사 한마디를 붙들어 두고 싶을 때, 그때 희곡을 펼쳐 보셔도 좋습니다. 그 어느 문학 장르보다 생생한 캐릭터가 우리 삶에 위안을 건네기도, 용기를 주기도 하니까요.

이 책은 수천 년을 이어 온 연극의 매력을 알아가는 여정의 길잡이입니다. 그 모험이 꽤나 험난할 수도 있습니다. 저 또한 폭풍우치는 연극의 바다에서 헤매다가 만난 오디세우스의 방랑길에 동행하며 길을 찾았고, 고약한 마법사 프로스페로가 일으킨 폭풍우에 떠밀려 천신만고 끝에 당도한 무인도에서 마침내 연극과 사랑에 빠졌습니다. 어두운 객석에서 길을 잃은 관객에게 이 책이 무대로 향하는 등불이 될 것이라고 생각합니다.

수많은 무대에서 만난 인상적인 연극들을 중심으로 여러분과 함께 읽고 싶은 희곡과 작가들의 삶을 책에 담았습니다. 노벨 문학상을 수상할 정도로 문학적 성과를 인정받은 작품을 포함하여 지금도 매일 밤 전 세계 무대에서 박수갈채를 받는 대표적인 희곡 12편을 소개합니다. 희곡의 일부분을 발췌하여 함께 읽어 보고, 작품 탄생의 배경부터 작가의 일생을 따라가다 보면 어느새 연극 무대로 깊숙이 발을 내딛게 됩니다. 희곡을 원작으로 하는 영화와 비교하면서 작품의 장면을 생생하게 전달하려 했습니다. 각 장마다 넣은 '추천 영화'는 주제를 보다 확장하면서 폭넓은 이해를 도우리라 생각합니다. 10여 년 넘게 연극 현장에서 일하면서 겪은 에피소드들과 무대 뒤 배우들의 이야기, 그리고 세계적인 연극 무대에 대한 설명은 이 책을 읽는 특별한 재미가 될 것입니다.

무엇보다 연극이라는 무대 예술이 단지 보고 듣는 게 아니라, 문학의 한 갈래로 읽는 재미도 있다는 것을 발견하시면 좋겠습니다. 셰익스피어 시대 관객들은 마치 평론가처럼 연극을 관람했다고 하죠. 그런 관객들의 구미를 만족시키려니 셰익스피어 같은 작가가 탄생했는지도 모릅니다. 연극을 더욱 수준 높게 완성시키는 건, 준비된 관객이니까요.

최 여 정

일러두기 ———

• 외국어 고유명사의 표기는 국립국어원의 외래어 맞춤법의 기준을 따랐고, 일부 관행처럼 굳어진 표현은 예외로 두었다. 주요 인명과 지명에는 영문명을 병기했다.

• 본문에 부분적으로 소개된 12편의 희곡은 모두 저자가 직접 번역했고, 출처는 미주로 처리했다.

• 장편 소설·희곡은 겹화살괄호《 》, 단편 소설·연극·영화·오페라·판소리·드라마·신문은 홑화살괄호〈 〉로 구분했다.

1장

세상의 모든 아버지들을 위해

《세일즈맨의 죽음》

아서 밀러

"세일즈맨에게 인생의 밑바닥이란 있을 수 없지.

세일즈맨은 꿈꾸는 사람이거든. 그게 당연한 일이지."

—— 우리 시대의 아버지, 이순재 배우에 대한 추억

언제나 시대를 대표하는 배우들이 있습니다. 2019년 올해 나이 여든아홉, 현재 활동하고 있는 최고령 배우, 영화·드라마·시트콤 여기에 리얼리티 예능 프로그램 출연까지 그야말로 '꽃보다 멋진 할배', 이순재. 우리는 그를 '국민 아버지'라는 따뜻한 호칭으로 부릅니다. 얼마 전 로버트 레드퍼드Robert Redford의 은퇴 소식에 한 시대가 저물어 간다는 생각에 쓸쓸했는데, 우리에게는 아직 이순재 배우가 있으니 얼마나 다행인지요.

이순재 배우의 60년 연기 인생 동안 쌓은 이력 중 수많은 연극 리스트가 증명하듯이 그가 연극 무대에 쏟은 애정은 특별합니다. 서울대학교 철학과 재학 시절에 연극반 활동을 하며 연기를 시작한 이후 드라마와 영화에서의 성공에도 불구하고 언제나 무대를 잊지 않았죠. 아버지들의 퇴근길을 재촉했다는 드라마 〈사랑이 뭐길래〉가

원작
아서 밀러
《세일즈맨의 죽음》
번안/연출
김병준

아버지

동숭아트센터 동숭홀
2012. 4. 13(금) ~ 4. 29(일)

이순재 전무송

《세일즈맨의 죽음》을
번안한 연극 〈아버지〉.

히트를 칠 때, '대발이 아버지'를 보며 저런 고약한 아버지가 있을까
싶었는데, 훗날 무대에서 만나게 될 줄 누가 알았을까요?

2012년 동숭아트센터. 《세일즈맨의 죽음》을 번안한 연극 〈아버
지〉를 보기 위해 객석 맨 뒷자리에 앉았습니다. 아서 밀러의 희곡
〈세일즈맨의 죽음〉은 우리나라에 소개된 번역 희곡 중 가장 많이 알
려지고 자주 공연되는 작품이죠. 언제, 어디서나 늘 아버지의 삶은
고달프고 세일즈맨으로 먹고살기 힘드니, 불멸의 생명력으로 사람
들의 공감을 얻으며 살아 숨 쉬는 작품입니다.

아버지 역을 연기하는 이순재 배우가 집을 나섭니다. 오늘은 또
어디로 가서 가족을 부양할 벌이를 해야 될까, 느릿느릿 발걸음을

20

떼던 그가 얼굴을 들자 눈언저리가 붉게 번져 있어요. 멀리서 보는지라 처음에는 다음 장면을 위한 분장인가 했는데, 상대 여배우가 당황하는 기색을 보니 부상을 당하셨구나 싶었습니다. 암전된 무대에서 철제 기둥을 돌아 걸어 나오시다가 부딪친 것 같았어요. 하지만 이순재 배우는 동요하지 않고 자신이 맡은 대사를 모두 소화하고 다음 막을 위한 암전까지 자리를 지키시더군요.

간단한 응급 처치로 반창고만 붙인 채 공연을 끝낸 이순재 배우가 커튼콜을 받아 관객 앞에 섰습니다. 관객들은 그 어느 때보다 뜨거운 박수를 보냈습니다. 모두 큰 부상이 아니기를 바라는 마음이 실려 있는 듯했어요. 걱정스러운 마음으로 멀리서 이순재 배우를 보면서도 이런 부상으로 공연을 그만둘 분이 아니라는 걸 잘 알고 있었죠. 이 노배우에게 무대는 그 어느 것보다 중요한 관객과의 약속이기 때문이었습니다.

2008년 '연극열전2' 〈라이프 인 더 씨어터〉라는 작품으로 이순재 배우와 함께 공연을 준비하며 가까이에서 뵐 기회가 있었습니다. '세상은 무대, 우리는 배우, 인생은 연극'이라는 카피처럼 극장 안에서 벌어지는 배우들의 삶을 생생하게 보여주는 작품이었어요. 인생의 내리막길에 당도한 베테랑 배우 로버트와 떠오르는 신인 배우 존이 등장하는 2인극이었던 이 작품은 로버트 역에 이순재와 전국환 배우가, 존 역에는 장현성과 홍경인 배우가 더블 캐스팅됐죠. 세 달 가까이 이어지는 공연 일정과 2인극으로 무대를 이끌어 나가야 하는 부담감이 만만치 않은 공연이었습니다.

10여 년도 넘은 일이지만 지금도 이순재 배우를 보면 떠오르는 건, 연습 시간에 한 번도 늦지 않고 가장 먼저 도착해서 대본을 암기하고 연기 디테일을 고민하는 최고참 배우의 성실함입니다. 공연을 앞두고 기자와 만난 인터뷰 자리에서 '암기의 비결'을 묻자 그 자리에서 40여 명의 역대 미국 대통령의 이름을 외워 보이며, '이 정도쯤이야'라는 듯 미소 짓던 모습이 생각납니다.

연극은 큰 사랑을 받았습니다. 마지막 공연을 10여 일 앞둔 2008년 7월 30일 오전, 이순재 배우의 모친상 소식이 급히 전해졌습니다. 연일 이어지는 매진으로 평상시처럼 오후 8시 공연은 물론이고 그날은 특별히 오후 4시 공연까지 추가해서 2회 무대가 예정되어 있는 날이었어요. 티켓은 이미 매진. 환불 절차와 함께 기자들에게 알릴 보도 자료 준비에 마음이 급해졌죠. 이어서 사무실로 걸려 온 이순재 배우의 전화. "오늘 예정된 2회 무대에 모두 오르겠습니다. 무대는 관객과의 약속이니 예외는 없습니다." 그날 무대에 올라 젊은 후배 존에게 자리를 내주고 쓸쓸히 퇴장하는 로버트를 연기하는 이순재 배우를 바라보며 저는 연극과 인생을 대하는 자세를 배웠습니다. 그 어떤 말이 더 필요할까요?

2016년 이순재 배우 연기 인생 60년 기념작으로 〈세일즈맨의 죽음〉이 아르코예술극장에 올려진다는 소식을 듣고 다시 극장을 찾았습니다. 그의 연기 인생 세 번째 윌리를 연기하는 무대. 1978년 배우로서 처음으로 돈을 받고 연극 무대에 오른 작품이 〈세일즈맨의 죽음〉이었고, 소위 대박이 나서 꽤나 큰돈을 벌었다고 하니 연기 인생에서 잊지 못할 작품인 셈이죠.

세일즈맨으로 평생을 살아온 것이 자랑이었건만 젊은 사장에게 쫓겨나듯 회사를 나와야 하는 수치감, 믿었던 큰아들마저도 자리 잡지 못하고 방황하는 걸 보며 아버지로서 느끼는 죄책감. "무엇이 잘못된 걸까?" 빈손으로 걸으며 혼잣말을 하는 이순재 배우의 어깨에는 연기가 아니라 60년 경력 노배우의 삶이 그대로 놓여 있었습니다.

── 더스틴 호프먼의 〈세일즈맨의 죽음〉

20세기 최고의 희곡으로 손꼽히는 《세일즈맨의 죽음》은 1949년 브로드웨이에서 초연됐습니다. 그해 퓰리처상과 토니상Tony Awards을 수상하며 작가 아서 밀러에게 세계적인 명성을 안겨 줬죠. 한국에서는 1950년대에 처음으로 소개된 이후 기주봉·강신구·이순재·전무송 등 쟁쟁한 배우들이 윌리 역을 거쳐 갔습니다. 이중 전무송 배우는 일곱 번이나 윌리 역을 맡았으니 '한국의 세일즈맨'이라 부를 만하죠.

당연히 이 세기의 드라마는 원작 희곡을 바탕으로 영화와 드라마로 각색되고 연극 리바이벌 무대로 끊임없이 무대에 올려졌습니다. 그중 1985년 CBS 드라마 버전으로 각색된 〈세일즈맨의 죽음〉이 많은 사랑을 받았는데, 무엇보다 윌리 역의 더스틴 호프먼Dustin Hoffman과 큰아들 비프 역을 맡은 존 말코비치John Malkovich의 연기 대결이 인상적이에요.

영화 〈졸업〉에서 엘레인의 손을 잡고 결혼식장 문을 박차며 뛰어나가던 벤자민은 어느새 쉰을 넘긴 나이로 세일즈맨을 연기합니다. 그의 작은 키와 커다란 코, 굳게 다문 얇은 입술은 평생을 완강한 고

1985년 CBS 드라마로 방영된 〈세일즈맨의 죽음〉.
더스틴 호프먼(좌)과 존 말코비치(우)의 연기 대결이 인상적이었다. ⓒGettyimages

집으로 버텨 온 아버지, 그 자체예요. 서른 살 무렵의 존 말코비치의 한창때를 보는 것도 기대치 못한 재미입니다. 할리우드 블록버스터 영화에서 주로 악당 연기를 하며 대머리와 턱수염이 트레이드마크인 그의 젊은 시절을 보니 머리숱이 꽤 많았던 핸섬 가이였더군요. 2015년 영화 홍보가 아니라 클래식 공연 해설자로 한국에 온 말코비치를 본 기억이 새삼 떠오르는데 저음의 목소리가 참 매력적이었습니다.

두 사람은 〈세일즈맨의 죽음〉으로 TV 드라마 오스카상이라 불리는 에미상Emmy Awards 남우주연상과 남우조연상을 나란히 수상합니다. 한국에도 DVD로 출시돼 있으니 희곡을 읽은 후에 한번 보시면 좋겠습니다. 아서 밀러의 원작을 충실히 따르는 각색, 연극 무대 같은 공간 연출로 마치 객석에 앉아서 공연을 보는 듯한 재미가 있으니까요.

《세일즈맨의 죽음》은 제목 그대로 늦은 밤 윌리 로먼이 집으로 돌아오는 것부터 시작해서 다음 날 밤 그의 자살로 막을 내리는 장면까지 하루 동안의 사건을 담은 작품입니다. 주인공 윌리를 둘러싼 가족들의 현실과 과거, 형의 환상 등으로 사건이 중첩되다 보니 하룻밤에 일어나는 일이라는 것을 쉽게 알아채기 어려워요. 그만큼 아서 밀러는 탄탄한 연극적 구성으로 매우 치밀하게 이야기를 펼쳐 나가면서 관객을 윌리 가족의 휘몰아치는 감정으로 밀어 넣죠. 관객들은 막이 내리고 나서야 깨닫게 돼요. 세일즈맨이 죽음을 결심한 건 불과 하룻밤 전이었다는 것을요. 우리는 왜 그의 죽음을 막을 수 없었을까요?

—— 아버지이기 전에 한 인간의 나약함을 마주할 때

막이 오르면, 늦은 밤 현관문을 열고 윌리가 들어섭니다. 양손에는 팔아야 할 물건이 가득해요. 보스턴으로 물건을 팔러 떠났으니 오늘 밤은 집에 돌아오지 못하는 게 당연한데, 그가 이 시간에 돌아오다니요. 시작부터 뭔가 잘못된 등장임을 암시합니다. 가족이 모두 잠든 집. 조심스럽게 현관문을 열고 들어오는 피곤에 지친 가장의 귀가에 귀를 기울이는 이는 헌신적인 아내 린다뿐입니다.

린다는 운전이 너무 피곤해서 도중에 돌아왔다는 윌리를 다독여요. 마침 집에는 장성한 두 아들이 오랜만에 돌아와 있습니다. 큰아들 비프는 고등학생 때까지 촉망받는 미식축구 선수였지만 지금은 변변한 일자리 하나 구하지 못해 이곳저곳을 전전하고 있고, 동생 해피 역시 여자들의 뒤꽁무니나 쫓아다니는 신세예요. 윌리는 장남 비프에 거는 기대가 누구보다 컸습니다. 왜 이런 꼴로 있는지 믿을 수가 없어요. 세상 모든 부자지간이 원만하지 않듯이 이들에게도 깊은 갈등이 엿보입니다. 윌리는 불평하듯이 아내에게 내뱉죠.

> 윌리   생각해 봐. 집을 사려고 평생을 일했어. 마침내 당신 집이 생겼다고. 그런데 정작 그 집에 사는 사람은 하나도 없다니.
>
> 린다   여보, 인생은 버리면서 사는 거예요. 늘 그런 거예요.[1]

아서 밀러는 등장인물 중 특별히 아내 린다에 대해 긴 설명을 덧붙여요.

린다는 늘 명랑하다가도 가끔은 윌리의 행동을 봐주면서 꾹 눌러 참는 게 보일 때도 있다. 그녀는 남편을 매우 사랑하고 존경한다. 남편에게 변덕스런 기질과 성질, 원대한 꿈, 별 거 아닌 잔인성도 좀 있지만, 그런 것들이 남편 내면의 끓어오르는 열망 때문이라는 것을 그녀는 안다. 그 열망은 린다의 마음에도 있다. 하지만 감히 대놓고 말하거나 끝까지 쫓지 못하는 것이다.[2]

비록 윌리가 30년 동안 세일즈맨으로 살았던 인생을 자살로 끝맺지만 그 긴 시간을 버틸 수 있었던 건 린다 때문이었습니다. 세일즈맨의 아내는 박봉을 모아 저축해서 대출금을 갚아 집을 마련했고, 두 아들을 키우며, 남편을 사랑하며 기다렸죠. 린다는 남편 윌리의 깊은 절망을 진작부터 눈치채고 있었어요. 그는 어느 때인가부터 부쩍 혼잣말을 하고, 자동차 사고를 내는 것에 두려움을 느꼈죠. 평생을 일했건만 지금은 보험금을 낼 돈도 없고, 믿었던 두 아들은 걱정만 끼치는 존재들이죠. 린다는 사람들에게 인정받지 못하고 소외감을 느끼는 윌리의 깊은 절망을 이해하는 유일한 사람이었습니다.

성격 좋은 린다지만 두 아들이 아버지가 창피하다며 옆집의 찰리와 비교하자 결국 폭발해요. 남편 윌리를 위한 린다의 외침은 이 시대 아버지를 대변하는 변호문처럼 깊은 울림을 줍니다.

린다　　그럼 찰리 아저씨를 네 아버지로 삼지 그러니, 비프. 그럴 순 없어. 아버지가 훌륭한 분이라고는 하지 않겠다. 윌리 로먼은 큰돈을 번 적도 없고, 신문에 이름 한 번 실린 적도 없지. 세상에서 가장 훌륭한 인품을 가진 사람도 아니야. 그렇지만 네 아버지는 한 인간이야. 뭔가 끔찍한 일이 아버지에게 일어나고 있어. 그러니 관심을 줘야 해. 늙은 개처럼 무덤 속으로 굴려서는 안 돼. 이런 사람에게도 관심이, 관심이 필요해. 너는 아버지를 미쳤다고 하지만…[3]

사실 린다는 윌리가 가족 몰래 자살을 생각하는 것도 이미 알고 있어요. 어느 날 우연히 내려간 지하실에서 가스 히터 파이프에 붙어 있는 고무호스를 발견하죠. 윌리는 가스를 마시려고 했던 걸까요?

린다   나는… 나는 수치스러웠어. 내가 어떻게 그 얘기를 꺼낼 수 있겠니? 날마다 지하실에 내려가서 그 작은 고무호스를 떼어 내는 게 일이었지. 하지만 네 아버지가 집에 돌아오면 다시 제자리에 갖다 놓았단다. 그런 식으로 네 아버지를 모욕할 수는 없잖니? 뭘 어찌해야 할지 모르겠어. 얘들아, 난 그저 하루하루를 간신히 살아갈 뿐이야. 사실 난 너희 아버지가 마음속으로 무슨 생각을 하는지 다 알고 있어. 촌스럽고 바보 같이 들리겠지만, 너희 아버지는 일생을 너희에게 바쳤는데 너희들이 등을 돌렸어. (의자에 앉아 몸을 앞으로 숙이며 손에 얼굴을 묻고 흐느낀다.) 비프, 하느님께 맹세코 아버지의 목숨은 네 손에 달렸다.[4]

린다는 고무호스가 무엇을 의미하는지 너무나 잘 알고 있습니다. 실패한 인생에 대한 절망. 차마 입에 대지 못한 고무호스를 숨겨 놓

영국 로열 셰익스피어 컴퍼니 제작의 〈세일즈맨의 죽음〉.
윌리 역에는 안토니 셔, 린다 역에는 해리엇 월터가 분했다. ⓒGettyimages

은 윌리의 그 마음을 린다는 차마 아는 척할 수가 없어요. 남편의 마음 깊은 곳에서 똬리를 틀고 있는 무력감이 모습을 드러낼 때 그가 느낄 굴욕을 원치 않았습니다. 그건 아무리 가까운 관계인 아내에게도 밝히고 싶지 않은 부분일 테니까요. 그래서 윌리의 현명한 아내 린다는 고무호스를 매번 제자리에 갖다 놓으며 노심초사 윌리를 바라볼 뿐입니다.

린다는 《세일즈맨의 죽음》에서 가장 희망적인 인물입니다. 남편 윌리는 강박적으로 성공에 매달리고 돈으로 인정받아야 사랑과 존경도 따라온다고 믿지만, 그녀는 조건 없이 그를 믿고 사랑해요. 돈을 벌어오지 못하는 남편을 나무라기는커녕 그의 상실감을 더 염려하죠.

린다의 속 깊은 배려심에 문득 떠오르는 커플이 있어요. 뒤에 소개할 《누가 버지니아 울프를 두려워하랴?》의 조지와 마사 부부. 그들은 서로를 향해 비난하는 것도 모자라서 오히려 상대의 약점을 다른 사람들 앞에서 들춥니다. 이 얼마나 잔인한 일인가요? 부부란 얼마나 험난한 이름인지요?

하지만 윌리는 이런 린다에게 밝히지 못한 비밀이 있어요. 젊은 시절에 보스턴으로 출장을 다니며 린다 몰래 거래처 비서와 내연 관계를 맺어요. 이 사실을 장남 비프가 알게 되면서 부자간의 신뢰가 무너졌던 거죠. 대학 입시를 앞두고 수학 낙제를 받은 비프가 아버지에게 선생님을 만나 달라는 부탁을 하기 위해 보스턴 호텔방에 갔다가 아버지의 여자를 보고야 맙니다.

언제나 정의롭고 대단해 보이던 아버지에게 숨겨진 남자의 욕망, 그리고 어머니를 기만하는 거짓과 마주하자 비프는 운동도, 대학 입

시도 포기합니다. 윌리는 그때의 사건 때문에 아들 비프의 인생이 망가졌다는 생각에 더욱 괴로워하죠.

—— 죽음 후에 맞는 자유로운 인생

2막이 시작되면 날이 밝고 윌리 가족은 새로운 희망으로 가득 차 있습니다. 윌리는 하워드 사장을 찾아가 고된 세일즈 대신 뉴욕 본사에 자리를 구해 달라는 부탁을 하려 합니다. 장남 비프는 동생과 함께 스포츠 용품점을 차리기 위한 투자금을 마련하려고, 잠시 일했던 회사의 사장인 올리버를 만나러 갈 계획입니다. 윌리는 이 모든 일이 술술 잘 풀릴 거라 믿고 있죠. 하지만 윌리 앞에는 잔인한 하루가 기다리고 있었습니다.

하워드   더 이상 우리 회사를 대표해서 출장을 가지 않으셔도 됩니다. 오랫동안 이 말씀을 드리려 했어요.

윌리   사장님, 저를 해고하시는 겁니까?

하워드   로먼 씨에게는 충분한 휴가가 필요한 것 같아요.

윌리   하워드 사장님…

하워드   몸이 좀 나아지면 오세요. 그러면 그때 함께 일할 만한 게 뭐가 있을지 보죠.

윌리   하지만 사장님, 저는 돈을 벌어야 합니다. 제게는 돈벌이가 될 자리가 아무것도…

하워드   자제분들은 뭘 합니까? 도움을 좀 주지 않나요?

윌리	그 애들은 사업을 크게 하고 있어서요.
하워드	거짓말로 체면 차릴 때가 아니에요. 로먼 씨. 자제분들에게 가서 이제 지쳤다고 말하세요. 훌륭한 아들이 둘이나 있지요?
윌리	아, 물론, 물론 그렇죠. 그렇지만…
하워드	그러면 된 거 아닌가요, 그렇죠?
윌리	자식들에게 손을 벌릴 수는 없어요. 저는 허수아비가 아니라고요!
하워드	이봐요, 로먼 씨, 제가 오늘 아침에 일이 좀 많거든요.
윌리	(하워드의 팔을 붙잡으며) 사장님, 저를 보스턴에 보내 주세요![5]

하워드는 윌리가 붙잡은 팔을 냉정하게 뿌리쳐요. 겸연쩍게 물러나는 늙은 윌리의 모습에 가슴이 먹먹해지는 건, 우리네 아버지의 모습이 떠오르기 때문일 거예요.

제 아버지는 한 회사에서 30년을 넘게 일하시고 정년퇴직하신 것을 평생의 자랑으로 생각하셨어요. 하지만 대학을 졸업하고 사회생활을 시작하기 전까지 저는 미처 몰랐어요. 아버지는 그 긴 시간을 버텨 내셨다는 것을요. 늦은 밤에 술에 취해 돌아와서 잠든 어린 딸을 깨워 볼맞춤을 하시던 젊은 아버지, 대입 시험을 앞둔 딸에게 끝까지 알리지 않고 위암 수술을 한 중년의 아버지, 퇴직을 하신 후 일흔이 훌쩍 넘은 연세에도 늘 밥은 먹고 다니냐고 걱정하시는 노년의 아버지. 당신의 인생에서 과연 저런 치욕적인 순간이 없었을까요? 세상이, 회사가 내게 조금이라도 부당하다 싶으면 아쉬울 것 없이 털어 버릴 수 있었던 건 아버지가 등 뒤에 계셨기 때문이었습니다. 당신이 누군가에게 뿌리침을 당하면서 버텨 낸 그 자리가, 저는 늘 당연히 아버지가 계셔야 하는 곳이라고 생각했습니다.

뉴욕 본사 자리는커녕 해고 소식을 듣게 된 윌리는 깊은 충격에 빠지지만 린다에게 그냥 돌아갈 수가 없어요. 밀린 보험금을 오늘은 꼭 내야 하니까요. 염치없지만 다시 친구 찰리를 찾아가는 수밖에요.

찰리　(다정하게 윌리에게 다가가며) 윌리, 얼마나 필요한 거야?

윌리　찰리, 난 진퇴양난이야, 앞뒤가 꽉 막혔다고. 뭘 어떻게 해야 할지 모르겠어. 나 해고됐어.

찰리　하워드가 자넬 잘랐다고?

윌리　그 건방진 놈. 이게 말이나 될 일이야? 내가 그 자식 이름을 지어 줬어. 내가 하워드라는 이름을 지어 줬다고.

찰리　윌리, 언제쯤에나 그런 것들이 아무 소용도 없다는 것을 알겠나? 자네가 하워드라는 이름을 지어 줬지만 그건 팔아먹지도 못하는 거야. 팔 수 있는 걸 가지는 게 이 세상에서 제일 중요한 거야. 명색이 세일즈맨이 그걸 모르다니 우스운 일이네.[6]

윌리가 고된 하루를 보내는 동안 아들 비프 역시 사장을 만나기 위해 사무실 앞에서 하루 종일 기다리는 수모를 겪어요. 비프는 저녁이 될 무렵 간신히 사장을 만나지만, 사업에 투자해 달라는 말을 꺼내기는커녕 책상에 놓여 있던 사장의 만년필만 훔쳐 달아나죠. 비프는 깨닫습니다. 아버지 윌리가 자신에게 걸었던 기대는 모두 물거품이라는 것을요. 자신은 절대 아버지의 기대에 미치지 못하리라는 것을요.

비프	아버지! 저는 널리고 널린 평범해 빠진 인간이에요. 아버지 역시 그렇고요.
윌리	(분을 못 참고 비프 쪽으로 돌아서며) 난 그런 싸구려 인간이 아니다! 난 윌리 로먼이고, 넌 비프 로먼이야! (비프가 윌리에게 다가가지만 동생 해피가 이를 가로막는다. 분노로 이글거리는 비프는 당장에라도 아버지에게 덤벼들 기세다.)
비프	저는 리더가 될 만한 인물이 아니에요. 아버지도 그렇고요. 뼈 빠지게 일이나 하는 세일즈맨일 뿐이었다고요. 결국 다른 세일즈맨들처럼 잿더미에 처박혔지요. 저는 한 시간에 1달러짜리 놈이에요! 일곱 개 주를 돌아다녀도 돈을 더 준다는 곳은 없어요. 한 시간에 1달러! 무슨 말인지 아시겠어요? 이제 더 이상 집에 상장을 들고 오는 일은 없어요. 아버지도 그런 건 이제 기대하지도 마세요!
윌리	(비프에게 대놓고) 이런 배은망덕한 개자식 같으니라고![7]

그토록 사랑했던 아들 비프에게 아버지로서 수치심을 느끼며 괴로워하는 윌리. 잠 못 들던 윌리는 그날 밤, 다이아몬드 광산을 발견해서 부자가 됐다는 죽은 형 벤의 환영을 봅니다. 시종일관 윌리를 따라다니던 그는 "시간이 됐어!"라며 함께 떠날 것을 재촉해요. 마치 죽음의 길로 안내하는 저승사자처럼요. 윌리는 아무리 생각해 봐도 아들이 자기처럼 살지 않을 수 있는 유일한 방법은, 자신이 죽는

대가로 받는 보험금 2만 달러밖에 없다고 생각해요. 그러고는 차를 몰고 나갑니다. 이어지는 굉음과 윌리의 허무한 죽음. 허망하게 목숨을 잃은 세일즈맨의 장례식을 지키는 건 가족과 옆집 찰리 부자뿐입니다.

비프　　좋은 날도 꽤 있었어요. 아버지가 출장에서 돌아오셨을 때, 일요일에 현관 계단을 만들 때, 지하실을 만들 때, 새 현관을 만들 때, 욕실을 하나 더 만들 때, 그리고 차고를 만들 때. 그거 아세요? 찰리 아저씨, 아버지는 세일즈 일보다 현관 계단 만드는 데 온 정성을 쏟으셨어요.

찰리　　그래. 시멘트 한 포대만 있으면 행복한 사람이었지.

린다　　그이는 손재주가 대단했어요.

비프　　아버진 잘못된 꿈을 꾸었죠. 완전히, 완전히 잘못된 꿈.

해피　　(싸울 태세로) 그렇게 말하지 마!

비프　　끝까지 자신을 몰랐죠.

찰리　　(해피가 대구하려는 걸 말리며 비프에게) 그 누구도 이 사람을 비난할 수는 없어. 넌 몰라. 윌리는 세일즈맨이었어. 세일즈맨에게 인생의 밑바닥이란 있을 수 없지. 그가 척척 집수리를 해 주는 것도 아니고, 법을 알려 주거나 약을 주는 것도 아니지. 세일즈맨은 밝은 얼굴로 반짝이는 구두를 신고, 하늘에서 내려온 사람이야. 사람들이 그 미소에 답하지 않으면 그건 지진이라도 난 것처럼 큰일이지. 모자에 자국 몇 개만 생겨도 그걸로 끝장이야. 이 사람을 비난할 자는 아무도 없어. 세일즈맨은

꿈꾸는 사람이거든. 그게 당연한 일이지.[8]

린다가 홀로 무대에 남아 윌리를 향해 건네는 마지막 방백은 연극 〈세일즈맨의 죽음〉의 백미입니다. 끊임없이 떨어지는 돌을 어깨에 지워서 밀어 올려야 했던 시시포스의 운명을 살던 세일즈맨에게 이제야 자유가 찾아왔지만 정작 그는 눈을 감았으니까요.

> 린다 　용서해요, 여보. 울 수가 없어요. 왜 그러는지 모르겠지만 눈물이 안 나요. 전 정말 이해가 안 돼요. 도대체 왜 그런 짓을 했어요? 도와줘요, 여보. 난 울 수가 없어. 당신이 그냥 출장을 간 것 같아. 그리고 난 계속 당신이 돌아오길 기다리겠죠. 여보, 윌리, 눈물이 나오지 않아요. 왜 그랬어요? 생각하고, 생각하고 또 생각해 봐도 알 수가 없어요, 여보. 오늘 우리 집 마지막 대출금을 냈어요. 오늘 말이에요. 그런데 그 집에는 아무도 없겠죠. (린다의 목구멍에서 흐느낌이 솟구친다.) 이제 우리는 빚진 것도 없이 자유로운데. (더 큰 흐느낌이 밀려 온다.) 우린 자유롭다고요. (비프가 천천히 린다에게 다가온다.) 자유롭다고요. 자유…[9]

── 소시민의 몰락을 예리하게 그려내다

《세일즈맨의 죽음》은 작가 아서 밀러의 개인적인 경험에서 시작된 작품입니다. 《세일즈맨의 죽음》 발표 2년 전인 1947년 어느 날, 친척 아저씨가 찾아와요. 그는 세일즈맨이었죠. 당시 밀러는《모두가 나의 아들》로 브로드웨이에서 대성공을 거두며 촉망 받는 작가로 이름을 알리기 시작하고 있었어요. 친척 아저씨는 자신의 아들도 밀러 못지않게 중요한 일을 하고 있다며 허풍을 떠는데, 훗날 이 모습을 작품 속에 그대로 담아요.

어렸을 때는 비프의 뒤꽁무니나 쫓아다니던 옆집 찰리의 아들 버나드가 성공한 변호사로 나타나자 윌리는 얼떨결에 거짓말을 해요. "비프는 서부에서 아주 큰 사업을 하고 있어. 그런데 여기 돌아와서 기반을 잡으려고 한다네. 아주 큰 사업."[10] 밀러는 친척 아저씨의 모습에서 세일즈맨의 고단함과 자식에게 거는 기대를 꺾지 않는 아버지의 모습을 발견했습니다.

'가장 미국적인 소재로 가장 보편적인 공감을 얻는 작품'을 쓴 아서 밀러는 시대와 개인의 관계에 대해 끊임없이 질문을 한 작가였습니다. 폴란드계 유대인 이민 가정에서 태어난 자신의 출생과 대공황의 여파로 아버지가 사업에 실패한 이후 겪은 가족의 불행은 그의 작품 전반에서 중요한 모티브가 되죠.《세일즈맨의 죽음》역시 미국의 대공황 이후 한 개인의 삶이 어떻게 바뀌는지를 보여 주는 희곡입니다.

극중에서 윌리의 환상 속에 등장하는 과거의 행복했던 한때는, 1929년 대공황을 목전에 두고 모든 것이 거품처럼 커져 가기만 하던 미국 사회의 단면을 잘 보여 주죠. 제1차 세계대전이 끝난 이후 미국이 세계 경제를 이끌던 그때, 공장들은 쉴 새 없이 돌아가고 온갖 물건들이 쏟아져 나왔어요. 발 넓고 실적을 잘 올리는 세일즈맨은 높은 인센티브를 받으며 좋은 대접을 받던 호시절이었습니다. 월

1929년 대공황 당시 공짜 커피와 도넛을 받기 위해 줄을 선 실업자들. ⓒGettyimages

리 역시 그저 그런 수완으로도 반짝반짝 빛나는 빨간 쉐비 자동차를 몰 수 있었고, 출장을 끝내고 집에 돌아가면 문 앞에서 가방을 받아 주는 아들들에게 아버지 대접을 제대로 받았어요. 장남 비프는 전도 유망한 미식축구 선수로 화려한 앞날이 보장되어 있으니 뭐 하나 부러울 게 없었습니다.

하지만 대공황 이후, 윌리의 삶은 물건 하나 팔지 못하는 초라한 세일즈맨 신세로 전락합니다. 30년을 하루 같이 최선을 다해 일했는데, 삶은 왜 더 나아지기는커녕 생활비를 걱정해야 하는 걸까요? 작가 밀러는《세일즈맨의 죽음》에서 아메리칸 드림의 핑크빛 약속과 노력하면 성공한다는 공식은 이제 끝났다고 선언합니다. 개인의 무능력 때문이 아니라 사회의 변화에 뒤처져 버린 소시민의 몰락과 죽음은 그래서 깊은 연민과 감동을 자아냅니다.

—— 매카시즘의 파괴성을 고발

1915년 뉴욕 할렘 지역에서 세 자녀 중 둘째로 태어난 밀러는,《세일즈맨의 죽음》의 윌리처럼 아버지의 성공과 몰락을 지켜보며 성장해요. 제대로 된 교육 한 번 받은 적 없지만 400명이 넘는 직원을 둘 정도로 의류 공장을 키웠던 아버지는 하루아침에 파산을 맞이해요. 대공황 이후 찾아온 증시 붕괴는 밀러 가족의 모든 것을 가져갑니다.

대학 진학을 앞두고 있던 밀러는 생활비를 벌기 위해 신문 배달을 해야 했어요. 미국 현대 연극사를 대표하는 위대한 극작가도 학창 시절에는 공부에 소질이 없는 문제아였는지, 윌리의 장남 비프처럼 수학 시험에서 세 번이나 낙제하고, 수업 중 교실에서 여러 번 쫓겨났어요. 그래도 헨리크 입센과 윌리엄 셰익스피어 희곡을 탐독하며 글을 쓰던 그는 미시간대학교에 진학한 후 몇 편의 희곡으로 교내 공모에 당선되면서 작가로서 소질을 발견하죠. 그리고 서른두 살에 발표한 《모두가 나의 아들》로 본격적인 희곡 작가의 길로 들어서고, 2년 후인 1949년 《세일즈맨의 죽음》으로 퓰리처상을 수상합니다.

'작가는 진실을 말하는 사람이어야 하고, 독자들에게 그들이 망각하기로 선택한 것을 기억나게 만들어야 한다'는 신념을 가진 밀러에게 대공황에 이어 두 번째 시련이 닥칩니다. 바로 '매카시즘' 열풍에 휩싸인 미국에서 공산주의자로 의심을 받은 거죠. 제2차 세계대전 이후 미국과 소련의 대립이 첨예해지면서 미국 사회는 공산주의에 대한 불안감이 급속도로 확산됩니다. 반공 이데올로기와 집단적 히스테리는 상원 의원 조지프 매카시Joseph McCarthy의 선동으로 더욱 불이 붙습니다. 그 결과 1950년대 초반 미국 사회는 비이성적 분위기에 휩싸입니다. 수많은 지식인과 영화인들이 공산주의자로 몰려 조사를 받고 인생의 파멸을 맞았습니다. 밀러 역시 1956년 반미 지식인 색출을 위한 청문회에 소환을 당해요. 공산주의자로 활동하는 동료들의 이름을 대라는 요구를 받지만 밀러의 입에서는 단 한 명의 이름도 나오지 않았습니다. 밀러는 모진 시간 뒤에 혐의에서 벗어났지만, 오랫동안 공산주의자라는 의심의 굴레에서 자유롭지 않았죠.

그는 이런 일련의 광풍을 경험하면서 작품을 구상해요. 종교적 마녀사냥을 소재로 정치적 마녀사냥을 탄핵한 《시련》(1953), 반미활동위원회 조사 과정에서 친구들이 서로를 배반하고 한 친구가 자살하는 과정을 통해 매카시즘의 파괴성을 고발하는 《추락 이후》(1964)를 차례차례 발표합니다.

훗날 밀러가 밝혔듯이 세기의 스캔들이었던 메릴린 먼로Marilyn Monroe와의 파경도 공산주의자로 몰리며 겪어야 했던 힘든 시간과 무관하지 않았습니다. 두 사람은 서서히 멀어져 갔죠. 어쩌면 누구나 예상했던 결과처럼요.

—— 아서 밀러와 메릴린 먼로의 잘못된 만남

"어떻게 먼로를 만났나요?"라는 질문에 말년의 밀러는 잠시 말을 잇지 못합니다. "먼로는 영화에 출연 중이었어요. 저는 비즈니스차 스튜디오에 갔다가 그녀를 만났죠." 먼로를 떠올리는 듯, 노작가의 깊은 눈빛에 회한이 서립니다. 아서 밀러와 메릴린 먼로. 세기의 지성과 섹스 심벌의 만남 뒤 이별 이야기에 세상 사람들은 잔인한 사냥꾼처럼 달려들었죠.

1951년 4월 어느 날, 밀러와 먼로의 첫 만남. 〈모두가 나의 아들〉 초연 무대를 연출한 엘리아 카잔Elia Kazan과 함께 밀러는 영화 〈애즈 영 애즈 유 필 As Young As You Feel〉 촬영 스튜디오에 들릅니다. 짧은 휴식 시간, 검은 망사 드레스로 육감적인 몸매를 드러낸 먼로가 카잔과 이야기를 나누기 위해 다가와요. 당시 먼로는 무명의 단역 배우로 나이트클럽 장면을 찍기 위해 대기 중이었죠. 먼로는 밀러에게 악수를 청해요. 밀러는 훗날 그녀 몸의 흔들림이 내 몸에 흘러와 충격을 주었다고 회상할 정도로 먼로와의 첫 만남은 깊은 인상을 남김

아서 밀러와 메릴린 먼로. ⓒGettyimages

니다. 밀러는 먼로에게 완전히 빠져요. 먼로의 영화 촬영이 끝난 후 밀러와 카잔, 먼로가 함께 며칠을 보냅니다. 그리고 어느 날 밀러가 갑자기 사라져 버립니다. 메모 한 장만 남겨둔 채로요.

'나는 정말 간절히 이 여자를 원하기 때문에 오늘 저녁 떠나기로 했다. 그렇지 않으면 미쳐 버릴 것 같아서!'

두 사람은 서로에게 편지를 쓰며 사랑을 나눕니다. 세계적인 희곡 작가의 편지는 얼마나 로맨틱했을까요? 밀러는 미시간대학교에서 만난 첫 번째 아내와 두 자녀를 떠났고, 먼로 역시 야구 스타 조 디마지오Joe DiMaggio와 이혼을 한 뒤 1956년 결혼식을 올립니다. 밀러의 나이 마흔한 살, 먼로는 서른 살이었죠. 하지만 두 사람의 사랑은 길지 않았습니다. 밀러를 '대디'라고 부르며 자신의 외로움과 상처를 치유해 줄 구원자로 봤던 먼로, 그리고 '할리우드의 인기 상품'을 자신의 아내로 만들려 했던 밀러. 둘이 함께한 시간은 서로에게 상처가 될 뿐이었어요. 먼로는 깨달아요. "우리 두 사람은 상대방의 삶을 변화시킬 주문을 찾아내지 못한 거야. 결혼으로 변한 것은 하나도 없어. 오히려 나빠졌다는 생각만 들어."[11] 1961년 합의 이혼을 할 때까지 5년이라는 짧은 시간 동안 먼로는 세 번의 임신을 하지만 모두 유산되면서 밀러의 아이를 갖지 못합니다. 그리고 이듬해 1962년 수면제 과다 복용으로 자택에서 혼자 사망한 채 발견되죠.

하지만 왠지 야속하게도 밀러는 먼로와 이혼한 후 바로 세 번째 결혼을 합니다. 부인은 사진작가 잉게 모라스Inge Morath. 이번에는 제짝을 찾았는지 밀러는 모라스가 세상을 떠나는 2002년까지 40년간 그녀와 함께 살며 딸 하나를 두죠. 그리고 보면 영원할 것 같은 강렬한 사랑에는 고통스러운 이별이 벌처럼 따르고, 조용한 삶을 지키는 평생의 반려자는 따로 있는 걸까요?

아쉽게도 이 책에는 소개하지 못했지만 좋아하는 사진이 한 장 있습니다. 세기의 작가이자 세기의 사랑을 했던 아서 밀러가 모라스 사이에서 낳은 어린 딸 레베카를 품에 안은 채 글을 쓰고 있는 모습이에요. 흑백 사진 속의 밀러는 이제야 평안을 찾은 듯 보여요. 사진작가이자 아내인 모라스가 찍은 이 사진에는 남편과 어린 딸을 바라보는 그녀의 따뜻한 시선까지 느껴지죠. 세계적인 극작가 아서 밀러도 아빠였습니다. 부녀의 따뜻한 시간이 그대로 전해지는 시간. 아기 레베카는 아빠 품에 안겨 종이 위에 써 내려간 위대한 문장들을 처음으로 읽는 독자가 됐습니다. 아빠의 펜을 골똘히 바라보는 작은 아기는, 훗날 개성 있는 영화의 시나리오를 쓰고 연출하는 감독이자 오스카 3관왕을 차지한 대니얼 데이루이스Daniel Day-Lewis의 아내가 돼요.

밀러가 말년에 발표한 작품들은 예전과 같은 성공을 거두지는 못했습니다. 하지만 밀러의 등장으로 멜로드라마와 유럽 연극이 판을 치던 20세기 초반 미국 연극사는 그들만의 고유한 사회 문제를 보편적 가치로 발전시키고 다채로운 변화를 맞게 되죠. 그의 문학사적 업적을 평가할 때 노벨상 수상을 하지 못한 점이 지금도 수상자 자격 논란의 불씨가 될 정도로 그의 영향력은 독보적입니다. 검은 뿔테 안경 뒤에 숨은 상대의 내면을 바라보는 듯한 눈동자, 깊은 주름이 패는 근사한 미소를 가진 작가 아서 밀러. 아흔 살의 나이로 세상을 뜨기까지 작가의 명성도, 사랑의 추억도 온전히 가져갔으니 이 얼마나 멋진 인생인가요?

영화 〈세일즈맨〉은 연극배우인 에마드와 라나 부부의 평범한 삶에 일어난 비극적인 상황을 사실적으로 보여 주는 영화입니다. 2017년 오스카 외국어영화상 수상, 2016년 칸 영화제 각본상과 남우주연상을 수상하며 호평을 받은 영화답게 용서의 가치를 진중하게 질문하죠. 에마드와 라나가 매일 밤 무대에 오르는 연극이 바로 〈세일즈맨의 죽음〉입니다. 두 사람은 무대에서도 윌리와 린다 부부를 연기해요.

평범한 어느 날, 사건이 일어납니다. 에마드와 라나는 극단 동료가 소개해 준 집으로 이사를 했는데, 집에서 혼자 남편 에마드를 기다리던 라나는 어떤 남자에게 끔찍한 일을 당해요. 영화는 끝까지 라나의 사건 현장에 대해 자세하게 밝히지 않지만 누구나 그녀가 강간을 당했음을 짐작합니다. 그날 이후 두 사람의 삶은 완전히 파괴되죠. 에마드는 집에서 발견한 범인의 자동차 키를 단서로 뒤를 쫓고 결국 아내를 범한 남자를 마주합니다. 반전과도 같은 범인의 정체에 에마드는 갈등해요. 극중극으로 등장하는 〈세일즈맨의 죽음〉은 대공황 이후 미국 가정의 몰락을 이란 사회에 대입시킵니다. 희곡을 읽은 후에 이 영화를 보게 된다면 숨어 있는 장면의 의미를 발견하는 재미도 느낄 수 있겠죠.

감독 | 아스가르 파르하디
출연 | 샤하브 호세이니 (에마드)
타라네흐 알리두스티 (라나)

2장

이제는 그 사람을 용서해야 할 때

《엘렉트라》

소포클레스

"네가 애도하고 있는 네 아비란 사람은

감히 다른 그리스인들은 하지도 못할 일을 저질렀지.

그는 잔인하게도 네 언니를 신에게 제물로 바쳤어."

—— 아크로폴리스 언덕을 오르며

천천히 아크로폴리스 언덕을 오릅니다. 8월의 아테네는 파에톤의 질주하는 태양 마차가 땅으로 추락하는 듯한 열기로 가득하네요. 그리스 신화에서 파에톤은 태양신 아폴론의 숨겨 놓은 아들이죠. 출생의 비밀을 알게 된 그는 아버지의 태양 마차를 훔쳐 광란의 질주를 하다가 지상으로 떨어집니다.

눈을 들어 하늘을 바라볼 수 없을 만큼 작렬하는 한낮의 열기를 식히는 건 사이프러스 나무를 흔드는 바람. 늠름한 키에 사시사철 푸른 잎을 떨어뜨리는 법이 없는 이 상록수는 특히 고흐의 사랑을 받았죠. 고흐의 그림 속 사이프러스 나무는 별이 빛나는 밤하늘 아래에도, 황금빛 밀밭에도 우뚝 솟아 있어요. 사이프러스 나무는 고대 그리스와 로마 시대부터 죽음을 애도하는 의미로 무덤가에 심었다고 해요. 짙은 생명력을 품은 듯한 나무를 보며 고대인들은 영원

흔적만 남은 디오니소스 극장. ⓒGettyimages

한 부활을 꿈꿨을지도 모릅니다.

'높은 곳의 도시'라는 뜻의 아크로폴리스는 그 이름처럼 아테네 어디에서든지 한눈에 들어옵니다. 지금이야 돌무덤처럼 남아 있는 아크로폴리스 유적 덕분에 그리스 국민들이 먹고산다고 할 정도로 반바지 차림의 관광객들로 북적이지만, 그리스 시대 아테네 시민들은 신전이 있는 언덕을 감히 바라볼 수도 없었습니다.

연극의 기원지인 디오니소스 극장을 향하는 길에 서 있으니 수천 년의 역사가 무상하기만 합니다. 과거 아테네 시민들도 신에게 기도하기 위해, 연극을 보기 위해 이 언덕길을 오갔을 테지요. 지금은 그저 부서진 돌조각 사이를 비집고 나온 잡초만 무성하지만, 저 유명한 그리스 비극이 공연됐다는 이곳만큼 매력적이고 신비스러운 곳이 또 있을까요?

돌계단에 걸터앉으니 저 멀리 아테네 도심이 한눈에 내려다보입니다. 기분이 좀 이상해요. 수천 년 전 같은 자리에 누군가 앉아 비극의 한 장면을 보며 깊은 한숨을 지었을지 모르니까요. 그 까마득한 시간을 넘어 어디선가 아테네 시민들의 함성 소리가 들려오는 듯합니다. 무대였으리라 짐작할 수 있는 빈 공터 위에, 막이 오르고 내리는 연극 무대처럼 인류의 역사가 펼쳐졌다 사라집니다.

—— 크레타 문명과 미케네 문명이 잉태한 연극

연극은 언제, 어디에서 탄생했을까요? 그 흔적은 지금으로부터 무려 4500여 년 전인 기원전 2500년의 그리스에서 찾을 수 있습니다. 정확하게는 그리스 본토와 떨어져 있는 지금의 크레타 섬이죠.

당시 인류는 이제 막 긴 신석기 시대를 끝내고, 금속 재료를 다루면서 문명을 꽃피우는 청동기 시대로 접어들고 있었어요. 이때 에게 해 남단에 위치한 크레타 섬의 발전이 눈부십니다. 지리적 이점을 이용해 강력한 해군력을 키우고 지중해를 독점하며 막대한 부를 축적할 수 있었던 크레타인들은 근접한 메소포타미아, 이집트, 터키 등과 동방 무역을 해요. 선진 문물을 적극적으로 수용하면서 훗날 유럽 문명의 출발점이 되는 찬란한 크레타 문명을 탄생시킨 거죠.

이렇게 발달한 크레타 문명의 건축, 도기, 조각, 회화는 놀라운 수준이에요. 반인반수의 미노타우로스를 가두기 위한 미로가 있었다는 크노소스 궁전도 크레타 문명의 유적입니다. 이곳에서 놀랍게도

‘공연장’으로 사용된 것으로 보이는 건축물의 잔해가 발견됩니다. 300명이나 수용할 수 있었던 유적지의 기능과 쓰임새가 정확하게 전해지지는 않지만, 당시 이집트와 교역하는 와중에 이집트 종교의 영향을 받은 제례 의식이 이곳에서 행해졌다는 설도 있고, 풍요의 여신을 위한 축제가 여기서 시작됐다는 추측도 있습니다. 자, 여기에서 연극 기원의 단서를 찾습니다. 지금 우리가 보고 있는 연극이라는 형태의 시작을 그리스 비극에서 찾는데, 비극은 고대인들의 원시적인 종교 제례 의식과 신을 위한 축제에서 그 뿌리를 찾기 때문이죠. 하지만 이토록 뛰어난 발전을 이룬 크레타 문명은 도시가 붕괴될 정도의 지진과 화산 폭발을 겪으며 쇠퇴하기 시작하다가 기원전 1400년경 그리스 본토에서 온 아카이아인들의 침략으로 멸망합니다.

이렇게 화산재에 묻혀 사라진 듯한 연극의 역사는 그로부터 100년 뒤인 기원전 1300년경 미케네 문명에서 다시 불굴의 싹을 틔웁니다. 선진적인 크레타 문명을 흡수하며 군사력과 경제력을 다져 나간 미케네 문명은 지중해 동부의 해상권과 교역권까지 모두 장악해 나가요. 연극은 미케네 문명에서 새로운 전기를 맞습니다. 크레타인들과 달리 미케네인들은 자신들만의 제례 의식을 담은 독특한 형태를 발전시켜요. 전해져 오는 명판을 보면, 포세이돈 신의 성스러운 결혼식을 기록해 두었는데, 이전에는 볼 수 없었던 새로운 모습들이 등장합니다. 바로 동물 가면을 쓰고 춤추고 노래하는 합창단의 모습이에요. 바로 여기에서 미케네 문명과 연극 발전의 고리를 찾습니다. 신의 탄생과 죽음을 노래와 춤으로 찬미하던 제례를 가장 원시적인 형태의 연극으로 볼 수 있기 때문이죠. 의식을 집행하는 신관神官은 배우 역할을, 의식을 참관하던 사람들은 관객 역할을 하면서 신에 대한 두려움을 해소했죠. 나약한 인간이 신과 일체감을 느끼는 순간. 그리스에서 비극 경연 대회가 제전祭典의 중요한 행사로 발전했던 이유이기도 합니다.

—— 쾌락의 신 디오니소스를 위한 찬미의 춤과 노래

신을 위해 올리던 수많은 제전들 중 연극의 탄생과 함께한 신은 술과 풍요, 쾌락의 신 디오니소스Dionysus였어요. 아버지는 신들의 왕 제우스였지만 어머니 세멜레는 인간의 몸을 가진 여성이에요. 잘 아시겠지만 제우스야말로 신이든 인간이든 여자라면 가리지 않는 바람둥이였고, 이 때문에 부인 헤라는 '질투의 여신'이라는 오명을 쓸 수밖에 없었으니 그 분통함이 오죽했을까요? 헤라는 세멜레의 아들인 어린 디오니소스를 타이탄의 손에 갈기갈기 찢겨 죽게 합니다. 하지만 아버지 제우스에 의해 부활하죠. 푸르른 넝쿨을 길어 올리는 포도나무처럼 재생한 디오니소스. 그의 죽음과 부활은 고대인들에게 풍요를 암시했습니다.

농작을 할 수 없는 혹독한 겨울을 보내고 난 뒤 맞이하는 봄을 생명의 부활로 여기고, 이를 기원하는 제사를 올린 게 디오니소스 축제의 기원이 돼요. 풍년과 함께 인간과 가축의 다산도 기도했습니다. 초기 디오니소스 축제에서는 술에 취해 혼음混淫을 했는데 지금 기준으로 보면 풍기문란죄로 처벌 받을 일이지만, 당시에는 제전의

일부였을 만큼 다산은 중요했어요. 상반신은 사람, 하반신은 염소의
모습을 하고 디오니소스를 따르는 숲의 정령들인 사티로스Satyros 조
각상을 보면 한껏 발기된 성기가 부각되어 있죠. 그들의 모습을 그
려 넣은 이 부끄러운 접시들은 그리스인들의 저녁 식사 자리에 늘
함께했습니다.

　당시 아테네에서 디오니소스를 기리는 축제를 통틀어 '디오니시
아'라고 불렀는데, 1년에 네 번 열렸어요. 12월에 디오니시아 농촌
축제, 1월에 레나이아 제전, 2월에 안테스테리아 제전, 그리고 가장
큰 행사인 디오니시아 도시 축제는 봄이 오는 3월에 시작됐죠. 이때
사람들은 디오니소스를 경배하기 위해 가면을 쓰고 신이나 동물의
흉내를 내며 시를 낭송하고 춤을 췄습니다.

그리스 연극의 기원을 다룬, 현존하는 가장 오래된 기록인 아리스토텔레스의《시학》을 보면 디오니소스를 찬미하는 춤과 노래, 그리고 희극적 대사가 만든 즉흥극에 대한 설명이 나오는데, 이를 '디티람보스dithyrambos, 환희의 찬가'라고 합니다. 이런 전통은 오직 디오니소스 축제에서만 유일하게 전해졌죠. 그래서 '디티람보스'를 큰 의미에서 연극이라는 형식이 갖춰진 출발점이라고 보고, 특히 그리스 비극의 태동이라고 이야기해요.

그런데 신을 찬미하는 환희의 노래가 어떻게 비극이 됐을까요? 디오니소스는 '변모의 신'이었다는 데에 힌트가 있습니다. 가면은 그의 상징이었고, 그래서 사람들은 가면을 쓰고 축제에 참가했죠. 웃음과 눈물이 반대의 개념이 아니라 인간 감정의 다양한 표현일 뿐이고, 이를 능수능란하게 다루는 신이 디오니소스였다면 조금 이해가 될까요? 희극이든 비극이든 그 안에는 인간이 겪는 고통과 수난에 따른 눈물이, 그리고 이를 이겨내는 환희의 웃음이 함께 있으니까요.

—— 비극의 카타르시스

여기에서 잠깐 그리스 비극에 대해 얘기할게요. '트레저디tragedy', 즉 비극이라는 단어의 어원이 재미있어요. 그리스어로 '염소의 노래'를 의미하는 '트라고이디아tragoidia'에서 유래했습니다. 아마도 초기 비극 경연 대회에서 염소를 상으로 주었거나 수컷 염소를 제물로 바치면서 노래를 불렀기 때문에 이런 이름이 만들어지지 않았을까

추측해 볼 수 있죠.

앞에서 이미 얘기했듯이 비극이라는 형식의 태동은 우스꽝스러운 즉흥극 디티람보스에서 찾습니다. 하지만 기원전 5세기에 피어난 비극의 정신을 꽃피운 이가 있으니 바로 호메로스Homeros입니다. 기원전 8세기에 활동한 호메로스가 집대성한 서사시 《일리아스》와 《오디세이아》는 최초의 문학이자 비극의 원형이라고 할 수 있어요. 그 명맥은 기원전 6세기의 여류 시인 사포Sappho의 서정시로 이어져서 마침내 비극이 탄생됐습니다.

그러면 우리가 그토록 흔하게 부르는 비극이란 과연 무엇일까요? 희극과 반대되는 슬픈 이야기? 다시 아리스토텔레스의 《시학》에서 비극의 정의를 빌려오자면 이렇습니다.

> '비극은 크기를 가진 고귀하고 완전한 행동의 모방으로서… 비극은 드라마적 형식을 취하고 서술적 형식을 취하지 않으며, 연민과 공포를 통해 이런 감정의 카타르시스를 완수한다.'[1]

좀 어렵죠. 여러 가지 배경지식이 있어야 이해하기가 쉬울 텐데요. 비극은 기본적으로 행동의 모방입니다. 하지만 아무거나 모방하는 게 아니라 크기를 가진, 즉 위대한 행동의 모방이어야 해요. 이는 인간의 극한에 도전한다는 점에서 의미가 있죠. 그 유명한 카타르시스라는 말도 등장합니다. 아리스토텔레스의 말을 쉽게 풀어 보자면 '인간의 극한에 도전하는 행동, 그리고 연민과 공포를 일으키는 사건으로 감정의 정화를 느끼게 되는 것'이 비극이라고 할 수 있겠네요.

그리스 비극의 전성기는 기원전 5세기. 흔히 우리가 말하는 비극의 3대 작가가 활동하던 시기입니다. 아이스킬로스, 소포클레스, 에우리피데스가 그들이죠. 아이스킬로스 당시 본격적으로 시작된 비극 관람은 당시 아테네 시민들에게 놀라운 경험이었습니다. 드라마의 바다에 직접 몸을 싣고, 신과 운명 앞에서 고군분투하는 영웅과 자신을 일치시키죠. 역경을 이겨 내는 인간을 보며 울고 웃었어요. 그야말로 카타르시스를 느낄 수밖에요. 이 책에서는 소포클레스와 에우리피데스의 작품만 읽지만 꼭 아이스킬로스의 《오레스테스》 3부작을 읽어 보시기 바랍니다. 소포클레스의 《엘렉트라》 프리퀄 prequal 같은 이야기가 펼쳐지니까요.

비극의 내용은 호메로스의 서사시를 바탕으로 한 영웅 전설입니다. 영웅이 주인공이라니 그 탁월한 능력으로 어려움을 극복하고 행복한 결말을 맺어야 할 것 같지만 그러면 비극이 아니겠죠. 물론 해피 엔딩도 있어요. 아이스킬로스의 《오레스테스》 3부작을 보면 가족이 서로 죽고 죽이는 피 튀기는 상황이 이어지다가 마지막에는 오레스테스가 구원을 받습니다. 하지만 그렇다고 이를 두고 희극이라고는 하지 않아요. 비극 속의 영웅들은 사회적인 사명과 책임감을 짊어지고 충돌하다가 결국 빠져나갈 수 없는 구렁텅이에 빠져 허우적거립니다.

우리의 예측을 빗겨나갑니다만, 그리스 비극의 위대함은 여기에 있습니다. 비범한 고통 속에서 드러나는 인간 정신의 숭고함. 삶과 운명이라는 거대한 주제는 수천 년 동안 인간의 의식을 일깨웠습니다. 한낱 인간은 운명에 저항하지 못하고 그 지배를 받는 존재이기도 하지만, 한편으로는 위대함과 존엄성으로 삶과 죽음을 직면해요. 그리고 외치죠. 이제 신과 운명의 지배에 무릎 꿇지 않으리라고! 비록 실수를 반복하고, 결함을 드러내지만 고통 속에서 몸부림치더라도 운명에 맞서리라고!

운명과 대적하다가 비록 지금 고꾸라지더라도 언젠가는 운명을 넘어서리라는 희망. 고대 그리스에서 희극보다 비극이 먼저 시작되고 번성한 사실은 그래서 의미심장합니다. 그들은 삶에서 닥치는 고난과 수난을 깊이 있는 성찰로 담은 비극을 열렬히 사랑했습니다.

—— 엘렉트라 콤플렉스

소포클레스는 총 123편의 작품을 썼습니다. 하지만 이 중 살아남은 작품은 7편뿐이에요. 연대순으로 보면《아이아스》,《안티고네》,《오이디푸스 왕》,《엘렉트라》,《트라키스의 여인들》,《필록테테스》,《콜로노이의 오이디푸스》입니다. 여기에 1911년에 발견된 파피루스에 남겨진 사티로스극《추적자》를 추가할 수 있겠네요.

이 중 소포클레스 작품에서 가장 많이 알려진 작품이《오이디푸스 왕》입니다. '최초의 비극 전문가' 아리스토텔레스는《시학》에서《오이디푸스 왕》을 최고의 작품으로 평가합니다. 사실《시학》은《오이디푸스 왕》이 얼마나 훌륭한 비극인지를 설명하는 해설서라고도 볼 수 있을 정도예요. 그리스 비극에 대해서는 잘 몰라도 '오이디푸스 콤플렉스'는 한번쯤 들어 보셨겠죠. 아버지를 죽인 후 어머니와 결혼했다는 사실을 깨닫고 두 눈을 찌른 비운의 왕 오이디푸스.

지그문트 프로이트Sigmund Freud는 이 오래된 이야기의 주인공을 불러내어 아들이 어머니의 사랑을 쟁취하기 위해 아버지를 제거하고 싶어 하는 마음을 '오이디푸스 콤플렉스'라고 명명합니다. 재미있는 것은 비극의 완성도 면에서나 그 캐릭터의 독창적인 면에서나 후대에 이렇게 유명해진 이 작품이 당시 경연에서는 1등을 하지 못했다는 거예요. 아버지를 죽이고 어머니와 동침하고서 자신의 눈을 찌르는 너무나 끔찍한 이야기에 소포클레스를 사랑하던 아테네 시민들마저 등을 돌린 것은 아닐까요?

프로이트는 아들에게 '오이디푸스 콤플렉스'가 있다면 딸에게는 '엘렉트라 콤플렉스'가 있다고 했습니다. 아버지에 대해 비정상적인 애정을 품은 딸이 어머니에게 경쟁의식을 가지고 증오하게 되는 심리 상태를 의미하죠. 소포클레스 비극의 주인공 엘렉트라는 어머니가 아버지를 죽이고 정부 아이기스토스와 함께 왕위를 차지하자 남동생 오레스테스와 힘을 합쳐 어머니를 살해하려고 합니다. 결국 어머니를 죽이는 데 성공해요.

엘렉트라는 비극 작가 세 명의 관심을 한몸에 받는 여성이었습니다. 가장 먼저 아이스킬로스의 《에우리피데스》 3부작 중 《제주를 바치는 여인들》에서는 조연 격으로 출연하여 남동생 오레스테스에게 복수를 일임하고 퇴장하지만, 소포클레스의 《엘렉트라》에서는 당당히 주인공으로 전면에 등장해요. 에우리피데스도 《엘렉트라》라는 같은 제목의 작품을 썼어요.

소포클레스의 엘렉트라에 비해 에우리피데스의 엘렉트라는 너무 착해요. 어머니에 대한 들끓는 분노로 복수의 화신이 되는 소포클레스의 엘렉트라 대신, 농부의 아내가 되어 물동이를 머리에 이고 다니는 엘렉트라라니요. 그래서 에우리피데스의 작품은 큰 인기를 얻지 못하죠.

── 장영남 vs 크리스틴 스콧 토머스

기억에 남는 두 명의 엘렉트라가 있습니다. 한국 대표 장영남과 영국 대표 크리스틴 스콧 토머스Kristin Scott Thomas. 2018년 LG아트센터에서 공연된 〈엘렉트라〉는 여러모로 화제를 모은 공연이었죠. 연극계를 대표하는 여성 작가와 연출가, 그리고 여배우들이 만나 인류 역사상 가장 잔인한 모녀를 무대에 불러냈으니까요. '비극 전문 연출가'라고 불릴 정도로 묵직한 텍스트를 힘 있게 연출하는 한태숙은 고연옥 작가의 과감한 각색으로 그동안 볼 수 없었던 새로운 〈엘렉트라〉를 만들었습니다. 트로이 전쟁 직후 고대 그리스 미케네 왕궁이었던 배경은 동족 간의 분쟁이 일어나는 파괴된 도시로 바뀌고, 죽은 아버지를 그리며 동생 오레스테스만 하염없이 기다리던 엘렉트라는 게릴라전을 이끄는 강인한 여전사로 등장하죠. 대학로 연극 무대에서 그 이름만으로도 믿고 볼 수 있는 두 여배우인 장영남과 서이숙 배우는 엘렉트라와 클리타임네스트라로 분하여 서로를 향한 증오심으로 무대 위를 가득 채웠습니다. 대적이 될 만한 두 배우가 무대 위에 마주 섰을 때 부딪치는 에너지는 고스란히 객석에도 전달됩니다. 연극을 보는 맛이 바로 여기에 있죠.

짧은 머리에 군홧발로 뛰어나오는 장영남 배우는 1995년 극단 목

2018년 한국 무대에 올려진 〈엘렉트라〉. 짧은 머리의 여전사로 변신한 장영남 배우가 엘렉트라를, 서이숙 배우가 클리타임네스트라 역을 맡았다. ⓒLG아트센터

화에서 연기를 시작한 후 수많은 연극 무대에서 연기력을 인정받았어요. 그녀는 장진 감독의 영화에서 개성 있는 캐릭터로 많은 사람들에게 알려지기 시작했죠. 영화 〈아는 여자〉의 유명한 첫 장면, 유령처럼 등장해 순식간에 차에 치여 죽는 여자, 기억나시나요? 하지만 제 기억 속 장영남 배우의 최고의 연기는 박근형 연출의 무대에 섰을 때였습니다. 〈경숙이 경숙아버지〉에서 집 나간 난봉꾼 아버지를 기다리는 천진난만한 경숙이부터 〈너무 놀라지 마라〉에서 무능력한 남편 대신 가정을 꾸리기 위해 노래방 도우미로 몸을 팔던 그 억척스러운 엄마까지, 들여다보면 기가 막히는 우리네 인생을 너무나 자연스럽게 그릴 줄 아는 배우입니다.

크리스틴 스콧 토마스(오른쪽). ⓒGettyimages

클리타임네스트라 역의 서이숙 배우의 존재감은 또 어떻고요. 딸 엘렉트라에게 끌려와 지하 벙커에 감금되어 있는 처지이지만 특유의 묵직한 저음과 큰 키의 체구로 여왕의 품위를 한 치도 잃지 않는 당당함을 보여 주죠. 어느 무대에서든지 마치 그 배역으로 오랫동안 살아온 것 같은 실감나는 캐릭터를 보여 주었던 서이숙 배우는 이제 TV 드라마와 영화에서도 확실한 신스틸러로 많은 이들에게 기억되고 있습니다.

영국의 〈엘렉트라〉는 한국 버전과 사뭇 다릅니다. 소포클레스 원작을 충실히 따르죠. 무대 위에는 미케네 궁전 밖의 앙상한 나뭇가지와 모래밭뿐. 거칠어진 머리카락, 앙상해진 몸에 더러운 가운을 걸친 크리스틴 스콧 토마스는 땅에 얼굴을 묻고 "간음을 한 어머니!"를 외칩니다. 특유의 매력적인 광대뼈에 그늘이 질 정도로 수척해진 크리스틴 스콧 토마스의 절규는 섬뜩할 정도로 고통스럽습니다. 그녀의 엘렉트라는 아버지 아가멤논의 죽음 때문에 비탄에 빠진 딸의 심정을 그 누구보다 잘 드러내죠.

깊은 눈동자와 얇은 입술, 도도하면서도 지적인 아름다움이 돋보이는 이 영국 배우를 처음 본 건 영화 〈네 번의 결혼식과 한 번의 장례식〉. 휴 그랜트를 짝사랑하는 피오나 역으로 주목을 받기 시작했죠. 하지만 역시 최고의 작품은 〈잉글리쉬 페이션트〉가 아닐까요? 알마시 역의 레이프 파인스Ralph Fiennes와 캐서린 역의 크리스틴 스콧 토마스의 이 고전적인 로맨스는 오스카상 9개 부문을 석권했죠. 비행기 추락으로 다친 캐서린을 끌어안고 오열하는 알마시. 거친 사막 바람과 서걱거리는 모래가 며칠 동안 온 몸에 느껴질 정도로 깊은 여운을 남긴 영화였습니다.

이렇게 동서고금을 막론하고 무대 위에서 살아 숨 쉬는 엘렉트라. 과연 그녀는 프로이트의 말대로 여성 내면에 깊이 잠재된 아버지에 대한 사랑에 몸부림치고 어머니를 증오하는 여자일까요? 이제 엘렉트라의 이야기를 들어봅니다.

—— 아버지의 원수를 갚아 주소서!

엘렉트라   내 어머니와 그녀의 정부 아이기스토스가,

나무꾼들이 참나무를 조각내듯,

도끼로 아버지의 머리를 쪼개버렸어요.

그 가련한 죽음이여, 아버지,

하지만 울부짖는 사람은 나밖에 없어요.

한낮의 빛과 반짝이는 별들을 볼 수 있는 동안에는

나의 이 쓰디쓴 울음을

결코 멈추지 않을 거예요.

새끼를 죽인 슬픈 새처럼

여기 아버지의 집 문 앞에서

세상 사람들 모두 들을 수 있게 소리 높여 울 거예요.

하데스와 페르세포네여,

헤르메스, 죽음의 조력자여,

영원한 분노, 신의 따님들인 복수의 여신이여!

모든 살인자들과 간음하는 죄인들을 지켜보시는 이들이여,

어서 오소서!

내 곁에 와서 내 아버지의 원수를 갚아 주시고

내 남동생을 집으로 보내 주소서.

이 고통의 짐을 혼자 버틸 수 있는 힘이 제겐 없나이다![2]

아버지 아가멤논의 죽음 때문에 고통스러워하며 몸부림치는 엘렉트라의 절규가 하늘에 닿을 듯합니다. 세상 사람들은 모두 아버지의 죽음을 잊더라도 자신만은 잊지 않고 원수를 갚겠다는 각오가 처절하기만 해요. 아버지를 죽인 어머니 클리타임네스트라와 정부 아이기스토스의 악행을 신들에게 고하며 저주와 복수의 여신들을 불러내는 엘렉트라의 목소리가 무시무시하게 들립니다.

하지만 코로스는 "재앙에 재앙을 쌓지 말라"고 충고해요. '고귀한 가문의 딸들'로 등장하는 코로스는 엘렉트라의 슬픔을 다독이면서도 한편으로는 복수는 신들의 것이니 자제하라고 권하죠. 그리스 비극 속의 코로스는 늘 감정의 격류에 빠진 주인공들에게 냉정함을 잃지 않도록 충고해요. 하지만 인간의 마음이 어디 그렇습니까? 자신이 저지르는 행동의 정당성을 찾죠. 엘렉트라는 인간사의 정의에 대해 이렇게 말해요.

엘렉트라　아버지의 비참한 육신은 한 줌 흙이 되어

누워 있을 수밖에 없는데

피를 피로 갚지 못하면

인간들에겐 신의도 도리도 없을 거예요.[3]

　엘렉트라에게는 크리소테미스라는 여동생이 있습니다. '법을 황금같이 여기는 이'라는 뜻의 이름처럼 크리소테미스는 언니가 현재의 권력자인 어머니와 대적하는 것이 못마땅해요. 통치자에게 순종하며 엎드려 있다가 나중에 힘이 생기면 그때 영리하게 복수를 하자는 게 동생의 생각이죠. 크리소테미스는 이렇게 말해요.

　크리소테미스　지금처럼 해칠 힘도 없을 때는
　　　　　　　　폭풍 앞에 고개를 숙이고
　　　　　　　　눈에 띄지 않는 게 상책이에요.[4]

　어느 날 크리소테미스가 엘렉트라에게 어머니 클리타임네스트라의 꿈 이야기를 전해요. 아가멤논이 왕홀王笏을 화로에 꽂자 무성한 가지가 뻗어 나와 온 나라가 그늘에 덮인다는 이야기였어요. 이 꿈은 성적인 암시로 가득 차 있습니다. 고대 그리스에서 화로는 집 한가운데 위치한 성스러운 곳으로서 여성의 음부를 의미하죠. 즉, 아가멤논의 왕홀을 그곳에 꽂았다는 것은 두 사람이 성적인 결합을 했다는 것을 뜻해요. 자신이 죽인 전 남편이 꿈에 보이는 것도 불길한데 결합을 하다니요? 이처럼 망측한 일이 어디 있을까요? 두 자매는 이를 클리타임네스트라가 곧 죽음을 앞두고 있다는 예언으로 받아들입니다.
　그런데 클리타임네스트라는 엘렉트라의 아버지이자 자신의 남편이기도 한 아가멤논을 도대체 왜 죽인 걸까요?

| 클리타임네스트라 | 네가 애도하고 있는 네 아비란 사람은 감히 다른 그리스인들은 하지도 못할 일을 저질렀지. 그는 잔인하게도 네 언니를 신에게 제물로 바쳤어. 하긴 그가 씨를 뿌렸을 때, 아이를 낳는 나만큼의 고통은 겪지 않았으니까. 넌 분명히 말할 수 있겠지. 네 아비는 왜 그런 짓을 한 거지? 도대체 누굴 위해? (중략) |
| | 나는 절대 후회하지 않아.[5] |

클리타임네스트라는 트로이 전쟁을 승리로 이끌고 10년 만에 귀향한 남편 아가멤논을 무참하게 살해합니다. 남편이 집을 비운 사이 애인으로 삼은 아이기스토스와의 불륜이 들통날까봐? 아닙니다. 그녀의 복수는 그것보다 더욱 깊은 절망에서 싹텄습니다. 바로 딸 이피게네이아가 남편 아가멤논의 손에 제물로 희생당했기 때문입니다.

클리타임네스트라는 도저히 이해할 수 없었습니다. 딸을 죽인 남편의 마음을요. 하지만 아가멤논에게도 변명거리가 있었죠. 그는 아버지이기 이전에 1,000척이 넘는 그리스 함대를 이끌고 트로이 전쟁을 승리로 이끌어야 하는 왕이기도 했습니다. 바다를 잠재우고 전쟁터로 출항하기 위해 신에게 딸을 바치는 선택을 할 수밖에 없었어요. 클리타임네스트라의 모성은 그때 사라져 버렸습니다.

그녀는 자신이 아가멤논을 죽인 행위가 정당하다고 주장하지만, 엘렉트라는 어머니를 비난해요. 어떤 핑계를 대더라도 정부 아이기스토스의 꼬드김에 넘어가 아버지를 죽인 죄는 용서할 수 없었죠.

엘렉트라는 어머니의 말대로 자신이 만약 고약한 년이라면 "그 어미에 그 딸"이라는 말까지 하죠. 모녀의 잔인한 설전을 읽다 보면, 프로이트가 왜 '엘렉트라 콤플렉스'라고 이름을 붙였는지 이해가 갈 정도로 어머니에 대한 딸의 증오가 그대로 전해집니다.

어쩌면 엘렉트라와 크리소테미스 자매, 그리고 어머니 클리타임네스트라는 아가멤논과 오레스테스로 대변되는 그리스의 가부장적 사회에서 남성들이 초래한 전쟁과 배신의 드라마의 피해자들입니다. 피를 부르는 전장으로 떠나면서 딸을 제물로 바친 것도 아가멤논이고, 옆에서 엘렉트라가 부추기기는 했지만 결국 어머니를 죽이는 패륜을 저지르는 것도 아들 오레스테스의 칼끝이었으니까요. 소포클레스의 《엘렉트라》는 세 여인의 목소리에 귀를 기울이며 세계 문학사에서 최초로 여성극을 완성했다는 데 그 의미를 찾을 수 있죠.

이제 이야기는 새로운 국면을 맞이합니다. 멀리 떠나서 죽었다고 생각했던 엘렉트라의 남동생 오레스테스가 돌아와요. 누나 엘렉트라의 비참한 모습을 보고 오레스테스는 분노하죠. 두 사람은 클리타임네스트라의 악행을 비난하고, 오레스테스는 궁으로 갑니다. 마침 아이기스토스가 자리를 비우고 혼자 남아 있는 어머니를 죽이기 위해서요.

클리타임네스트라	자비를 가져다오 아들아, 이 어미를 불쌍히 여겨다오!
엘렉트라	(닫힌 문 안에도 들릴 만큼 큰소리로 외치며) 어머니 당신은 오레스테스도, 그 아버지도 불쌍히 여기지 않았잖아요!

코로스	온 도시와 왕국이 울겠구나. 끝이다. 고통의 날들도 끝나 가는구나!
클리타임네스트라	아아!
엘렉트라	한 번 더 쳐라, 쳐라!
클리타임네스트라	아아!
엘렉트라	아이기스토스도 함께 당했어야 하는 건데![6]

이때 어머니의 정부 아이기스토스가 돌아옵니다. 그 역시 남매의 칼끝 앞에 무사할 리가 없죠. 엘렉트라는 아이기스토스마저 죽음의 길로 몰아세우며 막이 내립니다.

엘렉트라	한마디도 더하게 두지 말라.
	제발, 그의 말을 듣지 말라.
	죽을 때가 다가오는데, 자비가 무슨 소용이란 말인가.
	어서 그를 죽여라.
	그리고 시신을 기다리고 있는
	무덤 파는 이들에게 던져 버려라. 우리가 보지 못하는 곳에서.
	그것만이 내가 겪은 고통을 보상받을 수 있는 유일한 벌일 테니.[7]

—— 청출어람의 비극 작가

소포클레스만큼 신들의 편애를 받은 사람이 또 있을까요? 넉넉한 집안에 수려한 외모는 기본이고, 최고의 교육을 받고 무려 18회라는 비극 경연 대회 최다 우승 기록을 세운 것은 물론, 수차례 고위 관직에도 선출되며 무려 아흔한 살까지 장수하는 축복 속에서 명예로운 일생을 살다 간 인물이에요. 다 열거하기가 힘들 정도입니다.

무엇보다 소포클레스가 살았던 시기에 그리스는 다시없을 번영을 누렸습니다. 소포클레스는 기원전 497년 아테네 근교에 있는 콜로노스Kolonos라는 곳에서 부유한 무기 제조업자 소필로스Sophilios의 아들로 태어났습니다. 페르시아를 물리친 승리의 열기 속에서 태어난 것이죠. 그리고 그리스 분열의 첫걸음인 펠로폰네소스 전쟁 발발 1년 전에 눈을 감았으니 그야말로 험한 꼴 안 보고 꽃길만 걷다가 세상을 떠난 거예요.

그렇다고 전쟁을 겪지 않은 건 아닙니다. 도시 국가의 생명을 지키기 위한 전쟁이 빈번하게 일어나던 시대에 소포클레스도 스승 아이스킬로스처럼 역사상 중요한 두 개의 전투를 겪습니다. 바로 마라톤 전투기원전 490년와 살라미스 해전기원전 480년이죠. 하지만 아이스킬로스가 서른다섯 살의 나이에 참전해서 전장을 누볐던 마라톤 전투 때 소포클레스는 고작 일곱 살의 아이였죠. 그로부터 10년 후, 살라미스 해전에서는 상황이 달라집니다. 어엿한 열일곱 살 청년으로 성장한 소포클레스는 비록 참전하지는 못했지만 그리스 동맹의 승리를 기념하기 위해 한몫하게 되는데, 소년 합창단의 선창자를 맡게되죠. 빼어난 용모에 공부도 잘하고 노래까지 잘 불렀는지, 전쟁의 승리를 신에게 감사드리는 찬신가를 부르는 중요한 자리에서 선창을 했습니다. 요샛말로 하면 이런 '엄친아'도 없을걸요.

소포클레스는 비극 작가로서 승승장구합니다. 스물아홉 살에 비극

소포클레스. ©Gettyimages

경연 대회 데뷔를 하자마자 1등을 차지한 것을 시작으로 무려 18회
나 우승하는 전무후무한 기록을 세워요. 이런 소포클레스의 뒤에는
훌륭한 스승이 있었습니다. 28년 터울의 선배 아이스킬로스죠. 비극
경연 대회에서 이미 몇 번의 우승 기록을 세우며 최고의 비극 작가로
손꼽히던 아이스킬로스는 소포클레스에게 작시법을 가르쳤습니다.

소포클레스가 처음 비극 경연 대회에 참가해서 1등을 했던 그해,
스승 아이스킬로스도 대회에 참가했어요. 제자에게 우승을 빼앗겼
으니 아이스킬로스의 심정이 어땠을지 궁금해지는 대목이 아닐 수
없습니다. 1등 자리를 내어 준 스승의 마음은 잠시 씁쓸했겠지만 이
토록 훌륭한 제자를 키워 냈으니 흐뭇하지 않았을까요? 중국 전국
시대의 사상가 순자의 말에 '청출어람靑出於藍'이 있습니다. 순자보

다 한참 이전의 인물이지만 소포클레스는 그야말로 스승 아이스킬로스를 뛰어넘는 제자였습니다. 소포클레스는 아이스킬로스에게서 비극의 모든 것을 배웠지만 어떻게 하면 스승의 영향에서 벗어나 자신만의 작품을 완성할지 치열하게 고민했죠. 고대 로마의 그리스인 철학자 플루타르코스Plutarchos는 이렇게 말해요.

'소포클레스 스스로도 먼저 아이스킬로스의 화려함에서 벗어나고 다음으로 자신의 엄격함과 기교주의를 극복하고 나서야 비로소 등장인물의 성격에 맞는 최선의 문제에 도달할 수 있었다.[8]

—— 이제부터 비극의 주인공은 인간이다

소포클레스는 아이스킬로스가 완성한 비극 형식에 다시 한 번 변화를 시도하는데요. 아리스토텔레스는 비극의 역사에 지대한 역할을 한 두 명의 작가, 아이스킬로스와 소포클레스의 업적에 대해《시학》에 이렇게 기록했습니다.

'배우의 수를 한 명에서 두 명으로 늘린 것은 아이스킬로스가 처음이다. 그는 또 코로스의 역할을 줄이고 대화가 드라마의 중심이 되게 했다. 소포클레스는 배우의 수를 세 명으로 늘리고 무대 배경을 도입했다.'[9]

어느새 소포클레스는 스승 아이스킬로스를 뛰어넘기 시작합니다. 두 명의 배우보다 세 명의 배우가 인물 간의 갈등을 표현하는 데 더욱 효과적일 뿐 아니라 무대 배경까지 더해지니 극은 더욱 볼 만해져 갔습니다. 단번에 아테네 시민들의 시선을 사로잡았죠.

무엇보다 두 사람의 가장 큰 차이점은 신과 인간을 바라보는 관점이었습니다. 아이스킬로스에게 신은 인간의 운명을 이해하는 열쇠였어요. 페르시아를 상대로 전쟁터를 누비던 그는 기적 같은 승리가 신이 준 선물이라고 생각했으니까요. 그래서 아이스킬로스는 자신의 경험을 바탕으로 신들의 위대함을 찬미하고 인간의 운명을 움직이는 신들의 섭리를 노래했어요. 하지만 소포클레스는 생각이 달랐습니다. 그에게 신은 수수께끼 같은 존재였어요. 인간의 운명이 과연 신의 손에 있는 것일까? 그는 질문했습니다. 그렇다고 소포클레스가 그리스 전통에 대해 반기를 들고 신의 존재를 부정한 것은 아니었습니다. 오히려 누구보다 신을 공경하는 생활을 했지만, 인간의 운명은 인간 존재 스스로의 한계에 따라 달라진다고 생각했어요. 신과 인간의 관계. 이는 비극 형식의 변화보다 더 중요한 인식의 변화였습니다. 마침내 소포클레스가 만든 비극의 주인공은 위치가 바뀌게 됩니다. 신에서 인간으로.

아테네인들은 소포클레스와 그의 비극을 사랑했습니다. 이 위대한 비극 작가가 국가를 위해 더 다양한 역할을 하기를 바랐죠. 소포클레스의 나이 쉰네 살 때인 기원전 443년, 살라미스 해전 승리 이후 아테네를 주축으로 결성된 델로스 동맹국들의 기금이 재편되던 중요한 시기에 '델로스 동맹 재무관'에 취임했고, 2년 후인 기원전 441년에는 사모스Samos의 반란을 진압하기 위한 전쟁에서 페리클레스와 함께 10인의 장군으로 선출되기도 했습니다. 작가에서 재무관, 그리고 전쟁터의 장군으로 종횡무진해요. 하지만 소포클레스 스스로 그 역할에 그리 만족하지는 않았던 것 같아요. "페리클레스는 나를 좋은 시인이지만 나쁜 장군이라고 부른다"라는 말을 남겼죠.

　소포클레스는 노년에 쉬면서 보낼 팔자는 아니었나 봅니다. 여든 네 살에는 10인의 국가최고위원 중 한 명으로 선출되었는데, 당시 아테네는 시칠리아 원정에서 함대가 전멸하여 국정이 동요하던 시기였죠. 국가의 위기에 맞서 민심의 동요를 잠재우는 데는 소포클레스의 신망과 권위가 필요했습니다. 아테네 시민들이 그를 얼마나 신뢰했는지를 짐작할 수 있어요.

　소포클레스도 아테네를 누구보다 사랑했습니다. 아이스킬로스가 만년에 시칠리아에서 사망하고 에우리피데스도 마케도니아에서 생을 다했다는 이야기가 전해진 것과는 달리, 소포클레스는 외국의 초청도 거절하고 아테네에서 일생을 보내요. 그리고 그가 그토록 사랑했던 아테네가 쇠락의 길로 접어드는 펠로폰네소스 전쟁 발발 직전인 기원전 406년에 아흔한 살의 일기로 세상을 떠났습니다. 의학 기술이 발달한 오늘날에도 아흔 살이면 장수했다고 하는 나이인데, 소포클레스는 분명 신의 축복을 받은 인물임에 틀림없습니다. 자신보다 열세 살이나 어린 후배 에우리피데스의 사망 소식을 듣고 그를 추모하는 행사에 앞장서기까지 했으니까요.

　소포클레스가 어떻게 죽었는지 정확한 사인은 알려져 있지 않아요. 포도를 먹다가 질식해서 죽었다는 말도 있는데, 그래도 비극 작가다운 죽음은 자신의 작품 《안티고네》의 긴 단락을 쉬지 않고 읽다가 과로해서 숨을 거두었다는 설이에요. 그의 죽음 이후에도 신은 그의 영혼과 함께했습니다. 아테네를 포위하고 있던 스파르타 장군 리산드로스Lysandros의 꿈에 디오니소스가 나타나 경고를 합니다.

"빨리 길을 내주어 소포클레스의 장례 행렬이 교외에 있는 그의 가족 묘지에 무사히 닿을 수 있도록 하라!" 살아서는 한숨도 돌릴 수 없던 그는 마침내 신의 비호 아래 평안히 긴 잠에 들게 됩니다.

작곡 | 리하르트 슈트라우스
대본 | 후고 폰 호프만슈탈

1989년 빈 국립 오페라 실황 녹화 버전입니다. 이제는 고인이 된 세계적인 지휘자 클라우디오 아바도가 지휘자로 등장합니다. 리하르트 슈트라우스가 작곡한 오페라 〈엘렉트라〉는 1909년 드레스덴 궁정 오페라 극장에서 초연됐던 당시, 곡의 불협화음과 과감한 음악적 해석으로 당시로서는 대단한 파격을 보여 주며 논란의 주인공이 됐던 작품이죠.

원작과 오페라의 가장 큰 차이점은 엔딩인데, 소포클레스의 《엘렉트라》는 어머니와 정부를 모두 죽인 후 엘렉트라와 오레스테스 남매의 승리처럼 막을 내리지만, 오페라에서는 엘렉트라 역시 죽음을 맞아요. 복수와 함께 끝나 버리는 삶.

오페라 버전에서 가장 인상적인 건 역시 주인공 엘렉트라입니다. 그동안 봐 왔던 연극 무대와 달리 오페라 버전에서 엘렉트라의 복수에 대한 열망과 강인함은 단연 최고입니다. 가장 강인한 엘렉트라를 만들어 낸 소프라노 에바 마르톤은 '철의 목소리'라는 별명답게 완벽한 가창력으로 관객을 압도하죠. 클리타임네스트라 역의 브리기테 파스벤더 역시 병적인 어머니를 완벽하게 연기하며 에바 마르톤과 한 치의 물러섬 없는 대결을 합니다. 벌써 20년이 된 오페라이건만 현대적인 무대와 의상은 지금 당장 뉴욕 메트로폴리탄 오페라 무대에 올려도 손색이 없을 것 같네요.

3장

사랑에 실패하고 삶에 좌절할 때

《갈매기》

안톤 체호프

"젊은 시절에 난 작가가 되고 싶었지만 되지 못했소.

결혼하고 싶었지만 하지 못했고.

언제나 도시에 살고 싶었지만 여기 시골에서 생을 마치고 있으니.

다 그렇게 됐다오."

왜, 그럴 때 있잖아요? 마음 한구석이 무너질 만큼 힘든 하루. 지친 다리를 이끌고 집으로 향하는 길, 그곳에 누군가 내 얘기에 귀 기울여 주고, 그래도 잘했다고 토닥토닥 따뜻한 손길을 건네는 이가 있으면 좋으련만 아무도 없을 때. 일단 따뜻한 물로 샤워하고 향기 좋은 로션을 바른 후 이불 속으로 들어가요. 마음에 드는 책 한 권이 있다면 그 밤에는 외롭지 않죠. 힘든 순간마다 제게 위로가 된 책이 있습니다. 안톤 체호프의 《갈매기》예요.

'오늘 이 갈매기를 죽인 나는 비열하기 짝이 없습니다. 당신 발밑에 바칩니다.'[1] 고등학교 2학년 봄, 새 학년이 시작되는 설렘도 없이 밤 10시가 돼서야 묶여 있던 책상에서 겨우 풀려나던 나날들, 우편배달함에 이름도 없는 엽서와 함께 꽂혀 있던 체호프의 《갈매기》를 읽으며 그 밤들을 보냈습니다. 한동안 등·하굣길에 책을 손에 들고 다니기도 했어요. 정체를 드러내지 않는 그 친구에게 잘 읽고 있다는 인사를 그렇게 전하고 싶은 마음이었죠. 끝내 갈매기를 죽인 누군가의 이름은 알지 못했습니다.

대학을 졸업하고 시작한 사회생활은 자아를 찾는 뿌듯한 여정이었지만, 어느 때는 비참할 만큼 스스로를 비난하는 날들이 이어졌습니다. 하루 종일 꾹 참았던 눈물을 터트릴 수 있었던 건, 니나의 말 때문이었죠. "2년 만에 처음으로 울고 났더니 마음이 홀가분해졌어요. 훨씬 편해요. 보세요. 이제 울지 않아요."[2] 어찌나 속이 후련하던지요.

대학로에서 연극을 만들던 서른 살 무렵, 무대의 불이 꺼지고 나면 분장을 지운 배우들과 함께 작은 술집에 모여 앉아 소주잔을 앞에 두고 예술과 연극을 논하며 지새우던 그 밤들. 귀퉁이에 비집고 앉아 그 마법 같은 이야기에 귀를 기울이면서도 한편으로는 치기 어린 마음에 트레플료프의 대사를 떠올리기도 했죠. "새로운 형식이 필요합니다. 새로운 형식이요. 만일 새로운 형식이 없다면, 차라리 아무것도 없는 편이 낫겠어요!"[3]

첫 책을 내고 불안한 마음에 펼쳐 든 《갈매기》에서는 배우가 되기를 열망하는 니나의 이런 대사가 눈에 들어왔어요. "작가나 배우가 되는 행복을 위해서라면 저는 가족들의 냉대, 가난, 환멸도 견디겠어요. 다락방에 살면서 빵만 먹어도 좋아요."[4] 내 이름으로 된 책을 누군가가 읽는다는 건 얼마나 설레고 흥분되는 순간인지요. 니나의 마음처럼 그 순수한 열망을 다시 되찾기를 기도했죠.

이름을 알 수 없는 누군가가 두고 간 《갈매기》의 첫 장을 펼쳐 든 지 20년이 넘은 지금에서야 몇 번이고 다시 읽는 구절이 있습니다.

"이젠 알 것 같아요, 코스챠. 우리가 하는 일이 무엇이든, 그게 무대에서 연기를 하는 것이든, 글을 쓰는 것이든, 정말 중요한 것은 그동안 내가 꿈꿔 왔던 명성이나 화려함 같은 것들이 아니에요. 바로 견뎌 내는 법이에요. 자신의 십자가를 지고 믿음을 가지는 것. 이제 난 믿어요. 그래서 난 그렇게 많이 괴롭지 않아요. 나의 사명을 생각하면, 난 삶이 두렵지 않아요."[5]

젊은 시절, 니나의 꿈처럼 영광과 광채를 뜨겁게 욕망하던 때는 미처 눈에 들어오지 않던 이 대사가 지금에야 보이는 건, 참고 나아가는 것이야말로 우리에게 남겨진 긴 인생에서 무엇보다 값진 용기라는 것을 뒤늦게 깨달았기 때문이죠.

──── 아네트 베닝과 시어셔 로넌의 영화 〈갈매기〉

체호프의 〈갈매기〉만큼 여배우들의 열망을 당기는 작품이 또 있을까요? 테네시 윌리엄스의 〈욕망이라는 이름의 전차〉에 등장하는 블랑슈만큼이나 〈갈매기〉의 아르카지나와 니나 역시 여배우로 일생을 살면서 꼭 한번 도전하고 싶은 배역일 거예요. 아르카지나와 니나 모두 극중에서 여배우로 등장합니다. 이미 전성기를 누리고 중년의 나이에도 아름다움을 유지하고 있는 아르카지나, 그런 그녀를 동경의 눈길로 바라보면서 무대를 꿈꾸는 시골 아가씨 니나. 여배우들은 아마도 자신의 지난 시절과 앞으로 맞게 될 모습을 니나와 아르카지나를 통해 엿보면서 깊은 공감을 하는 게 아닐까요? 그동안 아르카지나와 니나를 거쳐 간 여배우들의 면면만 봐도 이

영화 〈갈매기〉는 결말을
앞부분에 배치하며
스크린의 마법을 보였다.

배역에 대한 애정을 느낄 수 있어요. 아르카지나 역에는 크리스틴 스콧 토머스, 주디 덴치 Judi Dench, 메릴 스트리프 Meryl Streep, 그리고 니나 역에는 내털리 포트먼 Natalie Portman, 캐리 멀리건 Carey Mulligan 이 무대에 섰죠.

스크린을 주름잡는 배우들을 무대에 세울 만큼 마력이 있는 체호프의 〈갈매기〉는 1986년 초연 이후 수없이 연극으로 제작되면서도 이렇다 할 영화 버전은 없었습니다. 체호프의 대사와 배우들의 심리 묘사는 무대에서 재현될 때 가장 효과적이라는 것을 감독들은 알았던 거죠. 하지만 2018년에 개봉된 영화 〈갈매기〉가 화제를 모았습니다. 아르카지나 역에 아네트 베닝 Annette Bening, 그리고 니나 역에는 20대 초반의 나이로 오스카상과 골든 글로브상에 단골 노미네

82

이트 될 정도로 무서운 활약을 보이는 시어서 로넌 Saoirse Ronan을 내세웠어요. 체호프의 희곡을 스크린으로 옮기는 부담은 마이클 메이어 Michael Mayer가 맡았습니다. 그는 뮤지컬 〈스프링 어웨이크닝〉으로 토니상 최우수감독상을 수상할 만큼 무대 예술에도 일가견이 있는 연출가예요.

메이어 감독은 체호프의 원작에 충실하면서도 스크린의 마법을 적재적소에 펼쳐 보이죠. 영화의 오프닝 장면부터 감독의 의지가 읽혀요.《갈매기》의 결말 부분인 4막 장면을 프리퀄처럼 앞부분에 배치하는데, 희곡을 읽은 분들은 빠르게 편집되어 흘러가는 첫 장면들을 보며 비극적인 극의 결말을 떠올릴 수 있습니다.

작가 체호프는《갈매기》를 "코미디, 다섯 푼짜리 사랑 이야기"라고 했다죠. 지금도 전 세계에서 가장 많이 무대에 올려지는 이 작품은 1896년 상트페테르부르크 알렉산드린스키 극장 초연 당시 참담한 실패를 맛보며 막을 내렸습니다. 가장 큰 이유는 "코미디로 연출할 것"이라는 체호프의 요구였어요. 관객들은 사랑에 실패하고, 삶에 좌절하고, 자살까지 하는 주인공들의 삶을 비극으로 받아들였으니 그 격차가 꽤나 컸던 거죠. 하지만 체호프는 이렇게 좌충우돌하는 인물들이야말로 우리의 모습이고, 거기에서 웃음을 발견했습니다. 문득 홍상수 감독이 체호프의 영향을 많이 받지 않았을까 생각했어요. 비루한 지존심, 유치한 질투, 그리고 잇갈리는 사랑의 작대기. 스크린 밖에서 팔짱을 끼고 무심하게 바라보는 관객들도 사실 영화 속 주인공과 별반 다를 바 없는 존재임을 깨닫게 될 때 피식 터지는 허무한 웃음. 인생이란 멀리서 보면 희극이지만 가까이서 보면 비극이라는 양면성이야말로 '체호프식 코미디'의 진수이니까요.

　이야기는 호숫가 별장을 배경으로 마치 한여름 밤의 꿈처럼 펼쳐졌다가 덧없이 사라져 갑니다. 평생을 법무부에서 일만 하다가 이제는 늙어 버린 소린의 집에, 여동생 아르카지나와 그녀의 애인이자 유명한 작가 트리고린이 찾아오면서 희곡은 시작되죠. 그들의 등장은 평화로운 시골 생활을 흔들어 놓아요. 아르카지나에게는 트레플료프라는 아들이 있어요. 외삼촌인 소린의 집에 머무르며 작가를 꿈꾸는 이 청년은 옆 마을의 니나를 사랑하죠. 젊고 아름다운 니나는 배우가 되고 싶어 합니다.

　자, 이렇게 두 커플을 먼저 비교해 볼까요? 아르카지나와 트리고린은 이미 성공을 거둔 사람들입니다. 이름난 여배우, 유명한 작가. 젊은 청춘인 트레플료프와 니나의 눈에는 모든 걸 가지고 있는 사람들이죠. 하지만 트레플료프는 어머니와 그녀의 애인을 비난하고 질투해요. "저는 어머니를 사랑합니다. 무척이나 사랑하죠. 하지만 어머니는 얼빠진 삶을 살면서 소설가 애인과 야단법석을 떨며 돌아다녀요."[6] 아들로서 느끼는 애정 결핍, 그리고 작가로서 새로운 형식의 연극을 통해 기성세대에 저항하며 느끼는 조바심. 트레플료프의 내면은 마치 폭발 직전의 화산처럼 위험하죠. 이와 반대로 니나에게 아르카지나와 트리고린은 동경의 대상이에요. 결국 니나는 트레플료프의 사랑을 버리고 트리고린을 따라나섭니다.

　연극과 달리 영화는 바로 니나와 트레플료프의 비극적인 결말로 시작해서, 시간을 되감아 아름다웠던 두 사람의 풋풋한 사랑, 작가와 배우를 꿈꾸던 순수했던 그때로 돌아가죠. 니나 역의 시어서 로

넌과 함께 캐스팅된 트레플료프 역의 빌리 하울Billy Howle, 두 사람의 호흡이 빛나는데요. 둘은 이미 이언 매큐언Ian McEwan의 소설을 원작으로 한 〈체실 비치에서〉를 통해 신혼부부로 호흡을 맞췄어요. 그래서일까요? 로넌과 하울이 서로를 바라보는 눈빛은 마치 오래된 연인처럼 깊고 잔잔합니다. 특히 빌리 하울은 어머니로부터 인정받고 싶어 하는 아들의 여린 마음, 글을 쓰고 싶은 열망, 그리고 스스로에게 권총의 방아쇠를 당길 정도로 감당할 수 없는 실연의 아픔까지, 불안한 청춘의 모습을 대변하는 인상적인 연기를 보여 주죠.

또 한 명의 빅 스타는 아르카지나 역의 아네트 베닝. 할리우드 최고의 바람둥이 워런 비티의 바람기도 잠재웠다는 그녀의 아름다움은 우리 나이로 환갑을 맞은 세월도 비껴가네요. 이제는 퇴물로 비쳐지지 않을까 싶은 여배우의 자존심과 연하의 스타 작가를 애인으로 둔 여인의 조바심까지 다채로운 심리 상태를 보여 주어야 하는 아르카지나 역은 그래서 중년의 여배우들이 도전하고 싶은 배역이죠. 하지만 〈러브 어페어〉에서 사고로 다리를 잃고도 마이크를 기다리는 테리의 지고지순한 로맨스의 그림자가 너무 큰 걸까요? 레즈비언 커플, 마블의 히어로 영화까지 연기 변신을 게을리하지 않는 그녀지만 짧은 금발머리에 흰 원피스를 입고 있는 테리가 지금도 가장 먼저 떠올라요. 그래서인지 〈갈매기〉 아르카지나의 옷이 아네트 베닝에게 조금은 어색하게 느껴져서 아쉬웠어요. 아들의 어머니이기 전에 젊은 애인의 사랑을 받기 위한 욕망을 전달하는 여배우의 끈적한 삶을 표현하기에 그녀의 미소는 너무 순수하게 아름답기만 했달까요?

—— 이혜영과 서주희의 아르카지나

그런 면에서 아네트 베닝을 능가하는 아르카지나가 한국에 있었습니다. 이혜영 배우죠. 2016년 국립극단 제작의 〈갈매기〉에 이혜영 배우가 캐스팅됐습니다. 2012년 헨리크 입센의 〈헤다 가블러Hedda Gabler〉로 13년 만에 연극 무대에 복귀한 그녀의 압도적인 카리스마에 관객들은 기대를 걸었죠. 이제 우리도 중년 여배우의 연기력이 필요한 고전 연극들을 다시 볼 수 있게 되겠구나! 관객들의 바람처럼 그녀는 2016년 〈갈매기〉, 2017년 〈메데이아〉로 차례차례 무대에 오릅니다.

"과거 니나 역할을 했는데 그 역할만 보였어요. 이입이 돼서 펑펑 울었고 그 매력에 빠져 있었는데, 이번엔 아르카지나만 보이더라고요. 때가 된 것 같았어요."[7]

루마니아 연출가인 펠릭스 알렉사는 2014년 국립극단 제작 〈리처드 2세〉 이후 〈갈매기〉로 한국 배우들과 두 번째 호흡을 맞추었습니다. 모던한 미장센으로 이름을 날리고 있는 그는 '종이와 물'을 중요한 극적 소재로 활용해요. 트레플료프가 작가가 된 순간에 천장에서 종이가 내려와 무대를 덮고, 삼류 배우가 된 니나가 "목이 마르다"고 외치는 순간 물이 쏟아져 내립니다. 이런 강렬한 시각적 이미지와 함께 칼 오르프의 오페라 〈카르미나 부라나Carmina burana〉 중 '오 운명의 여신이여'의 웅장한 음악은 극의 비극성을 절정으로 치닫게 합니다.

연극 〈갈매기〉는 러시아에서 초연되고 한국에서는 60년 후인 1966년에야 명동예술극장에서 처음으로 공연됐어요. 할리우드와

배우 이혜영의 연기력이
돋보이는 연극 〈갈매기〉.

브로드웨이 여배우들이 그랬듯, 한국의 수많은 여배우들도 아르카
지나와 니나를 연기했죠. 그중 이혜영 배우와 함께 또 한 명의 아르
카지나로 손꼽고 싶은 배우는 서주희입니다. 그녀는 한국 초연 무대
를 연출했던 고故 지촌 이진순 연출을 기념하는 무대로 제작된 2011
년 〈갈매기〉 무대에 올랐죠. 서주희의 〈버자이너 모놀로그〉, 〈레이
디 맥베스〉는 지금도 많은 연극 팬들의 기억 속에 최고의 작품으로
기억되고 있습니다. 머리부터 발끝까지 온전히 배역이 되는 배우로
많은 이들이 기억하고 있죠.

그럼 이제, 이들이 사랑하고 욕망하고 질투했던 그곳, 소린의 호
숫가 별장으로 갑니다.

―― 당신의 갈매기는 하늘을 날고 있나요?

  해가 저물고 있다. 아직 막이 오르지 않은 무대에서 야코브와 몇몇
사람들이 일을 하고 있다. 망치질 소리와 기침 소리가 들린다. 산책에
서 돌아오는 마샤와 메드베젠코가 왼쪽에서 걸어 들어온다.

메드베젠코 어째서 당신은 늘 검은 옷만 입는 거죠?
마샤   내 인생의 상복이에요. 불행하니까요.[8]

  희곡의 첫 대화부터 어긋난 사랑의 상처를 암시합니다. 소린의 영
지를 관리하는 청지기의 딸 마샤는 트레플료프를 사랑해요. 하지만
트레플료프는 니나만 바라보죠. 마샤의 삶은 죽음처럼 어둡기만 합
니다. 그런 마샤를 사랑하는 학교 선생님 메드베젠코는 늘 그녀 곁
에 맴돌지만 돌아오는 건 차가운 대답뿐이죠.
  모두가 모인 저녁, 곧 해가 저물면 트레플료프가 쓴 희곡이 공연
됩니다. 부푼 마음으로 공연 준비를 하는 트레플료프는 어머니 아르
카지나의 무관심에 화가 치밀어 올라요. 어머니의 역할보다 여배우
와 젊은 정부의 애인이 훨씬 더 잘 어울리는 인생이죠. 시골에서 이
렇다 할 소득도 없이 아무도 알아주지 않는 글을 쓰는 자신에게 자
격지심만 느낄 뿐입니다.

트레플료프 있잖아요, 어머닌 절 사랑하지 않아요. 왜 그럴까요. 어머
       닌 살아가고, 사랑하고, 화사한 블라우스를 입고 싶어 합니

다. 그런데 저는 벌써 스물다섯 살이에요. 저는 어머니가 젊지 않다는 것을 늘 상기시키는 존재죠. 제가 없으면 어머닌 이제 막 서른두 살이지만, 제가 있으면 마흔셋이 됩니다. 그러니 저를 싫어할 수밖에요. 더군다나 어머니는 제가 연극을 싫어하는 것도 알고 있습니다. 어머니는 연극을 사랑하고 당신이 인류에 봉사하고 있다고 생각하지만 제가 보기에 요즘 연극은 편견과 관습으로 가득한 판박이에 불과합니다.[9]

하지만 그런 트레플료프가 숨 쉴 수 있는 이유는 니나가 있기 때문입니다. 트레플료프의 뮤즈이자 배우를 꿈꾸는 니나는 오늘 밤 트레플료프가 쓴 희곡의 주인공으로 등장하죠. 하지만 니나는 트레플료프의 뜨거운 키스 세례를 받으면서도 마음은 온통 콩밭에 가 있어요. 유명 작가 트리고린 앞에서 공연을 한다니!

니나   당신 희곡은 연기하기가 어려워요. 살아 있는 인물이 없으니까요.

트레플료프 살아 있는 인물이라! 삶은 있는 그대로 그려서도 안 되고, 어떻게 해야 한다고 할 수도 없습니다. 꿈속에서 보듯 그려내야 합니다.

니나   하지만 당신 희곡에는 움직임이 거의 없는 걸요. 대사뿐이죠. 내 생각에 희곡에는 반드시 사랑이 있어야 해요…[10]

니나의 마음은 이제 트리고린을 향합니다. 아르카지나의 눈을 피해 자신의 감정을 고백해요. 하지만 트리고린은 얼마나 나약한 남자인지! 그는 작가로서 무언가를 계속해서 쓰고 명성을 유지해야 한다는 강박에 빠져 있습니다. 그런 무료한 인생에서 니나야말로 자신을 구원해 줄 사랑이라고 생각하면서도 아르카지나를 떠나지는 못해요. 하지만 이건 그의 착각이었습니다. 트리고린에게 니나와의 사랑은 '피아노를 닮은 구름을 언젠가 소설 속에 써먹어야지'라고 생각하는 것처럼 한낱 이야깃거리에 불과하니까요.

니나   당신 인생은 멋져요!

트리고린   대체 뭐가 멋지다는 겁니까? (중략) 소설 하나를 끝내자마자 곧바로 다른 소설을 쓰기 시작해요. 그다음, 그다음… 쉬지도 않고 서둘러서 씁니다. 다른 건 할 수도 없어요. 도대체 뭐가 빛나고 아름다운 건지 묻고 싶군요. 오, 얼마나 얼빠진 인생입니까! 지금 당신 곁에서 흥분하고 있으면서도 끝내지 못한 소설이 나를 기다리고 있다는 걸 단 한순간도 잊을 수가 없어요. 저기 그랜드 피아노를 닮은 구름을 보면서 생각합니다. '그랜드 피아노 같은 구름이 흐른다'라는 사실을 어딘가에 꼭 써먹어야지라고요. (중략)

트리고린   멋진 곳이에요! (갈매기를 발견하고는) 이건 뭡니까?

니나   갈매기에요. 트레플료프가 죽였어요.

트리고린   아름다운 새로군요. 정말 이곳을 떠나고 싶지 않습니다. 좀 더 머물라고 아르카지나를 설득해 주시겠습니까? (수첩에 글을 쓴다.)

니나　　　뭘 쓰시는 거죠?

트리고린　그냥 몇 줄 쓰는 거죠… 갑자기 어떤 생각이 떠올라서요…
　　　　　짧은 이야기예요. 한 소녀가 호숫가에 어린 시절부터 살고
　　　　　있었어요. 당신처럼요. 그녀는 갈매기처럼 호수를 사랑하
　　　　　고, 갈매기처럼 행복하고 자유롭죠. 그런데 우연히 한 남자
　　　　　가 와서 소녀를 발견하고 아무 이유도 없이 그녀를 파멸시
　　　　　킵니다. 이 갈매기처럼 말이죠.[11]

　니나의 비극적인 미래를 암시하는 듯한 트리고린의 대사는 영화
에서 더욱 효과적으로 드러나요. 아르카지나가 트리고린을 찾으며
외치는 소리에 두 사람은 밀회를 끝내고 집으로 돌아가려는데, 트리
고린은 급히 떠오르는 이야기를 수첩에 적습니다. 니나에게는 메모
의 결말을 알려 주지 않고요. 대신 화면 가득 트리고린의 수첩만 클
로즈업되죠. 펜은 이렇게 쓰고 있습니다.

　'그녀를 파멸시킨다.'

　사실 아르카지나는 이미 트리고린이 니나에게 보내는 시선을 느
끼고 있었습니다. 두 사람을 주시하면서 하루빨리 별장을 떠나 모스
크바로 가려 하죠. 하지만 니나는 점점 더 대담해집니다. 그리고 트
리고린에게 메달을 하나 건네요. 뒷면에는 트리고린이 쓴 소설 제목
과 더불어 뭔가 적혀 있어요.

'밤과 낮' 121쪽. 11에서 12행.

급히 자신의 책을 펼쳐 든 트리고린은 한 문장을 발견해요. "내 목숨이 필요하면 언제든지 와서 가져가" 오! 그는 젊고 아름다운 니나에게 마음을 빼앗깁니다. 그리고 아르카지나에게 하룻밤만 더 머물자고 부탁해요. 여자의 예감은 틀리는 법이 없습니다. 그녀는 트리고린에게 정신 차리라고 말해요.

아르카지나   내 사랑, 당신을 붙드는 게 뭔지 난 알아. 하지만 스스로를 좀 통제하지 그래. 좀 취했던 것뿐이야. 깨어나.

트리고린   당신도 좀 냉정해져 봐. 분별력 있고 합리적으로. 이 모든 걸 친한 친구의 입장으로 한 번 보려고 해 봐. 부탁이야… (그녀의 손을 잡는다.) 당신은 희생할 수 있잖아… 내 친구가 되어 줘. 날 놓아 줘. (중략)

아르카지나   (분노하면서) 미쳤구나!

트리고린   그래, 그럼 안 되나?

아르카지나   거리낌 없이 나한테 다른 여자 이야기를 할 만큼 내가 정말 그렇게 늙고 추한 거야? (그를 끌어안고 키스한다.) 아, 당신은 제정신이 아닌 게 분명해! 경이롭고 멋진 사람! 당신은 내 인생의 마지막 페이지야! (무릎을 꿇는다.) 나의 기쁨, 나의 자랑, 나의 행복… (그의 무릎을 끌어안는다.) 당신이 단 한 시간만이라도 나를 떠난다면 난 살 수 없어. 난 미쳐 버릴 거야. 나의 멋지고 위대한 남자, 나의 주인… (중략)

2001년 미국 LA 소재 액터스 강 극장에서 공개된 〈갈매기〉의 리허설.
우유부단한 트리고린, 트리고린에게 빠진 니나. ⓒGettyimages

트리고린   내 의지라곤 없어… 단 한 번도 의지라고는 가져 본 적이 없
어… 무기력하게 축 늘어져서, 언제나 고분고분했지. 어떻
게 여자들은 이런 걸 좋아하는 거지? 날 데려가, 데려가라
고. 한 걸음도 당신에게서 떼어 놓지 마…

아르카지나   (혼잣말로) 이제 그는 내 거야. (마치 아무 일도 없었던 것처럼 너
그러운 척하면서) 하지만 물론 당신이 원한다면 남아 있어도
좋아. 나 혼자 갈 테니 일주일쯤 후에 와. 사실 당신은 서둘
이유가 없잖아.

트리고린   아니야, 함께 가는 게 좋을 거야.

아르카지나   좋을 대로 해. 그럼 함께 가.[12]

아! 여자의 유혹에 약한 남자여! 아르카지나를 맡은 배우의 연기
력이 돋보이는 장면이죠. 트리고린을 잡기 위해 화를 냈다가, 애원
도 했다가, 그리고 너그럽게 용서하기까지. 한 남자를 완전히 쥐락
펴락해야 하니까요. 아르카지나의 애원 앞에 니나와 함께 남아 있
겠다는 트리고린의 패기는 온데간데없이 사라져 버리고 따라나서
겠다고 하죠. 마치 철없는 아이가 금세 잘못을 뉘우치는 것처럼요.
아르카지나의 밀당은 여기서 끝나지 않아요. '저 사람은 내 거야'라
고 생각한 순간 "나 혼자 갈 테니 일주일 후에 와"라고 쿨하게 말하
며 돌아서요. 아르카지나의 압승. 이 우유부단한 남자 트리고린은
지금은 아르카지나를 따라나서지만 모스크바에 온 니나를 만나 2년
을 함께 삽니다. 아이까지 낳지만 죽고 말아요. 니나에게 싫증이 난
트리고린은 그녀를 버리고 다시 아르카지나에게 돌아가죠. 《갈매

기》에서 가장 못난 인간이라고 해야 할지요, 아니면 가장 있을 법한 인물이라고 해야 할지요? 트리고린이 수첩에 쓰던 한 문장이 생각납니다. '그녀를 파멸시킨다.'

온갖 인간 군상을 호숫가 별장으로 끌어모은 체호프는 그의 작품들을 통해 등장하는 전형적인 인물 두 명을 불러옵니다. 평생을 후회만 하다가 인생 막바지에 다다른 소린, 그리고 아르카지나를 사랑하지만 별 수 없이 체념하고 사는 시골 의사 도른. 그들을 보며 답답해 하다가도, 어쩌면 우리 모두도 어찌하다 보니 나이 먹고, 하고 싶은 일이 있어도 미뤄 두기만 하고, 사랑하는 이도 놓치고 사는 인생 아니던가요?

> 소린　　오래전, 젊은 시절에 난 작가가 되고 싶었지만 되지 못했소. 멋들어지게 말하고 싶었지만 오히려 혐오스러웠지. (자신의 목소리를 흉내 낸다.) 결혼하고 싶었지만 하지 못했고, 언제나 도시에서 살고 싶었지만 여기 시골에서 생을 마치고 있으니. 다 그렇게 됐다오.[13]

여기 또 한 명, 어긋난 사랑으로 잠 못 이루는 여인이 있으니 마샤의 어머니 폴리나입니다. 그녀의 화살은 시골 의사 도른에게 향하지만 그는 오랫동안 아르카지나를 바라볼 뿐, 뜨뜻미지근하게 인생을 사는 인물이죠. 하지만 폴리나는 과감하게 인생 마지막에 사랑에 몸을 던져 봐요.

폴리나 안드레예브나	(간청하며) 예브게니, 내 사랑. 나를 데려가서 함께 살 수 없나요?… 우리 시대는 저물어 가요. 우린 이제 젊지 않죠. 뭔가를 감추거나 거짓말은 하지 않았으면 해요. 이제 우리는 인생의 말년에 있잖아요.
도른	난 쉰다섯 살이오. 인생을 바꾸기엔 너무 늦었소.
폴리나 안드레예브나	알고 있어요. 당신이 날 거부하는 건 당신과 가까운 여자들이 있기 때문이죠. 그 모든 여자들과 다 같이 살 수는 없잖아요. 이해해요, 미안해요, 귀찮게 해서.[14]

　온갖 소동 속에 아르카지나와 트리고린이 떠나고 2년 뒤. 소린의 건강이 위태로워요. 니나와 트리고린은 다시 호숫가 별장을 찾죠. 2년 동안 많은 일이 일어납니다. 체호프는 그 중요한 사건들을 보여주는 대신 트레플료프의 무심한 이야기로 관객에게 전하죠. 학교 선생 메드베젠코와 결국 결혼한 마샤는 아이까지 낳지만 여전히 트레플료프를 사랑하고 있고, 트리고린을 따라 모스크바로 떠난 니나는 사랑에도 실패하고 지방 극단을 전전해요. 하지만 트레플료프는 그런 니나를 여전히 사랑합니다. 2년 전 행복했던 여름날처럼 모두가 다시 모인 밤, 니나는 몰래 소린의 집을 찾아옵니다. 니나와 트레플료프의 재회.

니나	그이를 사랑해요. 예전보다 훨씬 더 그이를 사랑해요… 짧

은 이야깃거리예요… 그래요, 나는 그이를 사랑해요. 열렬하게 사랑하고, 미친 듯이 사랑해요. 옛날이 좋았죠, 코스챠! 기억나요? 얼마나 고요하고, 따뜻하며 기쁨에 가득한 나날이었는지. 순수한 삶이었죠! 부드럽고 우아한 꽃과 같은 느낌이었어요… 생각나요?[15]

니나는 트레플료프의 고백을 다시 한 번 거절합니다. 여전히 트리고린을 사랑한다고 고백하죠. 니나는 이상을 좇는 트레플료프보다 훨씬 더 현실적인 인물이에요. 두 사람의 공통점은 사랑에 버림받는 인물들. 니나에게 버림받는 트레플료프, 트리고린에게 버림받는 니나. 하지만 결국 트레플료프는 작가로서 성공하고, 니나는 삼류 배우로 전락하지만 둘은 전혀 다른 선택을 해요. 니나가 그럼에도 살아가려는 의지를 불태우는 동안 트레플료프는 자신에게 방아쇠를 당기니까요. 체호프의 《갈매기》는 두 청춘의 이토록 어긋난 인생을 보여 주며 관객에게 질문을 합니다.

'당신의 갈매기는 하늘을 날고 있나요? 박제가 되어 있나요?'

— 못난 인생들이 건네는 삶의 위안

체호프는 러시아 문학에서 절정의 수준을 보여 준 단편 소설 작가이자 희곡 작가입니다. 지금도 매일 밤 전 세계 극장 무대 어디에선가는 셰익스피어, 브레히트와 함께 체호프의 작품이 올려지고 있을 정도이니까요. 세계적인 극작가와 어깨를 견주고 있지만 체호프의 희곡은 10편도 채 되지 않아요. 37편의 장막극을 남긴 셰익스피어, 35편의 장막극과 7편의 단막극을 남긴 브레히트. 여기에 비하면 체호프가 남긴 희곡은 7편의 장막극과 미완성까지 포함한 10편의 단막극이 전부입니다. 하지만 그중 《갈매기》, 《벚꽃동산》, 《바냐 아저씨》, 《세 자매》 네 작품으로 셰익스피어와 브레히트 못지않게 공연이 될 정도로 그가 남긴 희곡은 특별한 사랑을 받고 있죠.

체호프는 희곡을 쓰기 전에 이미 단편 소설 작가로 유명했습니다. 지금이야 그가 쓴 400여 편의 단편 소설들보다 4대 희곡이 더 유명하지만 체호프 생전에는 그렇지 않았어요. "체호프의 글은 붓 자국이 서로 아무 관련 없는 것처럼 되는 대로 붓을 놀리는 것 같지만 멀리서 보면 명확하고 확실한 그림과 같다"며 그의 단편에 칭찬을 아끼지 않았던 톨스토이도 체호프가 희곡을 쓰면서 재능을 낭비하고 있다며 쓴소리를 할 정도였으니까요.

왜 그런 혹평을 했을까요? 체호프의 희곡에는 공통점이 있습니다. 소위 '잘난 인간'이 없어요. 역경을 이겨냈거나, 누구보다 선한 의지를 갖고 있거나, 아니면 주변인들에게 계몽적인 역할을 하는 인물들은 그의 작품에서 눈을 씻고 찾아도 없습니다. 체호프 희곡의 주인공들은 과거의 향수에 젖어 푸념하고, 체념하고, 그저 매일매일 반복되는 일상을 카드놀이와 술로 채워 가죠. 나폴레옹의 러시아 침공을 배경으로 하는 《전쟁과 평화》, 여성의 내재된 열정이 사회적 편견에 부딪치는 과정을 담은 《안나 카레니나》, 그리고 '제정 러시아 사회의 거울'이라고 불릴 정도로 귀족과 하층민의 삶을 적나라하게 비판한 《부활》 등 대작들에서 늘 역사와 사회를 고민하고 주도적으로 생을 찾아가는 입체적 인물들을 그려 낸 톨스토이 입장에서는 당연한 비판이었습니다.

그런데 우리는 톨스토이가 쓴 위대한 소설들을 읽고 묵직한 교훈을 받으면서도, 체호프 희곡 속의 '못난 인생들의 소용없는 넋두리'들에게서는 왠지 모를 위안을 얻고 삶에 대한 희망을 갖게 됩니다. 체호프는 누구보다 삶의 근원적 문제와 인간의 본질을 응시하는 작가였어요. 체호프는 자신의 희곡에서 우리의 보편적 일상이 어떻게 예술이 될 수 있는지, 그 보편적 일상에서 부딪치는 사람들과의 관계 속에서 쌓여 가는 진정한 삶의 의미가 무엇인지를 보여 주죠. 이는 위대한 인물도, 실패한 인물도, 귀족도, 하층민도 구별하지 않는 개인의 삶과 자유를 사랑하는 체호프였기에 가능한 일이었죠.

—— 모스크바 예술극장의 상징이 된 갈매기

안톤 체호프는 1860년 항구 도시 타간로크Taganrog에서 태어났습니다. 모스크바에서 1,109킬로미터 떨어져 있어 비행기로 2시간 만에 닿는 타간로크는 흑해에 인접한 아조프 해 연안의 도시입니다. 러시아 제국 1대 황제인 표트르 대제의 첫 번째 계획도시인 이곳은 1698년 러시아 아조프 함대의 기항지로 발전하기 시작해서, 블라디보스토크, 상트페테르부르크와 함께 러시아를 대표하는 항구로 손꼽히죠.

체호프가 유년 시절을 보냈던 타간로크는 셰익스피어와 견주는 대문호의 고향답게 곳곳에서 그의 흔적을 발견하게 됩니다. 의자에 기대앉아 먼 곳을 응시하는 체호프의 동상, 박물관으로 공개되고 있는 생가, 체호프 아버지가 운영했던 상점, 그리고 모스크바로 떠날 때까지 교육을 받던 러시아의 중등 교육 기관인 김나지움까지 고스란히 보존되어 있죠. 하지만 체호프는 훗날 이런 말을 남겼다고 해요. "나는 모스크바 사람이다"라고요.

고향 사람들이 들었으면 꽤나 섭섭했을 한마디를 남긴 이유가 있긴 합니다. 타간로크에서 보낸 체호프의 유년 시절은 그리 행복하지만은 않았죠. 체호프의 할아버지는 지주에게 돈을 주고 해방된 농노였고, 아버지는 잡화상을 열어 한때 돈을 좀 벌었지만 체호프가 열여섯 살 때 파산해요. 가족들은 아직 김나지움에서 학업을 이어가던 어린 체호프만 남겨 두고 모두 모스크바로 돈을 벌러 떠나 버려요. 외롭게 남은 어린 체호프는 5년 동안 고학생으로 학업을 마치고 나서야 가족이 있는 모스크바로 갈 수 있었으니, 타간로크에서의 시간을 좋은 추억만 떠올릴 수 없었을 테죠.

체호프는 공부를 잘했습니다. 김나지움에서 외롭고 힘든 시절을 이겨내고 모스크바 의학부에 당당히 합격해요. 하지만 마냥 기뻐할 수만은 없었어요. 학비에 더해 가족의 생계라는 무거운 짐을 지게 되니까요. 그래서 써 내려가기 시작한 것이 잡지와 신문에 기고한 짧은 콩트들이에요. '안토샤 체혼테'라는 필명으로 400여 편이나 되는 글을 써서 인기 작가로 이름을 알리기 시작했어요. 하지만 가족은 전혀 몰랐다고 하네요.

체호프의 나이 스물네 살 때인 1884년, 6개의 단편을 실은 최초의 선집 《멜포메네》가 필명으로 출간됩니다. 이것이 운명적인 사건의 계기가 되죠. 2년 후인 1886년 3월, 체호프는 한 통의 편지를 받아요.

체호프의 고향 타간로크 ⓒGettyimages

원로 작가 드미트리 그리고로비치Dmitry Grigorovich는 장문의 편지에서 체호프의 자질을 높이 평가하고, '재능을 소중히 여겨 단숨에 글을 쓰지 말 것이며 체혼테라는 필명 뒤에 숨지 말고 본명으로 작품을 발표하라'고 충고합니다. 그러고는 체호프를 상트페테르부르크의 유명한 보수 신문 〈신시대〉의 발행인 수보린에게 추천하죠.

체호프의 능력을 알아본 수보린은 당장에 문학 특별 증보면을 신설해서 체호프에게 고정 지면을 내어 줘요. 체호프보다 스물여섯 살이나 많은 수보린은 이후 체호프의 인생에서 가장 친한 벗이자, 든든한 경제적 후원자가 되면서 우정을 쌓아요. 체호프는 이제 본명으로 작품을 발표하면서 창작 스타일의 변신을 꾀합니다.

하지만 체호프는 돌연 충격 선언을 합니다. 제정 러시아 동쪽 끝에 있는 유형流刑의 땅, 사할린으로의 여행. 정부가 추방한 죄수들이 모여 강제 노역을 하는 곳으로 가려고 합니다. 당시 그의 나이는 고작 서른 살이었어요. 1880년에 데뷔하여 이제 10년을 막 채운 체호프는 그동안 콩트에서 벗어나 〈등불〉(1888), 〈따분한 이야기〉(1889) 등의 단편 소설을 발표하면서 유명세를 더하고, 1888년에 출판한 단편 선집 《황혼》으로 과학 아카데미의 푸시킨상까지 수상하며 작가로서의 입지를 굳히던 때였습니다. 대문호 톨스토이도 체호프와 교류를 할 뿐만 아니라, 상트페테르부르크의 젊은 여성들 역시 체호프와 어떻게 하면 저녁 식사를 할까 고민할 정도로 인기를 한 몸에 받던 때였죠.

당시 사할린으로 가는 길은 험난하기 짝이 없었습니다. 시베리아 횡단 열차가 개통되기도 전이라 마차를 타고 6개월 동안 이동해야

안톤 체호프. ©Gettyimages

했고, 3개월을 체류한 다음, 돌아올 때는 한 달 동안 배를 타야 했습니다. 꼬박 1년의 시간이 필요한 셈이었죠. 누가 봐도 위험천만하고 무모한 일이었습니다. 설상가상 체호프의 몸도 정상이 아니었어요. 당시에는 치료제가 없어 불치병으로 알려진 폐결핵까지 발병한 상태였는데, 그 상태로 강과 호수를 건너 진흙탕의 늪지를 지나야 하는 1만 킬로미터의 여정이라니요. 체호프는 여자 친구에게 농담 삼아 "여행하다 곰에게 물려 죽거나 방랑자에게 살해되거든 자신을 잊지 말아 달라"고 부탁했다고 하네요.

체호프는 왜 이런 무리한 계획을 세웠을까요? 그는 작가로서의 전환점이 필요했습니다. "당신이 쓰는 모든 글에는 확실하고 간결한 생각이 담겨 있어야 해요. 당신이 무엇 때문에 쓰고 있는지 알아야 하죠. 그렇지 않으면 당신은 길을 잃게 될 테고, 재능이 당신을 파멸시킬 테니."[16] 체호프는 훗날《갈매기》에서 의사 도른의 입을 빌려 작가 지망생인 트레플료프에게 이렇게 말해요. 아마도 이는 작가로서 평생을 따라다니는 충고와도 같았겠죠.

가족과 지인들의 만류에도 불구하고 체호프는 이 긴 여행을 위한 준비를 차곡차곡 합니다. 시베리아 유형에 관한 책과 자료를 연구하고《해양총서》도 읽어 보죠. 여행 경비 마련을 위해서는 수보린에게〈신시대〉에 여행기를 연재하기로 약속하고 1만 5,000루블의 후원금과 신문사 특파원 자격을 받아냅니다. 이렇게 탄생한 책이 바로《사할린 섬》입니다. 체호프는 긴 여행을 하고 돌아와서 저 유명한 4대 희곡들을 발표하기 시작했고, 콘스탄틴 스타니슬랍스키 Konstantin Stanislavski와 블라디미르 이바노비치 네미로비치단첸코 Vladimir

Ivanovich Nemirovich-Danchenko 연출을 만나면서 대성공을 거두게 되니 사할린은 체호프의 인생에서 중요한 전환점이라 할 만하죠. 그의 관심은 이제 소설에서 희곡으로 바뀝니다.

일찌감치 희곡 작가로서 소질을 보인 체호프이지만 빛을 보게 된 건 사할린 여행에서 돌아온 뒤인 1896년, 그의 나이 서른여섯 살에 발표한 《갈매기》 때부터입니다. 이후 《바냐 아저씨》(1897), 《세 자매》(1900), 《벚꽃동산》(1903)을 차례차례 발표해요. 하지만 앞서 말씀 드렸듯이 《갈매기》의 탄생은 순조롭지 않았습니다. 초연을 망쳐버리고 체호프는 극작을 포기하겠다며 실의에 젖은 나날을 보내게 되죠. 그러고는 동생 미하일에게 편지를 써요. "희곡은 굴욕적으로 크게 실패했어. 극장에는 의혹과 굴욕의 무거운 긴장감이 돌고 있었지. 배우들은 추악하고 바보들처럼 연기했어. 여기서 교훈을 얻었어. 희곡을 쓰지 말아야 한다는."

이런 그에게 용기를 준 사람은 연출가 콘스탄틴 스타니슬랍스키와 네미로비치단첸코 콤비. 스타니슬랍스키는 체호프에게 이렇게 말해요. "《갈매기》는 나를 매혹시킨 유일한 현대 희곡이고 당신은 모범적인 레퍼토리로 연극을 위해 커다란 흥미를 불러일으킨 유일한 현재 작가입니다."

이들이 아니었으면 체호프도, 《갈매기》도, 그리고 이후에 발표한 그의 희곡들도 만나지 못할 뻔했습니다. 2년 후인 1898년, 이들이 세운 모스크바 예술극장 개관 기념 작품으로 재공연된 〈갈매기〉는 대성공을 거둡니다. 체호프가 요구하는 코미디가 아니라 스타니슬랍스키식의 해석이 관객에게 호응을 얻은 거죠. 하지만 체호프는 은인과도 같은 스타니슬랍스키에게 감사의 표시는 못할망정 트리고린 역을 맡은 스타니슬랍스키의 연기가 영 마음에 들지 않아 시종 불만이 끊이지 않았다고 해요. 〈갈매기〉의 성공 이후 체호프의 모든 작품이 모스크바 예술극장에서 공연되고 극장의 정식 이름은 '체호프 기념 모스크바 예술극장'이 됩니다. 갈매기는 지금도 모스크바 예술극장의 상징이 되어 어디론가 날아갈 듯 날개를 활짝 펼치고 있죠.

체호프는 이곳에서 일만 하지는 않았나 봐요. 사랑도 찾게 되죠. 1901년 올가 크니페르와 결혼했는데 그녀는 〈갈매기〉의 여주인공 아르카지나 역을 연기한 배우였어요. 공연 일정으로 바쁜 크니페르, 그리고 폐결핵 치료를 위해 여기저기 요양을 떠나야 했던 체호프 부부가 함께 산 시간은 정작 얼마 되지 않지만 두 사람은 서로를 그리워하며 많은 편지를 남깁니다. 체호프의 전집 30권 중 이때 쓴 그들의 편지만 12권이나 될 정도니까요.

1904년 7월 15일 결혼한 지 불과 3년 만에 체호프는 독일 슈바르츠발트의 바덴바덴에서 오랫동안 그를 괴롭혔던 폐결핵으로 숨을 거둡니다. 그의 나이 44세. 아내 크니페르는 이렇게 그의 마지막 순간을 기록했어요.

"안톤은 그날따라 평소와 다르게 큰소리로 외쳤어요. '난 죽어 가고 있어!' 의사는 그를 진정시키고 주사를 놔 주었죠. 그리고 샴페인을 한 병 주문했어요. 안톤은 잔에 가득 샴페인을 따르고는 찬찬히 살피더니 절 보고 웃으며 이렇게 말하더군요. '샴페인은 정말 오랜만인걸.' 그는 잔을 비우고 왼편에 내려놓았어요. 나는 그에게 다가가서 침대 너머로 몸을 구부려서 그를 불렀죠. 그러나 벌써 숨을 멈추고 아이처럼 평화롭게 잠이 들었어요."[17]

　20세기 후반을 대표하는 미국 작가 레이먼드 카버Raymond Carver
는 체호프의 마지막 순간을 자신의 마지막 소설《심부름》의 소재로
삼습니다. 소설에서는 체호프가 샴페인을 마신 뒤 숨을 멈추고, 부
고를 알리는 심부름을 맡은 호텔 보이가 바닥에 떨어진 샴페인 뚜껑
을 몰래 주워 들며 끝을 맺어요. 작가가 작가에게 바치는 오마주. 카
버는 '알려지지 않은 체호프'라는 글에서 이렇게 말합니다. "문학을
읽는 자라면, 예술의 초월적 힘을 믿는 자라면, 언젠가는 체호프의
작품을 읽어야 한다. 그리고 지금이 가장 적절한 때다."[18]

　체호프의 시신은 독일에서 러시아로 옮겨졌어요. 수많은 인파들
이 기차역에서 체호프를 기다리고 있었죠. 마침 기차에서 내려지는
관을 따라 군중들은 무거운 발걸음을 옮기고 있는데, 갑자기 어디
선가 울려 퍼지는 군악 소리. 아뿔싸! 공교롭게도 같은 시간에 거행
되던 표도르 켈레르Fyodor Keller, 1850~1904 장군의 장례식 행렬을 따
라가고 있었던 거죠. 기차역에서 진짜 체호프의 관을 맞게 된 사람
은 정작 100여 명뿐. 숙연했던 사람들은 체호프의 관을 운반한 기차
의 이름을 보고 박장대소를 합니다. '굴oyster'을 의미하는 이름의 냉
장 기차에 실려서 모스크바에 도착한 거예요. 러시아를 대표하는 위
대한 작가가 일순간 굴로 변신하는 순간이었습니다. 늘 "내 작품은
드라마가 아니라 코미디야!"를 외치던 체호프조차도 자신의 마지막
길에 이런 유쾌한 소동이 일어날지 짐작도 못했을걸요.

감독 | 앤서니 홉킨스
출연 | 앤서니 홉킨스
레슬리 필립스, 케이트 버턴

체호프 4대 희곡 중 《바냐 아저씨》를 원작으로 한 영화 〈어거스트〉는 앤서니 홉킨스가 감독을 하고 주연을 맡았습니다. 《바냐 아저씨》는 여러모로 《갈매기》와 아주 비슷한 작품이에요. 시골 영지에 가족들이 모여들면서 일어나는 사건, 그 안에서 들끓는 사랑과 질투의 감정. 《갈매기》에서 삼류 배우가 된 니나가 희망을 버리지 않은 것처럼 바냐 아저씨의 조카 소냐도 "운명이 우리에게 보내 주는 시련을 참을성 있게 견뎌 내자"며 바냐 아저씨와 스스로

를 다시 일으켜 세웁니다.

원작에서는 바냐 아저씨로 불리는 야연은 죽은 누나의 딸, 그리고 나이 든 어머니와 함께 영지를 경작하며 인생을 보내고 노년을 맞습니다. 누나는 죽었지만 그의 매형과 젊고 예쁜 아내 헬렌을 25년이나 뒷바라지하고 있죠. 사실 야연은 헬렌을 사랑해요. 역시나 《갈매기》처럼 사랑의 작대기는 마구 어긋나 버리는데, 야연의 조카딸이 사랑하는 마을 의사 역시 헬렌을 사랑하죠. 늙은 매형이 돈벌이가 안 되는 영지를 팔겠다고 선언하자 야연은 문득 깨닫게 돼요. 작가가 되려는 꿈도, 사랑하는 여자와 결혼하려는 계획도 하나 이루지 못하고 매형의 뒷바라지를 하느라 청춘과 사랑을 모두 잃어버린 것을요.

영화의 제목 〈어거스트〉는 가을이 오기 전 가장 아름다운 8월의 한 달을 함께 보내며 울고 웃던 그들처럼 인생의 가장 아름다운 순간도 짧게 끝나 버리는 것을 상징하죠. 앤서니 홉킨스의 명연기야 말할 것도 없고 〈누가 버지니아 울프를 두려워하랴〉의 주인공 리처드 버턴의 딸 케이트 버턴의 모습도 반갑습니다. 캐서린은 버턴이 엘리자베스 테일러와 결혼하기 전, 첫 번째 아내와의 사이에서 얻은 딸이죠. 지금은 많은 활동을 볼 수 없어 아쉽네요.

4장

칭찬에 인색한 부장님 때문에 자존감이 바닥을 쳤을 때

《피그말리온》

조지 버나드 쇼

"진짜 숙녀와 꽃 파는 소녀의 차이점은,

어떻게 행동하느냐가 아니라 어떻게 대접을 받느냐는 거죠."

—— 판타지 로맨스의 원조, 피그말리온 신화

그리스 신화 이야기를 먼저 들려 드릴까 해요. 잠시 푸른 바다가 넘실대는 지중해로 떠나 볼까요? 지중해에 떠 있는 수많은 섬들 중 시칠리아와 사르데냐에 이어 세 번째로 큰 섬이 키프로스Kypros예요. 영어로는 사이프러스Cyprus라고 하죠. 고대 그리스 유적이 남아 있는 이 유서 깊은 섬이 더욱 신비로운 이유는 바로 '미의 여신 비너스'가 탄생했다는 신화 때문이에요. 저 유명한 보티첼리의 〈비너스의 탄생〉 속 대왕 조개 위에 나체로 서 있는 그 여신. 네, 맞습니다. 흰 피부에 긴 금발을 나부끼며 작은 손으로 부끄러운 듯 가슴을 가리고 있지만 우아한 굴곡미가 더욱 관능적으로 넘실댑니다.

로마 신화에서는 비너스, 그리스 신화에서는 아프로디테라 불리는 이 여신의 고향 키프로스에 옛날, 옛날, 아주 오래된 옛날, 피그말리온이라는 왕이 살았어요. 조각에도 일가견이 있는 왕이었죠. 당시 키프로스에는 많은 나그네들이 방문했습니다. 하지만 어찌된 일인지 키프로스 섬 여인들은 나그네 대접을 소홀히 했어요. 문전 박대하기 일쑤였는데, 이를 괘씸하게 여긴 아프로디테는 섬 여인들에게 저주를 내리죠. "여인들이여, 이제부터 섬을 찾는 나그네들에게 몸을 팔고 살지어다."

뭐 이렇게까지 하나 싶지만, 어쨌든 섬 여성들의 문란한 생활을 보며 피그말리온 왕은 여성혐오증이 생겨요. 앞으로 그 누구와도 사랑에 빠질 수 없고, 결혼도 할 수 없으리라 생각했죠. 대신 왕은 솜씨를 발휘해 흰 상아로 여인의 모습을 조각하기 시작합니다. 현실에는 자신의 이상형이 없으니 직접 만들고자 한 거죠. 아, 그런데 그 완성품이 어찌나 완벽하고 아름다운지요! 피그말리온 왕은 마치 살아 있는 연인을 대하듯 그 조각상에 입을 맞추고, 사랑의 손길로 만지고, 함께 잠들기까지 했습니다. 사랑에 빠진 거예요.

이 차가운 조각상이 따뜻한 체온을 품은 여인이 될 수만 있다면! 왕은 아프로디테 여신에게 하루도 빠짐없이 간절히 기도합니다. 왕의 정성에 두 손 두 발 다 든 여신은 마침내 소원을 들어주죠. 피그말리온 왕이 조각상에 입을 맞추는 순간, 차가운 돌조각이 부드러운 피부로 변하고 움직이기 시작하는 거예요. 이 환상적인 순간을 어떻게 기록했는지 오비디우스의《변신 이야기》를 잠깐 읽어 볼까요?

> "소녀는 그의 입맞춤을 느끼고는 얼굴을 붉히며 그의 눈을 향해 수줍게 눈을 들더니 하늘과 사랑하는 남편을 동시에 쳐다보았소."[1]

장레옹 제롬, 〈피그말리온과 갈라테이아〉(1890) ⓒ Gettyimages

긴 잠에서 깨어난 듯 순수한 눈동자로 자신을 바라보는 조각상, 아니 여인을 마주한 피그말리온 왕은 얼마나 가슴이 뛰었을까요? 왕은 여인에게 '갈라테이아'라는 이름을 지어 주고 두 사람은 아프로디테 여신의 축복 속에 결혼해요. 파포스라는 아들까지 태어났으니 이야기는 신화다운 놀라운 상상력으로 끝을 맺습니다. 피그말리온 왕은 훗날 많은 작가와 화가들의 영감의 불씨를 태워 그들의 작품 속에서 불멸의 생명력을 얻었고, 그의 아들 파포스 역시 길이길이 남아 키프로스의 유명한 고대 유적 도시의 이름이 되었습니다.

자, 여기까지가 피그말리온 신화입니다. 이미 수천 년 전에 '판타지 로맨스'의 원조격인 이야기가 탄생했다니 정말 놀랍지 않나요? 당연히 수많은 이야기로, 그림으로 변주가 될 수밖에 없는데, 유명한 심리 연구 결과에도 '피그말리온 효과Pygmalion Effect'라는 이름을 붙여요. 1968년 하버드대학교 로버트 로젠탈 교수가 초등학생을 대상으로 한 실험에 따르면, 교사의 꾸준한 관심과 격려를 받은 아이들은 지능 검사 수치가 향상됐다고 해요. 피그말리온 왕이 아침저녁으로 정성스럽게 돌조각을 쓰다듬고 아끼며 사람처럼 여겼더니 실제로 그 기대에 부응하여 아름다운 여인으로 변한 것처럼, 관심을 갖고 애정을 보이면 안 되던 일도 된다는 거예요. 정말 그렇지 않은가요? 칭찬은 고래도 춤추게 하니까요.

—— 루소의 오페라와 버나드 쇼의 희곡

어쨌든 역사상 수많은 예술 작품 속에 등장한 피그말리온 중 가장 유명한 피그말리온을 만든 장본인이 있습니다. 바로 조지 버나드 쇼George Bernard Shaw, 1856~1950. 쇼의 희곡《피그말리온》은 연극과 영화로 제작됐고, 동명의 뮤지컬과 영화로 만들어진 〈마이 페어 레이디〉의 원작이 되기도 하니까요. 덕분에 쇼는 노벨 문학상과 오스카 각색상을 동시에 거머쥔 역사상 전무후무한 인물이 됩니다.

하지만 사실 쇼보다 200여 년이나 앞선 18세기에 피그말리온을 오페라 주인공으로 불러낸 인물이 있습니다. 프랑스를 대표하는 정치 사상가이자 교육 철학자인 장 자크 루소Jean Jacques Rouseau.《사회계약론》과《에밀》의 저자이기도 하죠. 프랑스 혁명에 불을 지핀 자유 민권 사상의 주인공으로만 알고 있었는데 오페라 대본을 쓸 만큼 음악적 재능도 있었다니, 그의 다재다능함이 부럽기만 하네요. 대본도 허투루 쓴 게 아니었어요. 1770년 4월 19일 프랑스 리옹 시청에 딸린 소극장에서 초연을 했을 때 큰 성공을 거둬요. 독일, 이탈리아, 스페인까지 순회공연이 줄줄이 이어지며 관객몰이를 할 정도였죠. 하지만 루소의 오페라 버전은 지금은 찾아보기 힘드니 연극에 이어 영화까지 히트시킨 쇼가 이긴 셈입니다.

하지만 아쉽게도 쇼의 희곡《피그말리온》을 연극화한 무대는 우리나라에서도 자주 볼 수 없는 건 마찬가지입니다. 제가 이 작품을 본 것도 꽤나 오래전인 2004년 세종문화회관 소극장 무대였으니까요. 서울시극단 소속의 김신기 배우가 히긴스 교수 역, 그리고 강지은 배우가 일라이자 역을 맡아 열연을 한 기억이 나네요.

── 사랑보다 중요한 건 나의 길을 찾는 것

희곡을 함께 읽기 전에 이해를 돕기 위해 피그말리온 신화를 들려 드렸지만, 사실 쇼의 희곡은 피그말리온 신화와는 많이 달라요. 희 곡의 줄거리는 이렇습니다. 음성학을 연구하는 헨리 히긴스 교수는 거리에서 꽃을 파는 가난한 아가씨 일라이자 둘리틀을 만나요. 히 긴스 교수는 그녀를 가르쳐 아름답고 우아한 귀부인으로 바꾸죠. 히 긴스 교수가 피그말리온, 일라이자가 갈라테이아인 셈인데, 그러면 두 사람이 사랑에 빠지냐고요? 엔딩이 완전히 달라요. 바로 이 부분 에서 조지 버나드 쇼라는 걸출한 희곡 작가의 진면모가 발휘됩니다. 《피그말리온》 희곡집을 보면 쇼가 덧붙인 이야기의 속편이 장문의 글로 이어지는데 이렇게 결말을 맺죠.

> 갈라테이아는 절대 피그말리온을 좋아하지 않는다. 둘의 관계는 너 무나도 신성해서 갈라테이아에게 그저 좋아하는 감정이 싹틀 수가 없 다.[2]

쇼는 '아름다운 사랑 이야기'처럼 보이는 피그말리온 신화를 살 짝 비틀어서 봤어요. 갈라테이아는 피그말리온을 진심으로 사랑한 것일까? 자신에게 생명을 준 피그말리온을 신처럼 복종의 대상으 로 본 것은 아닐까? 갈라테이아는 피그말리온과 결혼해서 행복했을 까? 피그말리온을 떠나 자신의 의지대로 삶과 사랑을 선택했다면?

타인을 따라하며 겉모습을 얼마든지 바꿀 수 있습니다. 하지만 그 보다 더 중요한 건 바로 내면의 변화죠. 모방하는 삶이 아니라 선택하는 삶을 사는 독립적인 주체가 될 때, 그것이야말로 진정한 변화라고, 쇼는 이 작품을 통해 말하는 게 아닐까요?

극의 마지막, 일라이자는 히긴스 교수에게 이렇게 외쳐요. "당신이 청혼하더라도 당신과는 결혼하지 않을 거예요!" 자, 피그말리온 신화의 로맨스는 쇼에 의해 이렇게 깨집니다. 작품 속에서 늘 시대를 앞서가는 여성상을 과감하게 보여 주었던 쇼는 일라이자를 통해 다시 한 번 여성에 대한 존중과 애정을 드러냅니다.

—— 영화 〈마이 페어 레이디〉의 오드리 헵번

1913년 연극 〈피그말리온〉이 오스트리아 초연 무대에 올라 대성공을 거둡니다. 그 인기에 힘입어 영화 〈피그말리온〉이 제작돼요. 각색 작업에 참여했던 쇼에게는 1938년 오스카상까지 돌아가죠. 하지만 이보다 더 유명한 영화는 따로 있습니다. 바로 1964년에 만들어진 〈마이 페어 레이디〉예요. 제목이 익숙하죠? 영화의 원작이 조지 버나드 쇼의 희곡 《피그말리온》이고, 그 희곡이 뮤지컬 〈마이 페어 레이디〉로 무대에 오른 후 영화까지 이어졌다는 스토리는 몰라도, 〈마이 페어 레이디〉의 오드리 헵번Audrey Hepburn을 떠올리는 분들이 많을 거예요. 그래서 희곡 《피그말리온》과 할리우드 클래식 영화의 명작으로 손꼽히는 〈마이 페어 레이디〉를 함께 이야기해 볼까 해요. 희곡 속의 장면이 어떻게 연출되는지 상상하는데 도움이 될 거예요.

영화 〈마이 페어 레이디〉의 전신이 된 뮤지컬 버전은 쇼가 세상을 뜬 지 6년이 지난 1956년 3월 15일, 뉴욕 브로드웨이 마크 헬링

거 극장에서 초연되어 연극 〈피그말리온〉의 인기를 능가하는 대성
공을 거둡니다. 공연계의 오스카상으로 불리는 토니상 6개 부문을
휩쓸며 무려 5,000회가 넘는 공연 기록을 세워요. 현재 전 세계 최고
뮤지컬 공연 기록은 1만 회를 돌파한 〈오페라의 유령〉이 가지고 있
지만, 지금과 같은 브로드웨이 뮤지컬의 전성기를 불러온 작품이 바
로 〈마이 페어 레이디〉죠.

바다 건너 브로드웨이를 들썩이게 한 뮤지컬 〈마이 페어 레이
디〉의 흥행 소식은 우리나라에서도 이야깃거리가 되었나 봐요. 한
국의 연극 사업가를 인터뷰한 1959년 4월 20일 〈동아일보〉 기사를
잠깐 볼까요?

"아름다운 각선미도 보여 주지 않고, 1912년에 유행하던 옷을 걸
친 여자가 나오는 악극이라니! 잘 안 될 거야. 더구나 버나드 쇼를
악극화한다니 될 말인가. 소위 '인테리'라는 축들 외에는 누가 쇼의
것을 좋아해?"

점잖은 쇼의 희곡으로 악극을 만들다니, 흥행에 망하고 말 것이
라며 장담하는 데 웃음이 납니다. 그의 예측은 보기 좋게 빗나갔으
니까요.

아무튼 브로드웨이를 강타한 초특급 흥행 뮤지컬 〈마이 페어 레
이디〉는 1964년 영화로 만들어집니다. 그해 오스카 최우수작품상
을 비롯해 8개 부문에서 수상을 하면서 그야말로 싹쓸이를 했는
데, '당연히' 상을 받았을 것 같은 여우주연상에는 오드리 헵번이 아
니라, 또 다른 뮤지컬 영화인 〈메리 포핀스〉의 줄리 앤드류스Julie
Andrews가 이름을 올렸습니다.

영화 〈피그말리온〉(1938) vs 영화 〈마이 페어 레이디〉(1964)

영화사에서 두고두고 회자되는 이때의 수상 기록은 알고 보면 그럴 만한 이유가 있어요. 사실 영화보다 먼저 제작된 '뮤지컬' 버전 〈마이 페어 레이디〉의 주인공은 줄리 앤드류스였어요. '그게 누군데?' 하시는 분들에게 팁을 하나 드릴까요? 영화 〈사운드 오브 뮤직〉에서 아이들과 친진난만하게 'ABC송'을 부르던 상큼한 커트머리 여배우 기억나시죠? 뮤지컬이니 당연히 노래가 중요하고, 앤드류스는 가창력으로나 연기력으로나 최고의 캐스팅이었던 거죠. 하지만 영화에서는 이야기가 좀 달라져요. 영화 제작자는 앤드류스를 여주인공으로 캐스팅하는 걸 망설입니다. 대중의 인기를 얻기에는 좀 부족하다고 생각한 거죠. 그래서 〈로마의 휴일〉(1953), 〈티파니에서 아침을〉(1961)의 스타, 오드리 헵번을 낙점해요. 그런데 그 예쁜 헵번도 앤드류스의 노래 실력은 따라갈 수가 없었죠.

영화 〈마이 페어 레이디〉에서 헵번의 노래는 모두 대역이 녹음하고, 아카데미상 여우주연상은 〈마이 페어 레이디〉 못지않은 성공을 거둔 영화 〈메리 포핀스〉의 앤드류스에게 돌아갔다는, 뭐 이런 흥미진진한 후일담이 있답니다. 〈로마의 휴일〉로 이미 오스카상을 받은 헵번은 앤드류스의 수상을 진심으로 축하했다고 하니 참 훈훈한 마무리네요.

그럼 이제 희곡의 첫 장을 열고, 천천히 읽어 볼까요?

—— 히긴스 교수와 일라이자의 첫 만남 장소, 코번트 가든

밤 11시 15분의 런던. 여름비가 억수같이 내리고 있다. 사방에서 자동차 경적 소리가 미친 듯이 울려 댄다. 사람들은 세인트폴 교회(크리스토퍼 렌이 건축한 성당이 아니라 코번트 가든의 야채 시장에 있는 이니고 존스의 교회) 입구의 지붕 밑으로 비를 피해 달려간다. 그들 중 이브닝드레스 차림의 귀부인과 딸이 있다. 모두 침울하게 쏟아지는 비를 내다보지만 한 남자만 예외다. 그는 사람들에게서 등을 돌린 채, 뭔가 쓰고 있는 공책에 완전히 빠져들어 있다.

교회 시계가 15분을 알린다.[3]

연극은 비 내리는 런던의 늦은 밤, 코번트 가든에서 시작됩니다. '코번트 가든'은 런던 여행을 하신 분이라면 잠시 들르셨을 만한 곳일 텐데요. 저도 런던에 머물렀을 때 자주 발길을 향했던 곳이에요. 돌바닥이 깔린 널찍한 광장을 중심으로, 재래시장이 열리는 붉은 벽돌의 오래된 창고들과 250년 전통의 화려한 로열 오페라 하우스가 어깨를 맞대고 있는 곳. 주말이면 갖가지 분장을 한 예술가들이 공연을 하고, 펍에서는 음악 소리가 끊이지 않아요. 이곳에는 늘 활력이 넘칩니다.

지금이야 길가에 서서 맥주 한잔하는 사람이나, 근사하게 옷을 차려입은 오페라 관객이나 구분이 없지만, 조지 버나드 쇼가 《피그말리온》을 쓰던 1900년대 초만 해도 영국에는 신분 제도가 남아 있었어요. 세습 재산이 있는 상류층 귀족들은 로열 오페라 하우스에서 공연을 즐기고, 나른한 오후엔 사교를 위해 애프터눈 티 파티를 열죠. 그들의 견고한 커뮤니티에는 쉽게 초대를 받을 수도 없어요. 그만큼 왕실과 귀족 사회의 문은 높았습니다. 하지만 코번트 가든은 드레스를 입은 상류층 아가씨와 시장에서 물건을 파는 서민들이 한데 뒤섞이는 곳이었죠. 사는 곳, 생활 반경도 다른 히긴스 교수와 꽃 파는 아가씨 일라이자가 만나는 곳으로 이만한 데가 또 있을까요?

영화 〈마이 페어 레이디〉의 첫 장면도 바로 이곳 코번트 가든에서 시작합니다. 영화는 희곡에 없는 세부 묘사도 연출하는데요. 공연이 끝난 늦은 시간, 괴테의 〈파우스트〉 간판이 내걸린 로열 오페라 하우스 입구. 비가 쏟아지는 어두운 밤거리에 근사한 마차들이 주인들을 기다리고 있습니다. 아름다운 드레스를 입은 부인들과 그녀를 에스

코번트 가든에서 거리 공연을 하는 예술가들. ⓒGettyimages

코트하는 신사들이 종종걸음으로 마차에 올라탄 다음 사라지죠. 다른 한쪽에는 남루한 옷차림의 일라이자가 비를 맞으며 신사에게 꽃을 사달라며 애원해요. 일라이자와 같은 처지인 시장에서 물건을 파는 사람들, 물건을 옮기는 일꾼들도 한가롭게 비를 피할 수는 없어요. 이렇게 대비되는 상황을 보면서 연극의 배경을 이해하면 쇼가 이 작품으로 신분 제도를 비판하고 있다는 걸 읽을 수 있겠죠.

—— 거리의 아가씨를 귀부인으로 만들겠다는 내기

연극을 계속 볼까요? 음성학자인 히긴스 교수와 인도 방언을 연구하는 피커링 대령, 그리고 꽃을 팔며 구걸하는 일라이자가 코번트 가든에서 처음 만나는 장면이에요.

히긴스 교수는 음성학자입니다. 저도 이 연극을 보기 전에는 '음성학자가 뭐하는 사람이지?'라며 궁금했는데, 일라이자의 말투를 싹 고쳐 놓는 데는 이만한 직업이 없겠더라고요. 쇼는 자신의 작품에서 음성학자를 주인공으로 등장시키는 이유를 희곡의 서문에 아주 길고 상세하게 설명합니다.

> '영국인들은 영어에 대한 존중이 없으며 자녀들에게 말하기를 가르치려고 하지도 않는다. (중략) 지금 우리에게 가장 필요한 개혁가는 에너지 넘치고 열정적인 음성학자다. 그래서 그런 사람을 대중극의 주인공으로 만들었다.'[4]

히긴스 교수는 시장통에서 만나는 사람들의 말투만 듣고 어느 지역 출신인지 척척 알아맞춥니다. 그러고는 벼락부자가 돼서 신분을 바꾼 상류층 사람들의 모순을 비웃어요. 가난한 동네에 있던 사람들도 돈만 있으면 부자 동네로 이사를 가서 상류층 행세를 하죠. 그러나 타고난 말투나 태도는 감출 수 없는 법. 그래서 그들은 비싼 수강료를 지불하더라도 히긴스 교수를 찾아와 상류층의 억양과 말하는 법을 배우려 한다는 거예요.

그는 시장 바닥에 주저앉아 신세타령을 하고 있는 일라이자에게 충고를 합니다.

히긴스   기억해. 너는 영혼이 있는 인간이야. 똑똑하고 논리정연하게 말할 수 있는 신이 주신 선물이 있다고. 너의 모국어는 셰익스피어와 밀턴, 그리고 성서의 언어야. 그러니 거기 앉아 잔뜩 성질난 비둘기처럼 구구거리지 말아.

일라이자   (완전히 압도돼서, 놀라움과 원망이 뒤섞여 감히 고개도 들지 못하고 그를 올려본다.) 아- 아-아- 오우-오우-오우-우우!

히긴스   (노트를 꺼내며) 하느님 맙소사![5]

히긴스 교수는 피커링 대령에게 즉석에서 내기를 제안해요.

히긴스   천박한 영어나 하는 저 아이를 보시오. 저렇게 말하다가는 죽는 날까지 평생 시궁창에서나 살아야 할 거요. 선생, 나는 세 달 안에 저 애가 대사의 가든파티에서 공작부인 행세를 하게

만들 수 있소. 보다 수준 높은 영어가 필요한 귀부인의 하녀
나 점원 자리도 얻을 수 있겠죠.[6]

이야기는 바로 이 내기에서 시작됩니다. 히긴스 교수의 말을 기억
하고 있던 일라이자는 며칠 후에 교수의 집으로 찾아가 자신을 수강
생으로 받아 달라고 부탁해요. 이를 지켜보던 피커링 대령은 히긴스
교수가 일라이자를 변화시키는 일은 불가능하다는 내기를 걸고 판
돈으로 실험에 필요한 모든 비용과 수업료를 겁니다. 자, 이제 세 사
람은 특이한 동거를 하게 돼요.

—— 일라이자의 '졸라' 웃기는 데뷔 무대

히긴스 교수의 스파르타 교육이 한창이에요. '에이 비 씨 디'도 '아
이 버이 커이 더이'로 할 정도이니 이건 뭐 어디부터 손을 대야 할지
난감하기만 합니다. 희곡에서는 일라이자가 어떻게 훈련을 받는지
자세히 언급되어 있지 않지만, 영화에서는 이 상황을 아주 재미있게
보여 줘요. 일라이자를 하루 종일 골방에 가두고 발음 하나하나를
녹음하질 않나, 입에 구슬을 잔뜩 물리고 연습을 시키기도 해요. 그
러다가 그만 구슬을 꿀꺽 삼키기까지 하죠. 밤잠도 못자고 일라이자
를 들들 볶는 히긴스 교수도 죽을 맛인데, 뮤지컬 송으로 히긴스 교
수에게 "불쌍한 히긴스 교수님, 그만 일하세요" 하고 가정부들이 노
래하죠.
자, 그럼 이런 고된 시간을 견뎌 낸 일라이자의 사교 모임 첫 데

뷔는 어땠을까요? 상류층 귀부인들이 일라이자의 교양 있는 말씨에 속아 넘어갔을까요? 히긴스 교수는 자신의 어머니 집에서 열리는 손님 접대 모임에 일라이자를 데려갑니다. 한껏 치장한 일라이자가 피커링 대령의 에스코트를 받으며 등장해요. 영화 속 이 장면에서 오드리 헵번의 옷차림이 두고두고 회자가 되죠. 검정색과 흰색의 줄무늬 리본이 달린 커다란 모자, 그리고 가녀린 몸매가 그대로 드러나는 머메이드 드레스 말이에요. "하아아우 두우우 유우 두우How do you do"라며, 눈을 잔뜩 내리깔고 느릿느릿하게 포쉬 악센트Posh Accent를 따라 하는 일라이자의 우아한 첫인사는 일단 합격. 하지만 일라이자의 변신을 알고 있는 우리들에겐 웃음을 참지 못하는 장면이죠.

영국에는 지역에 따라 수많은 방언이 있는데, 특히 스코틀랜드나 아일랜드 지역 사람들이 사용하는 영어는 영국인들끼리도 거의 못 알아들을 정도예요. 같은 뜻이지만 서로 다른 단어를 쓰는 경우도 부지기수고요. 이 중 왕실과 상류층이 쓰는 영어를 '포쉬 악센트'라고 하거나 'RP Received Pronunciation', 즉 공인된 발음이라고 부르기도 해요. 영단어 'posh'는 '우아한, 화려한'이라는 뜻과 함께 '상류층 특유의'라는 의미도 있어요. 엘리자베스 여왕의 연설을 들은 적이 있으신가요? 포쉬 악센트의 완벽한 모델이죠. 포쉬 악센트에는 몇 가지 규칙이 있는데 '발음을 축약하지 않고 또박또박 소리 내고, 모음을 길게' 하는 게 특징이죠. '물'을 뜻하는 단어 'water'를 배울 때 혀에 버터를 잔뜩 칠해서 '워러'라고 발음해야 더 멋있어 보였는데, 이건 사실 미국식 발음에 가까워요. 포쉬 악센트로는 '워어터어'라고 해야 정답.

인사는 무사히 넘어갔고, 이제 아인스포드 힐 부인, 그녀의 아들 프레디, 그리고 일라이자가 이야기를 나누기 시작해요. 술주정꾼 아버지에 대한 일라이자의 이야기가 길어지자 당황한 히긴스가 눈치를 주며 파티에서 빠져나오려고 합니다.

히긴스   (일어나서 시계를 보며) 에헴!

일라이자   (히긴스를 보며 눈치를 채고 일어서서) 아, 저는 이만 가 봐야겠습니다. (모두 일어선다. 프레디가 문으로 간다.) 만나서 정말 반가웠습니다. (히긴스 부인과 악수를 한다.)

히긴스   부인, 안녕히 가세요.

일라이자   안녕히 계세요, 피커링 대령님.

피커링   잘 가요, 둘리틀 양. (악수를 한다.)

일라이자   (다른 사람들에게 고개를 끄덕이며) 모두 안녕히 계세요.

프레디   (문을 열어 주면서) 공원을 가로질러 걸어갈 건가요, 둘리틀 양? 그렇다면….

일라이자   (완벽하게 우아한 말투로) 걷다니요! 졸라 걸을 필요 없어요. (모두 충격) 택시 타고 갈 거예요. (나간다.)

피커링은 숨을 헐떡거리며 앉는다. 프레디는 일라이자의 뒷모습이라도 다시 볼 수 있을까 싶어서 발코니로 나간다.[7]

하하하! 연극에서 가장 손에 땀을 쥐게 하는 순간이자, 일라이자의 마지막 한 방에 웃음이 터져 나오는 부분입니다. '졸라'라고 번역한, 희곡 원문의 영단어는 '블러디bloody'입니다. 우아하게 차 한잔하는 자리에 참석한 아가씨 입에서 이런 단어가 튀어나오다니! 피커링 대령은 아마 뒷목을 잡고 쓰러질 지경이었을 거예요. 단지 몇 달의 수업으로 언어 습관까지 바꾸는 건 당연히 무리였겠죠. 그래도 프레디는 일라이자의 이런 매력에 푹 빠진 것 같습니다.

—— 패션쇼장을 방불케 하는 경마장이 배경인 이유

희곡에서는 히긴스 부인의 저택이 3막의 배경이지만, 영화에서는 경마장입니다.

영국은 '엡섬 더비Epsom Derby'라 불리는 경마 대회가 열리는 경마 종주국이에요. 엡섬 다운스라는 지역에서 더비 백작이 처음 시작해 '엡섬 더비'라 불리죠. 1780년에 시작했으니 약 220년의 역사를 자랑합니다. 양차 세계대전 중에도 이 경마 행사는 멈추지 않을 정도로 영국인들의 자부심이 대단해요. 특히 경마는 영국 왕실의 총애를 받는 행사죠. 지금도 여전히 개막일에는 여왕을 비롯해 많은 귀족들이 참가해요. 잘 알려져 있다시피 엘리자베스 여왕의 말 사랑은 각별합니다.

관객들은 엄격하게 요구되는 드레스 코드를 지켜야 입장할 수 있어요. 그 드레스 코드 중 하나가 바로 모자입니다. 가끔 TV에서 소개되는 영국 왕실의 행사를 떠올려 보세요. 여성들의 화려한 모자가 생각날 거예요. 가장 최근에는 해리 윈저 왕자와 메건 마클의 결

예쁜 모자를 한껏 뽐내며 엡섬 더비를 관전하러 온 여성들. ⓒGettyimages

혼식 때 윈저성의 입구를 가득 메운 하객들의 모자를 구경하느라 그 야말로 입이 벌어졌던 생각이 나네요. 평생 가도 한 번 써 볼까 싶은 갖가지 화려한 모자들의 행렬이었거든요. 영화의 배경으로 경마장이 나오는 이유가 여기 있어요. 경마장은 곧 귀족들의 사교장이었으니까요. 영화에서는 배우들이 화려한 모자와 드레스를 뽐내는데 마치 패션쇼장을 방불케 합니다.

일라이자의 인상적인 퇴장 후에 히긴스 부인은 아들에게 내기 이야기를 듣고는 피커링 대령까지 싸잡아서 "살아 있는 인형을 가지고 노는 한 쌍의 젖먹이들이 분명해"라며 어이없어해요. "이 지독히도 어리석은 두 남자들아. 문제는 그 애를 나중에 어떻게 할 거냐는 거야"라며 비난하죠. 맞아요. 일라이자를 고상한 숙녀로 변신시키는 데 성공했다고 쳐요. 그럼 그 후에는요? 상류층에 어울리는 옷을 입고, 음식을 먹고, 문화생활을 하는데 필요한 건 돈이죠. 일라이자가 돌아갈 곳은 그 지저분한 시장 골목밖에 없는데 어떻게 하죠?

—— 일라이자는 왜 히긴스의 슬리퍼를 던졌을까?

4막은 가든파티에 참석한 일라이자가 히긴스의 계획대로 모두를 감쪽같이 속이는 데 성공한 후부터 시작됩니다. 피커링 대령은 히긴스 교수의 승리를 인정하죠.

> 피커링　어쨌든 대단한 성공이었어. 멋진 성공이었지. 일라이자가 너무
> 잘해서 한두 번 꽤 놀라지 않았겠나. 자네도 잘 알겠지만, 실제
> 상류층 사람들은 절대 그렇게 잘하지 못해. 그들은 태어날 때
> 스타일도 타고난다고 생각하는 멍청이들이야. 그래서 절대 배
> 우려고도 안 하지. 최고로 잘하려면 능숙해져야 하는 거지.[8]

　쇼는 피커링 대령의 입을 빌려서 꽃 파는 가난한 소녀를 귀부인으로 착각하는 상류층을 다시 한 번 조롱해요. 그들이 그렇게 견고하게 쌓아 올린 계급의 벽을 단지 몇 달의 교육으로 변신한 일라이자가 쉽게 구멍을 냈으니까요. 오히려 상류층보다 더 상류층 같은 기품을 보였죠. 쇼는 영국 사회의 변화가 얼마 남지 않았다는 것을 직감하고 있었습니다.

　자, 어쨌든 자신들의 게임이 흡족하게 끝난 히긴스 교수와 피커링

대령에게 승리의 기쁨도 잠시, 파티에서의 긴장감이 밀려와 피곤하기만 합니다. 화려하게 차려입은 일라이자에게 "잘했다"는 칭찬은 커녕 이젠 아예 안중에도 없어요. 둘은 각자의 침실로 사라져 버리죠. 거실에 혼자 남은 절망스러운 표정의 일라이자. 이때 갑자기 히긴스 교수의 목소리가 들립니다.

히긴스   (밖에서 잔뜩 화가 치밀어서는) 도대체 내 슬리퍼는 어디에 있는 거야? (문에 나타난다.)

일라이자   (슬리퍼를 낚아채서 그를 향해 힘껏 하나씩 차례로 던진다.) 슬리퍼 여기 있어요. 여기도요. 슬리퍼 가져가라고요. 평생 재수 옴 붙어라.

히긴스   (놀라서) 도대체! (그녀에게 온다.) 무슨 일이야? 일어나. (일으켜 세운다.) 뭐가 문제야?

일라이자   (숨을 헐떡이며) 당신은 아무 문제없겠죠. 내가 내기에서 이기게 해 줬으니까요. 그렇죠? 그걸로 충분하잖아요. 나 같은 건 문제도 아니겠지.

히긴스   네가 내기에 이기게 해 줬다고? 네가? 이 건방진 벌레 같으니라고! 내가 이긴 거라고. 그 슬리퍼는 왜 나한테 던진 거야?

일라이자   당신의 얼굴을 갈기고 싶었으니까요. 당신을 죽이고 싶어. 이이기적이고 냉혹한 인간. 왜 나를 그 시궁창에 그냥 놔두지 않았어요? 신이여, 이제 모두 끝났으니 감사합니다, 라고 인사하고 이제 나를 다시 거기로 던져 버리면 되겠네요, 안 그래요? (흥분해서 손가락을 꺾으며)[9]

둘의 싸움은 계속됩니다.

> 히긴스 (뒤늦게 다정한 생각이 떠오른 듯) 어머니가 괜찮은 녀석들 몇몇
> 은 찾을 수 있을 거야.
>
> 일라이자 토트넘 코트 거리에 살았을 때가 더 나았어요.
>
> 히긴스 (정신을 차리면서) 무슨 말이야?
>
> 일라이자 나는 꽃을 팔았지, 나를 팔지는 않았어요. 당신은 이제 내가
> 그 어떤 것을 팔아도 어울리지 않는 숙녀로 만들어 놨죠. 왜
> 나를 발견한 그곳에 그대로 놔두지 않았냐고요!¹⁰

희곡의 마지막. 일라이자와 히긴스의 한판 싸움은 바로 이 작품
의 주제를 선명하게 드러내는 장면이죠. 처음 코번트 가든에서 히긴
스 교수를 만났을 때만 해도 "아-오우-"라는 외마디 말만 내뱉을 뿐
자신의 감정도 제대로 설명할 줄 모르던 일라이자가 히긴스에게 슬
리퍼를 던지며 맞서요. 드레스를 차려입고 우아한 말투로 상류층 사
람들을 속인 일라이자. 그녀는 이제 외모뿐 아니라 내면과 생각마저
변해 버렸어요. 정말 놀라운 일이죠.

> 일라이자 옷을 멋지게 차려입는다거나, 제대로 말하는 방법 같은 것들
> 은 누구나 배울 수 있어요. 그런 것 말고, 진짜 숙녀와 꽃 파는
> 소녀의 차이점은 어떻게 행동하느냐가 아니라 어떻게 대접
> 을 받느냐는 거죠. 저는 영원히 히긴스 교수님께 꽃 파는 소
> 녀일 뿐이에요. 왜냐하면 교수님은 언제나 저를 꽃 파는 소녀

로 대하고, 앞으로도 그럴 테니까요.[11]

일라이자는 깨달아요. 자신의 미래는 바로 지금부터라는 것을요. 그러고는 히긴스가 시키는 대로 앵무새처럼 말을 따라하고, 사 주는 옷을 입고, 슬리퍼를 찾아다 주는 인생은 더 이상 하지 않으리라 결심해요. 그리고 자신을 사랑한다고 고백하는 프레디를 선택하죠.

> 히긴스   일라이자가 프레디랑 결혼한대요. 하하! 프레디! 프레디라
> 고! 하하하하하!!!!!(연극은 끝이 나고 그는 더 크게 웃는다.)[12]

히긴스의 외침과 함께 막은 내립니다. 젊고 매력적인 여성으로 변신한 일라이자에게 익숙해져 가던 히긴스는 자신의 품을 떠나 독립하려는 일라이자의 선택이 당황스럽기만 해요. 사랑하는 감정이 있는지 없는지는 제쳐 두고라도, 몇 달 동안 밤이나 낮이나 같이 지낸 사람이 떠난다는데 왜 아쉽지 않겠어요. 결국 연극 〈피그말리온〉은 신화와는 달리 피조물이 자신을 만든 주인을 떠나는 것으로 결말을 맺어요.

—— 이런 엔딩은 원치 않아!

쇼는 희곡에서 히긴스와 일라이자의 이 미묘한 관계에 대해 각별한 공을 들였건만, 처음이자 마지막으로 각색에 참여한 1938년 영화 버전은 자신의 의도와는 완전히 달라져 버려요. 쇼는 희곡과는 다르

게 영화의 엔딩을 조금 손보긴 했어요. 희곡에서는 일라이자가 프레디와 결혼하겠다는 말을 듣고 미친 듯이 웃음을 터트리는데, 쇼의 영화 각본에서는 프레디와 일라이자가 함께 꽃집에 있는 장면으로 끝을 맺어요. 여전히 희곡의 암시처럼 히긴스와 일라이자의 러브 라인이 아니라 일라이자가 프레디를 선택해서 결혼을 하고, 꽃집을 열어 경제적인 주체가 된다는 의미를 담으려 한 거죠.

하지만 영화 프로듀서는 일라이자가 히긴스에게 돌아가 슬리퍼를 집어 주는 장면을 몰래 촬영해서 끝을 내요. 이럴 수가! 이건 완전히 다른 이야기잖아요! 이건 두 사람의 로맨스를 암시할 뿐더러 일라이자가 다시 히긴스의 인형 같은 삶을 받아들인다는 의미이니, 쇼보다 제가 더 화가 나네요. 그래도 쇼는 오스카상 수상은 거절하지 않았습니다.

사실 영화 〈마이 페어 레이디〉의 결말도 영화 〈피그말리온〉과 비슷합니다. 일라이자가 프레디를 따라 집을 떠난 후 히긴스는 혼자 빈 거실에 남아서 일라이자의 목소리가 녹음된 테이프를 들으며 그녀를 그리워하죠. 그런데 잠깐! 설마설마했는데 히긴스의 등 뒤에 열려 있는 문으로 일라이자가 슬며시 들어오는 게 아니겠어요? 쇼가 알면 무덤에서 벌떡 일어날 일이지요. 그 와중에 분홍색 쉬폰 드레스를 입은 오드리 헵번이 어찌나 예쁘던지요.

—— 왕을 쓰러뜨린 유머의 천재
'우물쭈물하다 내 이럴 줄 알았지!'

오래전 명사들의 어록을 모아 놓은 책을 설렁설렁 넘겨보다가 발견한 이 한 문장이 조지 버나드 쇼와의 첫 만남이었습니다. 그의 이름도 몰랐고, 물론 그가 희곡 작가라는 사실도 몰랐던 때였죠. 지당한 말씀만 읊어 대는 교훈조의 명언들 속에서 쇼가 내뱉은 탄식조의 이 한 문장은 유독 튈 수밖에요. 더욱 흥미로웠던 건 이 글이 남겨진 장소. 버나드 쇼의 묘비였습니다. 생의 마지막 순간에도 이런 농담 한마디 툭 건넬 수 있다니! 이 사람 도대체 누구야?

조지 버나드 쇼는 1856년 아일랜드 더블린에서 태어나 1950년 런던 근교 하트퍼드Hartford에서 세상을 떠났습니다. 세상을 떠난 이유도 남달라요. 아흔 살이 넘은 고령의 나이로 자택 정원에 있는 나무를 타고 올라가서 가지치기를 하다가 떨어진 사고 때문이었어요. 조금만 더 조심하셨더라면 백 살도 거뜬히 넘기고, 불멸의 작품도 한두 편 더 쓰지 않았을까요?

쇼의 유머와 예술성에 가장 큰 영향을 끼친 사람은 바로 부모님이었습니다. 쇼의 아버지 조지 카르 쇼George Carr Shaw는 그래도 꽤 괜찮은 집안 출신이었지만, 곡물에 대해서 아는 것도 하나 없이 곡물상을 하다가 쫄딱 망하고 술에 의지해서 살게 돼요. 아내도 도망가고 처량한 신세가 됐지만 유쾌함만은 잃지 않았다죠. 쇼는 알코올 중독자 아비지에게 물려받은 재산 하나 없었지만 더욱 값진 유산을 얻었으니 바로 유머 감각과 금주하는 삶이었습니다.

어머니 역시 범상치 않아요. 쇼의 어머니 루신다 엘리자베스 쇼Lucinda Elizabeth Shaw는 모성애 넘치고 가정적인 여인은 아니었지만, 노래 솜씨 하나는 수준급이었어요. 술고래 남편과 세 아이들에

조지 버나드 쇼. ⓒGettyimages

게서 벗어날 수 있는 유일한 도피처가 음악이었죠. 쇼는 성악 연습을 하는 어머니 옆에서 음악을 들으며 열 살 무렵부터 헨델에서 베르디, 구노에 이르는 대가들의 곡을 거의 외우다시피 했어요. 하지만 쇼가 가장 사랑한 음악가는 모차르트였죠. 훗날 음악·연극·미술 비평 활동을 한 그의 예술적 안목은 어머니를 통해 형성됐던 것이에요. 어머니는 결국 자신의 꿈을 좇아 런던으로 떠나 버립니다. 남편과 어린 쇼를 쏙 빼놓고 누나 둘만 데리고 성악 레슨 선생님을 따라가요.

모든 성공 스토리 뒤에는 반드시 고난의 시간이 감춰져 있는 것처럼, 뭔지 도전하면 되는 이 승승장구 인생의 작가도 런던에 도착한 스무 살 무렵부터 서른 살까지 10여 년간은 뭘 해도 안 되는 암흑기였어요. 런던에 온 지 3년 만에 첫 번째 소설《미완성》을 완성했지만 런던의 모든 출판사에서 보기 좋게 거절을 당해요. 그리고 그 뒤에 쓴 네 편의 소설들도 같은 운명을 맞죠. 출판사에게 60회가 넘는 거절 편지만 받으니 그의 심정이 어땠을까요?

하지만 쇼는 포기하지 않았습니다. 쇼의 인생이 빛을 보기 시작한건 소설가가 아니라 희곡 작가로 전환하면서부터였습니다. 1892년 30대 중반에 접어든 쇼가 발표한 첫 번째 희곡《홀아비의 집》이 주목을 받아요. 희극 작가로서의 면모는 1905년에 발표한《존 불의 다른 섬》에서 유감없이 발휘되는데, 공연을 보러 온 에드워드 왕이 공연을 보다가 웃다 쓰러지는 바람에 의자가 부서졌다는 소문은 그야말로 전설처럼 퍼져 나가면서 관객몰이를 했어요.

그의 수많은 작품 중 중요하게 언급되는 세 작품은《칸디다》(1894),

《인간과 초인》(1903) 그리고 쇼의 나이 70세에 완성한 말년의 대표 작이자 노벨 문학상 수상에 큰 영향을 미친 《성녀 조앤》이에요. 다른 작가들에 비해 쇼의 작품들은 많이 번역되어 있으니 기회가 되실 때 찾아보시면 좋겠지만, 그중 한 작품을 더 본다면 《인간과 초인》을 읽어 보시면 어떨까요? '희극과 철학'이라는 부제가 붙은 이 작품은 '니체의 초인 사상'에서 제목을 가져왔습니다. 쇼가 생각하는 이상적인 인간인 초인과 결혼관, 여성상들이 두 커플의 이야기 속에서 시종일관 흥미진진하게 펼쳐져요. '너무 어려운거 아니야?'라는 생각에 책에 선뜻 손이 안 가세요? 톨스토이는 오히려 《인간과 초인》을 본 후 쇼에게 진지함이 부족하다며 불평을 했다고 해요. 이에 대해 쇼는 이렇게 말했다죠.

"그러면 왜 안 되죠? 유머와 웃음이 파문을 당해야 하는 이유가 무엇입니까? 만일 이 세상이 단지 하느님의 농담에 지나지 않는다면 후진 농담보다는 재미있는 농담을 하려고 노력해야 하지 않을까요?"[13]

도전해 보실 만하겠죠?

—— 노벨상과 아카데미상을 모두 받은 유일한 인물

쇼는 자신의 인생을 후회 없이 사랑하고, 한숨 돌릴 틈도 없이 도전으로 가득한 생을 산 작가로 기억할 만합니다. 60편의 희곡과 5편의 소설을 남겼고, 음악·미술·연극 비평가이기도 했고, 연설의 왕이었으며, 피아노 연주와 미술 실력도 수준급이었어요. 젊은 시절에는 아마추어 권투 대회에 출전했고, 노년이 되어서도 자전거 타기와 운전, 사진 촬영, 서평까지 도전할 정도였죠.

보통은 인생을 살면서 이 정도의 성취도 힘든데, 사회적 업적과 그 영향력도 대단합니다. 칼 마르크스의《자본론》에 깊은 감동을 받아 열렬한 사회주의자가 된 쇼는 허버트 조지 웰스, 버트런드 러셀 등과 함께 영국식 사회주의를 대중화하는 데 앞장서며 온건 좌파 단체인 '페이비언협회 Fabien Society'를 설립해요. 그들의 활동은 1906년에 창당한 영국 노동당에 사상적 토대를 제공합니다. 이후 노동당은 '20세기 최연소 총리' 토니 블레어라는 걸출한 정치인을 배출했죠.

쇼는 6년 동안 지방 의원으로 활동하면서 정치에도 적극적으로 참여했고, 명문 대학인 런던정치경제대학교 LSE를 공동으로 설립하기도 합니다. 이미 말씀 드렸듯이 노벨상과 아카데미상을 받은 유일한 인물이기도 하고요. 정말 입이 떡 벌어질 정도인데요. 희곡 한 편 쓰지 못해 몇 해를 끼적이고 있는 저에게 쇼는 질투의 대상을 넘어 초인적인 존재로까지 보여요. 이 모든 게 한 사람의 일생 동안 가능한 일인가요?

더욱 멋진 에피소드는 1925년 노벨 문학상 수상자로 지명되었을 때의 일이에요. 쇼는 한림원에 편지를 씁니다.

> '그 상금은 해안가에 이미 안전하게 당도한 사람한테 던진 구명 튜브나 다름없습니다.'

그러고는 수상을 거부하는데, 아내는 그래도 노벨상 아니냐며

설득했다고 해요. 쇼는 그러면 "상은 받겠다. 하지만 7,000파운드나 되는 상금은 스웨덴 도서를 영어로 번역하는 사업에 전액 내놓겠다"라고 발표합니다. 지금의 환율로는 1,000만 원 정도지만, 현재 노벨 문학상 상금이 11억 원 정도이니 당시로서도 그 정도의 가치가 있는 큰돈이었을 거예요. 쇼가 하필이면 스웨덴 도서를 지원한 데는 이유가 있어요. 스웨덴 작가 요한 아우구스트 스트린드베리Johan August Strindberg의 팬이었거든요. 동시대를 함께 살아간 문학 동지를 위한 쇼의 통 큰 지지가 정말 멋지지 않나요?

〈피그말리온〉이 공연된다면 저도 꼭 다시 한 번 보고 싶네요. 공연 소식이 들려오면, 학교에서 학점 짜기로 소문이 자자한 교수님, 신규 사업 계획서에 늘 꾸지람만 잔뜩 더해서 반려하시는 부장님을 공연장으로 초대하는 건 어떨까요? 공연이 끝난 후에 잠시 커피 한 잔 함께하시면서 피그말리온 효과 이야기를 곁들이시는 것도 잊지 말고요!

감독 | 루이스 길버트
출연 | 마이클 케인, 줄리 월터스

히긴스와 일라이자 커플에 버금가는 티격태격 커플이 여기 또 있습니다. 영문학 교수인 프랭크 브라이어튼 박사와 미용사 리타. 1980년 윌리 러셀의 희곡으로 공연된 이 작품은 1983년 영화화될 정도로 큰 인기를 얻어요.

시와 소설을 읽으며 내면의 변화를 찾고 싶은 리타는 시민들을 위한 여름학기 영문학 강좌에 지원해요. 그곳에서 만난 지도 교수 프랭크는 시를 쓰던 작가이지만, 자신감도 잃고 술에 의지해 무료한 삶을 살다가 리타의 열정을 보며 서서히 변화하죠. 〈리타 길들이기〉가 〈피그말리온〉과 다른 점은 서로를 변화시켜 간다

는 것. 1983년 영화 버전에 출연하는 〈다크 나이트〉 베트맨의 충실한 집사 마이클 케인과 〈맘마미아〉의 '로지', 줄리 월터스의 젊은 시절 모습을 보는 것도 또 다른 재미거리입니다.

이 작품은 한국에서도 많은 사랑을 받으며 자주 공연되고 있어요. 1991년 최화정, 윤주상 배우의 초연 무대로 소개된 이후 2008년 '연극열전2'로 17년 만에 두 배우가 다시 나란히 무대에 올라 화제가 됐죠. 한국의 리타로는 최화정, 전도연, 이태란, 공효진, 강혜정이 출연할 정도였으니 스타 여배우들도 반해 버린 〈리타 길들이기〉입니다.

5장

결혼이라는 문 앞에 선 커플에게

《누가 버지니아 울프를 두려워하랴?》

에드워드 올비

"나와 결혼하고 싶어 한 걸 후회하게 해 주겠어."

—— 지금까지 이런 부부싸움은 없었다

세 시간 동안 이 전설적인 부부 싸움의 관중이 되었을 뿐인데도, 마치 링 위에 올라가 흠뻑 두들겨 맞은 권투 선수처럼 녹다운이 되어 극장을 빠져나옵니다. 이름만 들어도 알 만한 뮤지컬들의 공연을 알리는 화려한 네온사인이 불을 밝히고, 심심치 않게 들려오는 할리우드 스타 캐스팅으로 세계 최고 수준의 프로덕션으로 연극을 볼 수 있는 이곳, 웨스트엔드.

2017년 3월 영국 주요 일간지 문화면에는 웨스트엔드 해럴드 핀디 극장 무대에 올려진 〈누가 버지니아 울프를 두려워하랴?〉에 대한 호평이 연일 이어졌습니다. 〈가디언〉에는 한 손에는 술잔을 들고, 포효하듯 고함치며, 붉은 손톱으로 손가락질하는 마사 역의 이멜다 스턴톤Imelda Staunton의 사진이 큼지막하게 실렸어요. 헤드 카피는 '이멜다 스턴톤, 올비의 결혼 전쟁에 불을 지피다!'. 영국의 전설적인 연극

연극 비평가 마이클 빌링턴이 만점을 준 이멜다 스턴톤의
〈누가 버지니아 울프를 두려워하랴?〉. ⓒ〈가디언〉

비평가 마이클 빌링턴Michael Billington이 〈가디언〉에 기고한 리뷰에도 별 다섯 개가 반짝였어요. 만점! 런던까지 날아가지 않을 수 없었죠.

예상대로 '조지와 마사 부부의 전쟁'을 구경하려는 사람들이 많아요. 입장권 구하기도 쉽지 않았습니다. 4층 꼭대기 발코니석 구석에 남아 있는 좌석을 간신히 찾아내고 극장으로 향했어요. '풀 하우스Full House'라는 세움 간판을 재빠르게 내다 놓은 극장 입구에는 입장을 기다리는 관객들로 문전성시였죠.

1881년에 지어진 고풍스러운 해럴드 핀터 극장은 몇 번의 공사를 거듭하며 같은 자리를 지키고 있습니다. 지금은 웨스트엔드의 터줏대감 중 하나가 됐죠. 2011년까지는 '코미디 극장Comedy Theatre'이라고 불렸는데, 〈더 러버〉의 작가이자 노벨 문학상 수상자인 해럴드 핀터를 기리며 2005년에 극장 이름을 바꿨어요.

극장의 자랑은 객석이에요. 1950년대에 있었던 대대적인 재건축 후에도 무대를 감싸듯 곡선을 이루는 말발굽 모양의 발코니는 그대로 간직하고 있어서, 요즘 건축되고 있는 미니멀한 양식의 공연장과는 다른 클래식한 분위기를 느낄 수 있어요. 실제로 아서 밀러의《다리에서 바라본 풍경》, 테네시 윌리엄스Tennessee Willams의《뜨거운 양철 지붕 위의 고양이》등 세계적인 희곡 작품의 초연 무대가 올려진 곳이기도 해요.

—— "모든 공포는 집에 있구나!"

비평가들이 격찬한 마사 역의 이멜다 스턴톤 이야기를 하지 않을 수가 없네요. 우리에게는 영화 〈해리포터와 불사조 기사단〉에서 해리포터를 궁지에 빠뜨리는 얄미운 돌로레스 엄브릿지 교수 정도로 기억되는 스턴톤은 영국인들이 사랑하는 연기파 배우입니다. 영화와 드라마에서는 조연으로 이름을 올리지만, 그녀의 연기가 빛을 발하는 곳은 바로 무대죠. 올리비에 여우주연상도 다섯 번이나 거머쥐었어요. 그야말로 믿고 보는 배우! 하지만 이 노련한 여배우도 영화에서 마사 역을 맡았던 세기의 미녀 엘리자베스 테일러를 의식하지 않을 수 없었던지 어느 인터뷰에서 이렇게 고백해요. "막중한 책임이 따르니 겁이 났죠. 하지만 빌어먹을! 잘할 수 있을 거야."

긴 부부 싸움이 끝나고 막이 내리자 객석에서는 기다렸다는 듯 뜨거운 박수가 한참이나 이어졌어요. 올비가 희곡에 써 놓은 '52세의 덩치 크고 사나운 마사'와는 한참이나 거리가 먼 이멜다 스턴 톤은 '62세의 150센티미터 남짓한 작은 몸집'으로 완벽하게 관객을 압도했죠. 마사의 펀치를 끊임없이 받아넘긴 조지 역의 콘레스 힐Conleth Hill도 명연기를 펼칩니다. 세 시간 동안 숨죽이며 이 혹독한 전쟁을 지켜봤던 객석에서는 배우들의 인사에 화답하듯 환호성을 쏟아 냈습니다.

객석의 절반 이상을 차지한 중년 부부들은 배우들에게 보내던 박수를 이번에는 서로를 향해 보내기 시작했습니다. 인사불성이 되어 서로를 향해 주먹을 휘두르는 다른 집 부부 싸움에 우리는 모두 결혼이라는 링 위에 오른 선수임을 확인하며 안도했던 건 아닐까요? 극장의 맨 꼭대기 의자에 걸터앉아 무대와 객석이 이뤄 내는 풍경을 바라보고 있자니 며칠 전에 읽었던 이멜다 스턴톤의 인터뷰 기사가 퍼뜩 떠올라요. "전 깨달았어요. 모든 공포는 집에 있구나!"

—— 엘리자베스 테일러와 리처드 버턴 부부의 몰래 카메라

1963년 10월 3일 미국 브로드웨이 빌리 로즈 극장. 에드워드 올비Edward Albee, 1928~2016의 〈누가 버지니아 울프를 두려워하랴?〉의 초연 무대 막이 올랐습니다. '점잖고 고상해야 할' 대학교수 조지와 마사 부부의 입에서 시종일관 욕설과 노골적인 음담패설이 쏟아졌죠. 미국 건국의 아버지이자 초대 대통령인 조지 워싱턴과 아내 마사 워싱턴의 이름을 떠올리게 하는 설정 또한 여러 사람의 심기를 불편하게 했어요. 올비는 제2차 세계대전의 혼란 이후 단란한 가족

에서 미국의 이상을 찾으려는 꿈을 조롱하며 보란 듯이 돌을 던졌습니다.

작품은 연일 화제의 중심이 될 수밖에요. 퓰리처상 심사 위원들이 희곡 부문 수상작으로 결정했지만 퓰리처위원회에서 시상을 거부하면서 심사 위원 절반이 사퇴하는 소동이 벌어졌습니다. "음탕한 여자들이나 볼 만한 연극"이라는 평론가의 악담은 오히려 사람들의 호기심을 자극했고, 흥행은 대성공이었으며, 1963년 토니상 최우수 작품상을 비롯해 5개 부문을 휩쓸었죠.

올비의 원작 희곡은 4년 뒤인 1966년에 제작된 영화로 다시 한 번 세간의 화제가 됩니다. 엘리자베스 테일러와 리처드 버턴 부부가 캐스팅됐다는 엄청난 뉴스 때문이죠. 대중들은 실제로 이혼과 결혼을 거듭했던 스타 부부의 삶을 그대로 옮긴 듯한 스크린의 난타전을 엿보며 마치 현실인 듯 열광했어요.

1961년 영화 〈클레오파트라〉에서 시저와 클레오파트라로 만난 두 사람. 당시 테일러는 세 번째 결혼을 했고 세 자녀를 둔 어머니였으며, 버턴 역시 아내와 두 딸이 있었죠. 촬영장에서도 뜨거운 애정 표현을 서슴지 않던 두 배우의 스캔들은 빠르게 퍼져 나갔습니다. '불륜 커플'이라는 세간의 곱지 않은 시선이 쏟아졌지만 상관없었어요. 1964년 테일러는 버턴이 선물한 33캐럿짜리 다이아몬드 반지를 빛내며 결혼에 골인합니다.

영화 〈누가 버지니아 울프를 두려워하랴?〉에 캐스팅됐을 때, 두 사람은 이제 겨우 결혼 2년째로 접어들 무렵이었어요. 하지만 그들의 결혼 생활은 평탄치 못했죠. 둘을 못마땅해 했던 호사가들은 그

1966년 영화화된 〈누가 버지니아 울프를 두려워하랴?〉. 왼쪽부터 엘리자베스 테일러, 조지 시걸, 리처드 버턴, 샌디 데니스. ⓒGettyimages

럴 줄 알았다며 쑤군대기 시작합니다. 발단은 버턴의 알코올 중독. 영화 속에서 시종일관 술잔을 손에서 놓는 법이 없는 조지 교수를 연기하는 버턴을 보며 분노의 고함을 지르는 테일러의 연기가 현실과 오버랩되면서 더욱 실감이 났죠. 테일러와 버턴 부부가 서로에게 욕지거리를 하고 비아냥거리는 장면도 연기가 아니라 마치 부부의 거실에 몰래 카메라를 놓은 듯해요. 술에 취해 자동차 앞에서 두 사람이 치고받는 장면에서는 실제로 저러나 싶어 슬그머니 웃음이 날 정도니까요. 그러니 테일러와 버턴 부부만큼 조지와 마사 역에 완벽한 캐스팅이 또 있을까요? 결국 두 사람은 결혼 8년 만에 이혼하고 1년 만에 재결합을 했다가 다시 4개월 만에 이혼을 하는 기록을 세우죠. 버턴은 결혼 생활을 이렇게 비유했다고 해요. "다이너마이트를 두 손에 쥐고 맞부딪치는 일."

배역을 맡을 당시 30대 초반이었던 엘리자베스 테일러는 일상에 찌든 중년 부인으로 변신하기 위해 10킬로그램 넘게 살을 찌워 두꺼워진 허리를 자랑하며 카메라 앞에 섭니다. 섹시 스타 이미지를 과감하게 벗어던지고 올비가 그려 낸 배역에 사실감을 더해요. 그 덕분일까요? 엘리자베스 테일러는 생애 두 번째 오스카 여우주연상을 거머쥐게 되죠.

영화는 그야말로 대단한 성공을 거둡니다. 그해 오스카상 13개 전 부문에 노미네이트되는 기록을 세웠고, 5개 부문에서 수상했으며, 여우주연상과 여우조연상을 동시에 받은 유일한 작품이 됩니다. 90년이 넘은 오스카 역사상 지금도 깨지지 않고 있는 기록이죠.

할리우드에서 소문난 커플이 완벽한 호흡을 보여준 덕분에 역사에 길이 남는 영화가 태어났지만, 사실 스크린 뒤에 있던 신예 감독 마이크 니컬스Mike Nichols의 연출력도 한몫했습니다. 마이크 니컬스의 이전 직업은 스탠딩 코미디언과 연극 연출가였어요. 메가폰을 잡기 전에 무대에서 배우와 연출가로서 기본기를 쌓은 그는 다양한 장르를 폭넓게 소화하는 데 탁월했을 뿐 아니라, 배우 입장에서 이해하고 그들과 내밀한 소통을 통해 최고의 연기를 이끌어 내는 능력으로 영화에 완성도를 더했습니다. 감독 데뷔작인 〈누가 버지니아 울프를 두려워하랴?〉 이후 2년 만에 마이크 니컬스는 세기의 명영화로 마침내 오스카 감독상을 거머쥡니다. 바로 더스틴 호프먼Dustin Hoffman 주연의 〈졸업〉. 이후 〈워킹 걸〉(1990), 〈남아 있는 나날〉(1994), 〈울프〉(1994), 〈버드케이지〉(1996) 등 작품성과 대중성을 동시에 갖춘 영화를 만들면서 1990년대 할리우드를 대표하는 감독이 돼요. 해리슨 포드, 로빈 윌리엄스, 앤서니 홉킨스, 시고니 위버, 엠마 톰슨 등 세계적인 스타들이 그의 영화에 출연하길 원했죠.

토니상을 9회나 수상한 연극 연출가였던 마이크 니컬스만큼 에드워드 올비 희곡의 정수를 살려 스크린으로 옮길 수 있는 사람은 없었어요. 지금도 〈누가 버지니아 울프를 두려워하랴?〉는 희곡을 영화로 옮긴 작품 중 최고로 손꼽히고 있죠. 작가 올비는 처음에 이 세기의 스타 커플인 테일러와 버턴 부부의 캐스팅 소식을 듣고 불쾌함을 감추지 않았다고 해요. 온갖 욕설과 성적인 농담으로 가득한 이 문제작을 연기하는 데 어울리지 않다고 생각했던 거죠. 하지만 영화의 엄청난 성공과 두 배우의 완벽한 연기 변신, 무엇보다 사실인지 연기인지 구분할 수 없을 정도의 찰떡 연기 호흡에 박수를 보냈다죠.

올비는 처음부터 자신의 작품 속 캐릭터를 사실적인 인물로 구상했습니다. 상대에게 상처와 웃음을 주는 언어를 구사하는 그런 인물 말이죠. 그러니 무대 위에서 배우들이 어떻게 보일지는 관심 밖이었어요. 테일러와 버턴 부부는 이런 작가의 의도를 파악하고 제대로 망가져서 큰 공감을 얻었습니다. 이 작품의 가치는 바로 여기에 있으니까요.

우리가 으레 결혼하면 그래야 한다고 생각하는 것은 허상일 뿐 이상적인 부부관계, 화목한 가정은 사실 온갖 불편한 현실과 부딪치며 흔들리니까요. 올비는 언제까지 그 허상을 잡고 도망치려 하는지 물으면서 적나라하게 현실을 보여 주죠. 조지와 마사 부부의 불편한 현실은 한밤중에 초대된 손님, 그리고 세 가지 게임과 함께 차례차례 펼쳐집니다.

그럼 이제 조지와 마사의 집에 들어갈 마음의 준비가 되셨나요? 벨을 울려 보죠. 불청객이라도 환영받을 밤이니까요.

—— 새벽 2시, 초대받은 손님

보이는 것은 어둠 뿐, 현관문에 부딪치는 요란한 소리. 마사의 웃음 소리가 들린다. 현관문이 열리고 전등이 켜진다. 마사가 들어오고 뒤따라 조지가 들어온다.

마사　　　제길…

조지	…쉬잇…
마사	…이런 염병할…
조지	제발 마사. 새벽 2시야…
마사	오, 조지!
조지	글쎄, 알겠는데…
마사	이런 멍청이! 이 멍청이 같은 인간아!
조지	늦었어, 알아? 한밤중이라고.
마사	(방을 둘러본다. 베티 데이비스를 흉내내며) 쓰레기 같으니라고. 이 말이 어디서 나왔더라?[1]

"이런 염병할Jesus Christ."

거실을 둘러보는 마사의 입에서 욕지거리부터 나옵니다. 웰컴 투 헬! 1막의 시작은 일요일 새벽으로 넘어가는 늦은 시간. 조지와 마사 부부가 술에 취해 비틀대며 현관문을 열고 들어서는 중이에요. 대학교수 부부의 전쟁이 펼쳐질 홈그라운드는 생각보다 초라해요. 마사가 말하는 "쓰레기"는 별 볼 일 없는 살림살이에 대한 욕이기도 하며, 앞으로 드러날 자신들의 결혼 생활에 대한 비난이기도 하죠. 거실 중앙에는 오래되어 가죽이 닳은 소파가 놓여 있고, 오른편으로 는 명색이 역사학과 교수인 조지의 작은 서재, 왼편으로는 술병이 몇 개 늘어져 있는 홈바가 있어요.

본격적인 게임에 앞서 링에 오를 선수들을 먼저 소개해 볼게요. 올비의 희곡을 충실히 따르면, 남편 조지는 '46세로 말랐으며 머리 는 새는 중'이고 지방의 작은 대학에서 역사학과 교수로 일하고 있습니다. 아내 마사는 '덩치 크고 사나운 52세의 여인이지만 다소 젊어' 보여요. 조지가 근무하는 대학 총장의 딸이기도 합니다. 이번엔 닉과 허니 부부. 닉은 같은 대학에 이제 막 새로 부임한 '금발에 몸매 좋고 잘생긴 30세' 생물학과 교수이고, 허니는 '26세의 자그마한 몸매에 금발이고 평범한 얼굴의 가정주부'예요.

대학에서 열리는 파티에 부부 동반으로 참석했던 조지와 마사가 집으로 돌아와 옥신각신하는 사이, 새벽 2시가 넘은 그 늦은 시간에 초인종이 울립니다. 마사가 초대한 손님들이에요. 이 자연스럽지 못한 상황은 앞으로 일어날 불길한 일을 암시하는 서막일 뿐이죠. 이 와중에 마사와 조지는 서로에게 욕설을 날리며 문을 열어 주라고 싸

1980년 빌리 로즈 극장에 올려진 〈누가 버지니아 울프를 두려워하랴?〉. 아내 마사와 남편 조지 사이에 서 있는 닉과 허니 부부. ⓒ The New York Public Library Digital Collections

우는데, 조지가 가서 현관문을 벌컥 열어젖혀요. 바로 그때 마사의 걸쭉한 욕 한마디가 그대로 손님들에게 날아갑니다.

—— 첫 번째 게임, 주인장 욕보이기

> 마사   나가 뒈져!

> (마사의 마지막 말과 동시에 조지가 현관문을 열어젖힌다. 닉과 허니가 입구에 서 있다. 짧은 침묵이 흐르고)

> 조지   (겉으로는 허니와 닉을 반기는 척하지만 사실은 그들이 마사의 격렬한 분노를 듣게 되어 심히 만족스럽다.) 이야!
> 마사   (좀 지나치게 시끄럽게… 둘러대면서) 안녕! 안녕… 어서 와요!
> 허니, 닉   (즉흥적으로) 안녕하세요, 저희 왔어요… 반가워요… 등등[2]

영화에서도 문제가 됐던 유명한 장면입니다. "나가 뒈져!"로 번역된 마사의 영어 대사는 "퍽 유fuck you!". 지금이야 외국 영화를 보면 곧잘 들리는 흔한 욕이 돼 버렸지만 당시로서는 영화에서 욕을 한다는 건 말도 안 되는 일이었죠. 결국 촬영이 끝난 후 검열을 피하기 위해 엘리자베스 테일러는 이 대사를 지우고 다시 녹음을 합니다. "갓 댐 유God damn you!" 다행히 'you'로 끝나는 입 모양이 맞아떨어져서 감쪽같이 넘어가죠.

영화 제작진들은 매 장면마다 조금은 순화된 욕설을 찾느라 애를 먹어야 했습니다. 그래도 이 연극은 욕 없이 한 장면도 진척을 시킬 수가 없어요. 세기의 미녀로 불리던 엘리자베스 테일러는 영화에서 최초로 '쉿 shit'이라는 욕을 한 여배우가 됐고, 난무하는 욕설과 노골적이고 음탕한 농담 때문에 결국 이 영화는 미국 역사상 최초로 '18세 이하 청소년들은 반드시 부모와 동반 관람이 필요'하다는 등급을 달고 개봉됩니다. 성인 등급 판정을 받은 원조 영화랄까요? 잔인한 폭력성과 하드코어 성인물로 출렁이는 지금의 할리우드와 비교하면 불과 50여 년 전만 해도 순수의 시대였네요.

그럼 왜 마사는 남편 조지에게 이렇게 으르렁대기만 할까요? 그녀 안에 있는 분노의 원인은 뭘까요? 마사는 첫 번째 게임 '주인장 욕보이기'로 먼저 조지에게 선전 포고를 합니다.

마사 어쨌든 난 그 개자식과 결혼을 했고 계획을 다 세워 놨어… 하인과 다름없던 인간이 후계자로 훈련받게 됐던 거지. 언젠가 일을 물려받을 거였어… 우선 역사학부부터 접수하고 나면 아버지가 은퇴하실 때 대학을 접수할 거였어… 알겠어? 그렇게 될 일이었다고.(홈바로 몸을 돌리고 있는 조지에게) 화났어? 자기? 응? (다시) 그렇게 될 일이었다고. 아주 간단명료해. 아빠도 좋은 생각이라는 눈치였어. 한 이삼 년, 그 오랜 시간 동안! (다시 조지에게) 더 열받고 있는 거야? (다시) 그런데 한 이삼 년 두고 보니 아빠는 이게 별로 좋은 생각이 아니라고 생각하기 시작했지. 우리 조지 어린이가 그게 없었어. 속에 그게 없더라고!

조지   (여전이 등을 돌리고) 그만해, 마사.

마사   (악독하게 승리에 차서) 엿 먹어! 이봐, 조지는 전혀… 배짱이 없
          었어… 특히나… 저돌적인 면이라고는 조금도 없었지. 조지
          는 오히려… (조지의 등에다 대고 말을 내뱉는다.) 루저야! 무지…
          완전… 엄청난… 루저!

(쾅하고 부딪치는 소리! '루저'라는 말이 떨어지기가 무섭게 조지가 바에 병을 부딪
쳐 깨뜨린다. 깨지고 남은 병목을 붙잡은 채 여전히 등을 돌리고 서 있다. 모두 얼어
붙은 채 침묵이 흐른다. 그리고…)[3]

세상 모든 사랑의 결말이 결혼은 아니지만, 그래도 많은 연인들이 생을 함께하리라 약속하며 결혼이라는 문을 향해 손잡고 들어갑니다. 처음엔 조심조심 배려하며 한 걸음씩 내딛죠. 그 여정이 길어지고 예상치 못한 난관을 만나면서 옆에 있는 사람에 대한 의심이 뭉게뭉게 피어오르기 시작해요. '아, 이 사람 이럴 줄 몰랐어', '내가 생각했던 건 이게 아닌데' 하며 실망도 하죠. '혼자 걷는 게 훨씬 편하겠는걸'이라는 생각도 듭니다. 당연해요. 서로에게 나의 가장 좋은 모습만 보여 주고 각자의 공간으로 숨을 수 있었던 연애 시절과 달리 결혼은 그야말로 무방비 상태. 내 곁에 있는 배우자는 부모님에 이어 나의 모든 약점을 알고 있는 유일한 사람이 되죠.

행복한 결혼 생활의 비결은 '내가 생각했던 배우자'와 '현실의 배우자'의 간격을 인정하는 것, 그리고 각자 숨을 수 있는 틈을 열어

주는 것이라는 생각이 들어요. 한마디로 말하면 '존중'. 함께하는 삶이 길어질수록 상대방의 더 많은 약점을 발견하지만, 이를 비난할 게 아니라 두 사람만 알고 있는 은밀한 약속이 될 때 그 관계는 더욱 견고해지는 게 아닐까요?

오, 맙소사! 하지만 마사는 조지의 믿음을 가차 없이 배신합니다. 더욱 잔인한 건 이를 제3자인 닉과 허니 부부 앞에서 까발린다는 거죠. 그것도 모욕적인 욕설과 함께요. 마사는 마지막까지 해서는 안 될 일을 했습니다. 조지는 아내 마사와 장인어른인 대학 총장에게 사랑과 존경을 받는 존재는커녕 무능력의 상징이라는 게 공표되어 버렸으니까요. 조지는 심한 굴욕감을 느낍니다. 이 집의 주인장이자 가장의 위치는 보기 좋게 뭉개져 버렸어요. 마사는 제대로 주인장을 욕보인 거죠.

—— 두 번째 게임, 손님 욕보이기

이번엔 한밤중의 손님 닉과 허니 부부가 게임의 주인공입니다. 치고 받는 조지와 마사 부부와 대비되는 듯한 젊고 유망한 교수 닉과 어린 아내 허니. 그럼 이 부부는 과연 안녕할까요?

소꿉친구였던 둘은 닉의 말대로 "특별한 열정도 없이" 결혼을 했죠. 배가 불러오는 허니를 두고 고민에 빠졌다는 닉에게 조지가 단번에 정곡을 찌릅니다. "물론 돈도 있었겠지!" 닉의 말대로 장인어른은 "하느님을 팔아먹고 살면서 돈을 엄청나게 벌었고" 그 하느님의 돈을 아내 허니에게 남겨 둔거죠. 결혼과 동시에 허니의 배는 꺼집니다. 상상 임신이었던 거예요. 사랑도 열정도 없이 돈과 맞바꾼 결혼.

조지는 닉에게 들은 이야기를 모두 앞에서 까발립니다. 술에 취한 허니는 자신의 상상 임신을 닉이 떠벌린 것을 알고는 절규하며 달려 나가요. 이 젊은 부부 역시 안녕하지 못하네요. 닉이 허니를 따라 달려 나갑니다.

실은 이는 첫 번째 게임에서 닉과 허니 부부 앞에서 자신을 욕보인 마사에게 조지가 복수하는 장면이에요. 마사가 초대한 닉과 부부에게 괜한 칼날을 겨눈 것이죠. 마사는 조지에 대한 증오심을 표출합니다. 다시 둘만 남게 된 조지와 마사.

> 마사　딱! 분질러졌다고. 이봐, 난 더 이상 당신 마음에 들기 위해 애쓰지 않을 거야… 애쓰지 않을 거라고. 예전에는 잠깐, 아주 잠깐 동안 내가 당신과 통할 수 있을 것 같은 때가 있었어. 이 모든 형편없는 쓰레기 더미들을 털어 버릴 수 있을 것 같은.
>
> 조지　난 당신을 믿지 않아… 당신을 안 믿어. 더 이상은… 함께할 수 있는 순간은… 없어.

── 세 번째 게임, 안주인 올라타기

조지와 마사의 게임은 점점 더 위험해집니다. 마사는 전면전을 선포해요. 그리고 조지 역시 마사의 끓어오르는 분노에 더욱 부채질을 하죠. 결혼한 여자가 부정을 저지르는 것. 모든 이에게 비난받을 도덕적 붕괴. 조지는 이제 막 대학교수로 발을 내딛는 야심찬 닉에게 성공을 위해서라면 대학 총장의 딸 마사와 잠자리를 해 보라며 말도 안 되는 제안을 합니다. 닉은 이를 거절하지 않아요. 그럼 마사는?

마사   (조지에게) 개자식! (닉에게) 좀 기다려 줘, 응? 주방에 가 있어.
       (그러나 닉은 움직이지 않는다. 마사, 닉에게 가서 두 팔로 안는다.) 얼
       른, 자기야… 제발. 기다려 줘… 주방에서… 착하지. (닉이 마사
       의 키스를 받고는 등을 돌리고 앉은 조지를 노려본다. 그리고 퇴장.)
       (마사가 조지에게 휙 하고 돌아선다.) 자 이제 내 말 좀 들어 봐…

조지   괜찮다면, 마사, 난 책을 읽고 싶은데…

마사   (분노로 거의 눈물을 쏟을 지경이다. 좌절이 분노로 바뀐다.) 아니, 난
       안 괜찮아. 내 말 좀 들으라고! 그 잘난 짓거리 집어치우시지.
       그렇지 않으면 맹세컨대 내가 해 버리고 말 거야. 맹세컨대 주
       방에 있는 저 자식을 따라가서 2층으로 데려갈 거야. 그리고…

조지   (다시 마사를 향해 휙 돌아보며… 큰소리로… 혐오감을 드러내며) 그
       래서 어쩔 건데, 마사?

마사   (잠시 조지를 가만히 바라보다가… 고개를 끄덕이며 천천히 뒤로 물러
       난다.) 좋아… 좋아… 당신이 그러라고 했어… 당신 말대로 해
       주지.

조지   (부드럽게, 슬프게) 맙소사, 마사, 그렇게 저 애를 원하면… 가
       져… 하지만 정직하게 가지라고, 알겠어? 이런… 온갖… 교
       묘한 방법으로 눈 가리고 아옹 하지 말고.

마사   (절망하여) 나와 결혼하고 싶어 한 걸 후회하게 만들어 주겠어.
       (현관 복도에서) 이 대학에 오기로 결심했던 그 날을 후회하게 해

주겠어. 당신 스스로 자포자기한 걸 후회하게 해 주겠다고!⁴

연극에서 이멜다 스턴튼과 남편 조지 역을 맡은 콘레스 힐의 긴장이 폭발하는 순간이었습니다. 절규하며 닉과 2층으로 사라지는 마사, 그리고 태연한 듯 책장을 넘기고 있는 조지. 마사의 말대로 결혼을 후회하고 있을까요? 왜 이 두 사람은 이토록 서로를 증오하면서 헤어지지 못하고 함께하고 있는 걸까요? 그 짧지만 숨 막히는 시간. 올비는 결혼이라는 약속과 부부라는 허상이 어디까지 무너질 수 있는지 적나라하게 바닥을 보여 주죠. 세 번째 게임은 마사의 완패입니다.

—— 네 번째 게임, 아이 꺼내기

마지막 3막이 시작되면 관객들도 이제 거의 기진맥진할 지경입니다. 마지막 펀치 역시 조지가 제대로 날려요. 사실 이 부부에게는 아이가 없습니다. 대신 가상의 아이를 만들어 냈죠. 실체가 없는 아이지만, 함께 상상 속에서나마 그 아이를 공유할 때만 온전한 부부가 됐던 거죠. 그런데 아이에 대한 기억마저 서로 다릅니다. 이들이 모래성처럼 쌓아 올린 위태로운 결혼 생활에서 무엇이 진실이고 거짓인지 모든 것이 혼란스러워요. 마사는 조지에게 말하죠. "진실과 환상. 당신은 그 차이를 몰라."

결국 조지는 잔인하게도 아들이 스물한 살 생일을 맞아 집으로 돌아오던 길에 교통사고가 나서 죽었다고 말합니다. 부부라는 이름의 연약한 고리는 그 한마디로 완전히 끊어져 버리고 말아요.

마사   난 애썼어. 오, 세상에. 난 애썼다고. 단지 그 하나를 위해… 이 결혼이라는 하수구 속에서, 속이 뒤집히는 밤이나 한심하고 멍청한 날들 속에서, 조롱과 웃음 속에서 깨끗하고 순수하게 흠 하나 없이 간직하고 싶은 하나였으니까. 맙소사. 실패는 실패를 부르고 상황은 더 나빠질 뿐이지. 뭔가를 시도할수록 오히려 이전보다 더 아프고 더 무감각해져 갔어. 내가 지키려 애썼던 오직 한 사람, 이 사악하고 참담한 결혼이라는 수렁에서 구해 내고 싶었던 그 아이. 이 모든 절망과 칠흑 같은 어둠 속에서 단 하나의 빛이었던 우리 아들.⁵

조지   오, 주님. 두려움 가득한 그날, 영원한 죽음에서 저를 구하소서. 하늘과 땅이 움직일 그날, 주께서 불로 이 세상을 심판하실 그날, 저는 두려워 떨며 심판이 우리 머리 위에 떨어질 그날을, 곧 다가올 분노의 날을 기다립니다. 하늘과 땅이 움직일 그날, 그날, 분노와 재앙과 고난의 그날, 정말 끔찍한 비통이 온 세상에 가득할 그날, 주께서 불로 이 세상을 심판하실 그날을.

조지와 마사는 각자 다른 곳을 바라보며 방백을 합니다. 가장 연극적인 장면이라고 할까요? 마사의 절규와 대비되는 조지의 나지막한 기도문. 아이러니하게도 두 사람은 서로의 말을 듣지 않고 각자의 말만 해요. 끝내 소통하지 못하는 조지와 마사.

어느새 먼동이 트고 날이 밝아 옵니다. 사랑이 떠난 걸 알면서도 이별하지 못하는 부부에게 남은 건 서로에 대한 미움뿐. 그래도 올비는 이 부부를 포기하지 않은 것 같습니다. 조지가 긴 침묵 후에 마사에게 건네는 마지막 말처럼요. "괜찮을 거야."

—— 누가 크고 나쁜 늑대를 무서워한대?

〈누가 버지니아 울프를 두려워하랴?〉라는 이 문학적인 제목에 사실 작품을 이해할 수 있는 많은 이야기가 숨어 있습니다. '버지니아 울프'라고 하면 많은 분들이 '한 잔의 술을 마시고, 우리는 버지니아 울프의 생애와 목마를 타고 떠난 숙녀의 옷자락을 이야기한다'로 시작되는 박인환 시인의 '목마와 숙녀' 첫 구절을 떠올리실 거예요.

20세기 문학의 대표적인 모더니스트이자 선구적인 페미니스트였던 버지니아 울프. 그녀는 1880년대 후반 영국에서 여성은 학교도 다닐 수 없던 그 시절에 독학으로 쌓은 지식으로 글을 써서《댈러웨이 부인》,《자기만의 방》등의 대표작을 남겼습니다. 하지만 어린 시절부터 앓았던 정신 질환 때문에 주머니에 가득 돌을 채워 넣고 스스로 강물에 몸을 던진 비운의 작가이기도 하죠. 일견 이 희곡과는 아무런 상관도 없어 보이는 세계적인 여류 작가의 이름을 올비는 왜 제목에 쓰게 됐을까요?

"나는 어느 날 저녁, 뉴욕에 있는 작은 술집 바에 앉아 맥주 한잔을 하고 있었다. 그때 거울에 비누로 써 있는 낙서 하나가 눈에 들어왔다. '누가 버지니아 울프를 두려워하랴? Who's Afraid of Virginia Wolf?'. 이 작품을 쓰기 시작했을 때 이 낙서가 불쑥 생각이 났다. 동시에 차례차례 떠오른 생각은 만화 주제가인 '누가 크고 나쁜 늑대를 무서워한대? Who's Afraid of the Big Bad Wolf?' 그리고 '누가 거짓 허상 없는 삶을 두려워하랴?'였다. 아주 전형적이고도 지적인 대학가의 농담이 내게 강렬한 인상을 남겼다."[6]

올비는 어느 날 우연히 본 농담 한 줄에서 생각을 이어나갑니다. '버지니아 울프 Virginia Woolf'라는 여류 작가의 이름에서 '배드 울프 Bad Wolf'를 연상합니다. 그 '배드 울프'는 결국 거짓 허상을 의미하는 건 아닐까? 우리는 살아가면서 얼마나 많은 일에서 진실을 대면하기보다 거짓 허상의 세계에서 안도하고 있는지 올비는 묻고 있죠.

먼저 '배드 울프'에 대해서 이야기하려면 디즈니 영화 이야기를 해야겠어요. 〈아기 돼지 삼형제 The Three Little Pigs〉, 기억나시나요? 세 마리 아기 돼지가 각자의 집을 짓는데 엉큼한 늑대가 나타나 언제 잡아먹을까 호시탐탐 노리는 만화예요. 결국 막내 돼지의 지혜로 늑대는 골탕을 먹고 줄행랑을 친다는 이야기인데요. 공전의 히트를 기록한 건 이 영화의 주제가인 '누가 크고 나쁜 늑대를 무서워한대? Who's Afraid of the Big Bad Wolf'입니다. 아기 돼지들은 늑대가 나타날까 무서워 벌벌 떨면서도 허세를 부리며 이 노래를 신나게 부르죠. 아마 곡을 들으면 금세 흥얼흥얼 따라하게 되실 걸요? 올비가 발견한 화장실 낙서는 바로 이 주제가를 패러디한 거예요. '커다란 나쁜 늑대 Big Bad Wolf'가 '버지니아 울프 Virginia Woolf'로 바뀐 건데, '늑대 Wolf'와 여류 작가의 성인 '울프 Woolf'가 발음도 딱딱 맞아 떨어져요.

이런 배경을 모르는 우리로서는 '누가 버지니아 울프를 두려워하랴'로 번역된 올비의 희곡 제목이 어쩐지 근사해 보이기만 하죠. 올비는 희곡을 발표하기 전에 버지니아 울프의 남편인 레너드 울프에게 허락을 받았다고 해요. 하지만 그때 이미 자살로 생을 마감한 버지니아 울프 당사자 기분은 어땠을까요? 별로 좋지만은 않았을 것 같은데요.

연극에서도 이 제목은 가락을 붙여 몇 번이나 등장합니다. 조지와 마사가 서로를 향해 삿대질을 하고 온갖 욕설을 하면서도 '후즈 어프레이드 어브 버지니아 울프, 버지니아 울프 Who's afraid of Virginia Wolf'라며 노래를 흥얼거려요. 보는 사람은 사실 어이가 없어요. 싸우다 말고 뭐하는 짓이지? 그런데 잠깐! 아기 돼지 삼형제가 부르던 그 멜로디가 아니에요. 디즈니가 저작권료를 엄청 비싸게 부른 거죠. 그래서 곡은 '멀버리 나무 밑을 돌자 Here We Go Round the Mulberry Bush'라는 동요에서 가져옵니다.

조지와 마사는 왜 몇 번이고 이 노래를 부를까요? 사랑으로 시작한 결혼 생활도 허상일 수 있다는 것, 다른 사람들의 눈에 보이는 화목한 가족, 애정이 넘치는 부부 관계를 들춰 보면 온갖 거짓이 난무하고 있다는 것, 무엇보다 가장 무서운 늑대는 바로 자신의 약점을 받아들이지 못하는 '나'라는 것.

비단 결혼 생활만 그런 게 아니겠죠. 우리가 사는 삶의 모든 것이 얼마나 많은 허상에 싸여 있고, 그걸 감추기 위해 비난하고 소통하지 못하고 있는지. 누가 허상 없는 삶을 두려워하지 않을 수가 있을까요? 두렵고 무섭더라도 이 모든 걸 마주하고 직면할 때, 진실을 발견할 수 있다고 올비는 말하는 게 아닐까요?

이 작품에서 결혼 생활과 더불어 우리가 대면해야 할 것은 더 있습니다. 진지한 극작가는 사회가 개선되길 바라는 마음으로 그 사회를 비판해야 한다고 말했던 올비의 말처럼, 그는 연극의 사회적 역할에 대해 누구보다 고민하는 작가였고, 당시 미국 사회의 허상 역시 날카롭게 담아냅니다. 그럼 1960년대 당시 격변하는 미국 사회의 물결에 몸을 실어 볼까요? 그래야 왜 에드워드 올비가 유진 글래드스턴 오닐Eugene Gladstone O'Neill, 테네시 윌리엄스, 아서 밀러를 잇는, 1960년대 미국 연극을 대표하는 극작가로 손꼽히게 되는지도 알게 되실 테니까요.

—— '풍요한 사회'라는 허상

1950년대 미국은 '평화와 전진과 번영'의 시대였습니다. 1952년부터 1960년까지 재임한 아이젠하워 대통령의 자랑스러운 슬로건이었죠. 하지만 최강의 경제력과 군사력을 지닌 세계 최대의 패권 국가 미국의 어두운 이면에는 전쟁이라는 괴물이 도사리고 있었어요. 한국전쟁도 예외는 아니었습니다. 1930년대 미국을 괴롭혔던 대공황을 끝낸 것도 유럽에서 시작된 제2차 세계대전이었고, 1945년 종전 후 주춤하던 미국 경제에 다시 불을 붙인 것도 1950년대에 발발한 한국전쟁이었으니까요. 미국은 전쟁 중에는 무기를 팔고, 전쟁이 끝난 후 폭탄으로 황폐해진 곳에는 새로운 비즈니스 기회를 포착하려는 기업가들을 보냈습니다. 아이젠하워 대통령 역시 1952년 당선되자마자 취임도 하기 전인 12월 4일 선쟁 중이었던 한국 땅을 밟았어요.

미국인들은 자본주의와 정치적 다원주의를 바탕으로 미 개척기 이후 새로운 아메리칸 드림을 꿈꿀 수 있게 됐습니다. TV를 켜면 새로 나온 냉장고와 세탁기가 주부들을 유혹하고, 날렵한 세단은 돈 있는 가장들의 마음을 흔들었어요. 신식 가전제품을 갖춘 이층집에

전형적인 미국 가정이라는 이상향은 1960년대에 들어서면서 흔들리기 시작한다. ⓒGettyimages

서 앞치마를 두르고 남편과 두 아이의 아침 식사를 준비하는 엄마, 가족의 배웅을 받으며 멋진 자동차에 올라 출근하는 아빠의 모습은 미국 사회가 꿈꾸는 가족의 이상향이었죠.

미국의 경제학자 존 갤브레이스John K. Galbraith는 1958년에 발간한 그의 명저《풍요한 사회》에서 이런 미국 사회를 통렬히 비판했습니다. 자본주의의 발전으로 물질적 풍요를 이루어 생활 수준은 높아졌지만, 여전히 빈곤과 상대적 박탈감에 허덕이는 미국인들을 보며 과연 우리가 '풍요한 사회'에 살고 있는지 반문해요. 모든 것은 광고라는 허울 좋은 포장지에 가려진 허상이라고 주장합니다.

1960년대에 접어들자 미국 사회는 거대한 혼란을 맞이해요. 사회 밑바탕에 도사리고 있던 인종 차별로 인해 흑인들의 저항 운동이 생기고, 전통적인 여성상을 부정하는 여성 권리 신장 운동이 일어나고, 베트남전 발발로 반전 운동이 더욱 확산됩니다. 아이젠하워의 뒤를 이어 1961년에 대통령이 된 존 F.케네디가 임기 3년 만에 암살을 당하자 사회적 불안은 더욱 커져만 갔습니다. 여기에 지지부진한 베트남전이 1975년까지 이어지자 경기는 후퇴하는데 물가는 상승하는 스태그플레이션의 늪 속으로 들어갑니다.

에드워드 올비가 남긴 34편의 희곡 가운데 대표작으로 손꼽는 《동물원 이야기》(1959), 《아메리칸 드림》(1960), 《누가 버지니아 울프를 두려워하랴?》(1962)가 바로 1950년대부터 1960년대의 급변하는 미국 사회의 혼란 속에서 만들어졌고, 올비는 그의 작품에서 적극적으로 목소리를 냅니다. 그것도 아주 반항적으로요. 바로 이 때문에 미국 현대 연극사에서 올비가 독보적이라는 평가를 받습니다.

올비 희곡의 사회 참여적 성격은 '문학'의 한 갈래인 희곡의 역할을 부활시켰습니다. 특히 그의 작품에서 인물들이 시종일관 주고받는 언어폭력은 인간 소통의 부재를 역설적으로 드러내죠. 그의 데뷔작인 《동물원 이야기》는 공원에서 처음 만난 두 남자가 대화 끝에 상대를 살해하고, 《누가 버지니아 울프를 두려워하랴?》에서는 조지와 마사가 부부지간에 도저히 입에 담을 수 없는 지독한 욕설 끝에 죽음보다 더한 공허를 남겨요. 대화는 히지만 소통은 안 되는 현실.

—— 한국에 온 '음탕한 여자들이나 볼 만한 연극'
에드워드 올비의 작품은 우리나라에서도 인기가 있어서 종종 제작되곤 했어요. 가장 최근인 2018년에 올비의 마지막 희곡《염소, 혹은 실비아는 누구인가?》가 공연됐고, 2017년에는《동물원 이야기》를 이윤택이 각색한 〈노숙의 시〉에 명계남 배우가 출연하여 큰 호응을 얻었습니다. 그리고 2015년에는 연극계의 대모인 박정자, 손숙 배우 캐스팅으로 화제가 된 〈키 큰 세 여자〉가 명동예술극장 무대에 올랐어요. 저도 이 세 작품을 보러 극장을 찾았죠. 〈누가 버지니아 울프를 두려워하랴?〉는 2011년 송현옥 연출로 '정미소'에서 공연됐습니다. 세종대학교 교수로서 다양한 희곡 연출로 연극계에서 활발하게 활동한 분이죠. 1984년에 제작된 연극은 그해 열린 제20회 동아연극상 대상작으로 선정되기도 했어요.

올비는 살아생전 한국을 방문한 적이 있습니다. 1979년 5월 18일 〈동아일보〉에는 '미美 대표적인 극작가劇作家 올비가 한국에 온다'라는 제목으로 그의 내한 소식을 전했죠. 그의 전성기가 지났을 때지만 당시 쉰한 살이었던 올비는 자신의 극단과 함께 일본 도쿄, 필리핀의 마닐라를 거쳐 한국을 방문합니다. 6월 1일부터 3일까지 사흘간 국립극장 소극장 무대에서 〈동물원 이야기〉, 〈미국의 꿈〉을 하루씩 공연하고 〈경청〉, 〈방법을 모색하여〉 단막극 두 편도 함께 소개됐어요. 올비가 직접 연출한 무대였죠. 그 뒤 올비는 한국을 다시 찾지는 못했습니다.

—— 88년의 삶, 34편의 희곡

에드워드 올비 작품 속에 등장하는 인물들의 외로움, 고립감, 소통의 부재는 자신의 평탄치 못한 개인사를 고백하는 듯합니다. 태어나자마자 친부모에게 버려지고, 동성애자라는 정체성을 감추고 살아야 했던 그는 오직 글 속에서만 자유로웠죠.

1928년 3월 에드워드 하비 Edward Harvey가 미국 버지니아 주에서 태어납니다. 하지만 아이는 생후 2주 만에 성이 바뀌는 운명을 맞게 되죠. 새 이름은 에드워드 프랭클린 올비 3세 Edward Frankiln Albee III. 백만장자 리드 올비 Reed A. Albee에게 입양된 올비는 귀족적인 새 이름처럼 부유한 어린 시절을 보내요. 양아버지 리드 올비 집안은 오랫동안 미국 전역에 극장을 운영하면서 부를 쌓고 미국 연극계에 막강한 영향력을 행사해 왔죠. 올비는 자연스럽게 극장이라는 세계를 넘나들며 작가의 꿈을 키우지만 그의 행운은 여기까지였어요. 양부모가 작가의 꿈을 강하게 반대했거든요.

당연히 학교생활도 원만할 수가 없었어요. 유일한 도피처는 글을 쓰는 시간뿐. 전학을 거듭하면서도 올비는 하루 종일 글을 쓰는 일은 포기하지 않았습니다. 간신히 밸리포지 사관학교를 졸업하고 진학한 트리니티신학대학교에서마저 퇴학을 당하자 올비와 양부모의 관계는 돌이킬 수 없게 됩니다. 올비의 나이 열여덟 살. 그는 집을 떠납니다. 훗날 회상한 것처럼 "나를 바보로 만들고 질식할 것 같은" 양부모의 집에 더 이상 있을 이유가 없었어요.

부잣집 도련님이었던 올비에게 뉴욕 생활은 만만치 않았습니다. 생계를 위해 전보 배달을 하면서도 펜은 놓을 수 없었죠. 이때 만난 작곡가 윌리엄 플래너건 William Flanagan은 그가 자살로 세상을 떠나기 전까지 올비의 인생에서 가장 오랜 연인으로 함께하게 됩니다.

동성애자였던 올비가 자신의 성 정체성을 깨달은 건 열두 살 무렵이었다고 해요. 올비의 연인 중 몇몇 이름이 알려져 있는데, 우리에게도 친숙한 뮤지컬 〈거미 여인의 키스〉(1992), 〈풀 몬티〉(2002)의 원작자 테렌스 맥널리 Terrence McNally와도 짧은 사랑을 했네요.

올비는 서른 살이 되던 1958년, 드디어 자신의 첫 번째 희곡《동물원 이야기》를 발표합니다. 뉴욕 연출가들에게 퇴짜를 맞은 이 작품은 독일까지 넘어가 베를린 실러 극장에서 1959년에 초연을 하게 되죠. 하지만 우여곡절 속에서도 명작은 살아남는 법. 하마터면 공연되지 못할 뻔했던 이 작품에 호평이 이어지면서 올비는 하루아침에 루키로 떠오르게 되고, 이후《모래 상자》,《미국의 꿈》을 비롯한 다양한 형식의 작품들도 주목을 받죠.

오르막길이 있으면 내리막길도 있는 인생의 법칙처럼, 에드워드 올비의 이름을 미국 연극사에 올리게 한《누가 버지니아 울프를 두려워하랴?》의 대성공 이후 올비는 긴 침체기를 맞습니다. 알코올에 의존하면서 경제적인 어려움까지 겹쳐 온전히 창작에 몰두하기 힘들었고 관객의 반응도 예전과 같지 않았죠. 하지만 이 시기에 발표한《미묘한 균형》과《바닷가 풍경》이 퓰리처상을 차례차례 받으면서 자신의 건재함을 알려요. 예순여섯 살에 집필한《키 큰 세 여자》는 그에게 세 번째 퓰리처상을 안겼습니다.

2016년 9월 16일, 에드워드 올비는 여든여덟 살을 일기로 세상을 떠났습니다. 정확한 사인은 알려지지 않았죠. 전 세계 언론은 그의 삶과 작품 세계를 조망하며 미국 연극사에 남긴 업적을 기렸습니다. 신문 기사에 실린 두 장의 사진이 눈길을 끌더군요. 한 장은 1967년

에드워드 올비. ⓒGettyimages

〈미묘한 균형〉 초연을 앞두고 열린 기자 간담회가 배경이에요. 빽빽하게 세워진 마이크 앞에 앉아 여유로운 미소를 짓고 있는 젊은 올비의 흑백 사진. 이 지적이고 촉망받는 작가의 모습이 어찌나 매력적인지요. 또 한 장은 날카로운 시선의 눈빛과 흰 콧수염 아래로 미소를 잃은 채 입술을 굳게 다문 올비. 이번에는 노작가의 고집 센 기운이 그대로 전해집니다. 하지만 수십 년이 흘러도 변치 않은 건 어딘지 모를 작가의 풍모랄까요? 평생 34편의 희곡을 쓰고, 무대에 대한 열정으로 생을 살아온 작가로서의 삶이 행복했기를. 그래도 얼핏 스치듯 보이는 그의 외로움 때문에 오랫동안 그 사진에 눈길을 떼지 못하고, 한참이나 그를 추모했습니다.

감독 | 샐리 포터
출연 | 크리스틴 스콧 토마스
킬리언 머피

　21세기판 〈누가 버지니아 울프를 두려워하랴?〉. 2018년 베를린 영화제 은곰상을 수상한 〈더 파티〉는 71분의 짧은 러닝 타임 동안 주인공 '자넷'의 집으로 공간을 한정하고 7명의 인물의 베일을 벗겨 가는 과정을 연극적인 재미로 보여 주는 영화입니다. 좁은 공간에서 격돌하는 배우들의 연기는 눈앞에서 무대를 보는 듯 시종일관 긴장감을 주죠.

　보건복지부 장관에 임명된 '자넷'을 축하하기 위해 모인 밤. 남편 '빌'과 친구들의 진실이 하나씩 밝혀지면서 자넷의 웃음은 점점 비명과 울음으로 바뀌어 가는데, 정작 주인공 자넷도 결백하지만은 않죠. 조지와 마사처럼 각자의 약점을 보지 못하고 상대를 비난만 하는 그들. 한꺼풀만 들춰 보면 위선과 모순으로 가득 찬 서로의 모습을 발견하면서 흠칫 놀라게 됩니다. '자넷' 역의 크리스틴 스콧 토마스의 강렬한 엔딩신과 기대치 않은 반전은 덤!

6장

짜릿한 상상이 필요한 권태기 부부를 위해

《더 러버》

해럴드 핀터

"당신이 오후에 바람을 피우는 동안 나는 책상에 앉아서

대차대조표와 도표를 보고 있다는 생각을 해 본 일 있어?"

—— 예술과 외설 사이의 해묵은 논쟁

예술과 외설을 어떻게 구분하시나요? '보고 나서 마음에 변화가 있으면 예술, 몸에 변화가 오면 외설'이라는 우스갯소리가 빈말처럼 들리지 않는 것이, 이보다 명확하게 둘 사이의 선을 긋는 정의가 또 있을까 싶기 때문이에요. 몸과 마음의 반응. 그 사이의 간격만큼이 예술과 외설의 거리인 것 같습니다.

영국 현대 연극을 대표하는 작가 해럴드 핀터의 《더 러버》를 읽기 전에 해묵은 논쟁인 '예술과 외설'에 대해 이야기를 해볼까 해요. 노벨 문학상 수상자, 부조리극의 대가로 불리는 이 지적인 작가를 소개하는데는 어쩐지 어울리지 않는 주제인 듯도 싶지만, 한때 그의 작품이 성인 연극의 대표 주자처럼 인기를 끌 때도 있었거든요. 1976년 〈티타임의 정사〉라는 자극적인 제목으로 한국에 소개되었던 〈더 러버〉를 이해하기 위해서는 잠깐 짚고 넘어가면 좋을 것 같네요.

지그문트 프로이트는 말했죠. 다른 사람의 성행위를 바라보는 데서 느끼는 쾌락은 누구나 가지고 있는 지극히 정상적인 호기심이기도 하고, 병적인 도착이 될 수도 있다고요. 관음이 병이 되느냐 마냐는 이렇듯 그 경계가 아슬아슬합니다.

영화 산업이 발전하면서 관음증은 폭발합니다. 이젠 누구나 타인의 삶을 공유해요. 은밀한 성생활도요. 어둠 속에서 팝콘을 씹으며, 영화를 보는 동안 느끼는 익명의 자유. 19금 영화는 날이 갈수록 더 자극적으로 관음증을 부추깁니다.

물론 19금 연극도 있죠. 하지만 연극 이야기를 하면 상황은 좀 달라져요. 무대 위의 남녀. 남자는 갑자기 여자의 블라우스를 거칠게 벗기고 몸을 밀착합니다. 여자는 온 힘을 다해 남자를 밀치며 소리를 지르지만 커다란 손이 입을 막아요. 치마 속으로 손이 들어가려는 순간, 갑자기 객석에서 한 여성이 무대로 뛰어 들어가 성폭행을 연기하는 남자 배우의 멱살을 잡더니 주먹으로 얼굴을 한 대 시원하게 내리치는 게 아니겠어요. 관객들은 연극의 한 장면인줄 알고 그저 이 리얼한 상황을 바라보고만 있는데 갑자기 들리는 여배우의 비명 소리. 스태프들이 남자 배우와 객석에서 올라온 여성을 떼어 놓자 관객들은 그때서야 깨닫죠. 연극이 아니구나.

남자 배우를 폭행한 여성은 성폭행 장면에서 자신도 모르게 흥분해 무대로 뛰어올라 갔다고 털어놓습니다. 스크린에 비친 영상이 그저 시각적인 대상이라면, 팔 뻗으면 닿을 듯한 무대 위에 오른 나체의 배우는 현실의 존재입니다. 이제 관음증은 엿보는 것을 넘어서 행동하게 하죠. 영화와 연극의 차이는 이렇듯 큽니다. 어디서든 벗은 몸을 쉽게 볼 수 있는 지금, '전라 연극'이 화제가 되는 건 이런 이유 때문이기도 하죠.

2010년 대학로는 '외설과 예술'이라는 주제로 후끈 달궈졌습니다. 특히 신문과 방송의 문화 섹션에서는 두 작품을 집중 조명했죠. 먼저 〈교수와 여제자〉입니다. 지금은 고인이 된 마광수의 문제작 《즐거운 사라》를 무대화한 이 작품은 2009년 첫 공연을 올린 이래 지금도 이어지고 있는 대학로 장수 레퍼토리예요. 우리 사회의 '예술과 외설' 논란을 이끌었던 주인공인 마광수가 남긴 유일한 희곡이자 그의 실제 성생활을 바탕으로 썼다는 이야기는 대중의 호기심에 불을 당겼죠. 19금 연극을 넘어 '29금 연극'이라는 카피를 걸고 실제로 30대 이상 관객들만 입장시킨 마케팅도 성공을 해서 연일 매진을 기록했습니다.

또 다른 연극은 〈논쟁〉. 프랑스 18세기 계몽주의 작가 마리보Marivaux가 쓴 이 작품은 '남자와 여자 중 누가 먼저 변심하는가'에 대한 답을 실험으로 보여 줍니다. 꽤나 지적인 질문을 던지는 이 작품이 그 제목처럼 논쟁을 불러일으킨 이유는 남녀 네 명이 전라로 무대에 올랐기 때문이었어요. 세상과 완전히 격리되어 살아온 두 쌍의 남녀는 마치 아담과 이브처럼 그들의 몸으로만 서로를 유혹하고 사랑에 빠지죠. 그러나 이들은 새로운 이성을 만나자 마음이 흔들리기 시작합니다. 이 작품 역시 초연 이후 매진 기록으로 연장 공연, 지방 공연, 그리고 이듬해 재공연까지 이어지며 많은 관심을 받았습니다.

연극 현장에서 일을 하고 있었으니 직업의식 반, 호기심 반으로 두 작품을 모두 봤습니다. 〈교수와 여제자〉는 확실히 객석 분위기가 다르더군요. 늘 보아 오던 연극 관객들이 아니었어요. 극장에서는 여간해서 보기 힘든 분들이 있는데, 바로 40~50대 중년 남성층이에요. 그런데 이들이 객석의 대부분을 차지하고 있는 신기한 장면이 펼쳐졌죠. 부장님께 사랑받는 회식 아이디어로 〈교수와 여제자〉의 단체 관람이 인기를 얻으며 '김 대리'가 단체로 표를 산다는 말이 있을 정도였어요. 실제로 넥타이 부대들이 옹기종기 모여 앉아 공연을 관람하는 진풍경을 연출했죠.

하지만 〈논쟁〉은 조금 달랐어요. 모자를 푹 눌러쓰고 마스크를 쓴 채 혼자 티켓을 사는 남성들이 눈에 많이 띄긴 했지만 그래도 여성 관객들이 많았습니다. 기존 연극 관객들이 새로운 작품에 대한 관심을 보이는 정도랄까요? 두 작품 모두 잔뜩 야한 기대를 하고 가면 실망만 하고 나오겠지만, 그래도 좁은 소극장 무대에서 남녀의 벗은 몸을 본다는 것은 긴장감을 느끼게 하죠.

결국 외설과 예술의 경계에 대한 논쟁의 결론은 그 미묘한 차이를 관객 스스로 알아본다는 것. 무작정 벗고 성행위에만 중심을 두면 외설, 벗더라도 흔히 말하는 '작품성'이 있으면 예술이라는 이 두루뭉술한 정의는 시대와 사회상에 따라 달라지는 것도 사실입니다. 이 끊이지 않는 논란은 과거에도 있었어요. 1970~80년대 외설과 예술의 논쟁을 이끈 작품, 바로《더 러버》입니다.

—— "당신 애인 오늘 오나?"

"당신 애인 오늘 오나?" 출근 준비를 서두르고 있는 리처드가 아내 사라에게 무심히 묻습니다. 전혀 예상치 못한 첫 대사에 관객들은 순간 당황해요. 앞뒤 맥락을 이해하기 위해 머리가 바쁘게 돌아가죠. 등장인물이 뭐하는 사람인지 알 수도 없고, 극이 흘러가는 과정에서도 인물들의 행동 동기를 도대체 파악하기가 어려워요.

웰컴 투 해럴드 핀터스 월드! 이제부터 흘려버리는 듯한 몇 마디 대사, 잡담, 침묵 등도 허투루 보면 안 됩니다. 이렇게 불친절한 연극이 왜 그렇게 유명하냐고요? 2005년 스웨덴 아카데미는 핀터를 노벨 문학상 수상자로 발표하며 선정 이유를 이렇게 밝혔죠. "핀터는 사람들이 서로에게 자비를 베푸는 곳에서 예측할 수 없는 대사와 공간으로 연극 본래의 요소를 되살린 작가다." 핀터의 가장 큰 업적은 바로 이것, '핀터표' 연극을 보는 재미를 발견하게 한 것입니다.

해럴드 핀터의 많은 작품이 번역되어 한국에 소개되어 왔는데, 《더 러버 The Lover》는 1976년 명동에 있는 삼일로창고극장에서 초연됐습니다. 그해 관객 동원 베스트에 이름을 올릴 정도로 인기를 모으더니 1980년대에도 수차례 무대에 오르며 장기 공연을 이어 나갔죠. 이미 핀터의 몇 작품이 소개된 터라 그의 명성도 알려졌겠지만, 그토록 인기를 모은 비결은 아무래도 제목 덕분이 아닌가 싶습니다. 원제를 그대로 우리말로 번역하면 '애인', '정부情夫'쯤 되겠는데, 한국 관객들에게는 〈티타임의 정사〉로 알려졌죠.

〈티타임의 정사〉는 리처드와 사라 부부의 성적 판타지 게임이 펼쳐지는 연극입니다. 정숙한 아내 사라의 배웅을 받으며 사무실로 출근한 리처드. 그는 티타임에 맞추어 아내 사라의 정부가 되어 집으로 옵니다. 리처드의 첫 대사 속에 등장하는 '당신 정부'는 바로 자기 자신을 의미합니다. 사라도 역시 기꺼이 리처드의 판타지 속에 있는 창녀가 되었다가, 우아한 애인이 되기도 해요. 그렇게 오후 3~4시, 티타임을 갖는 그 시간에 부부는 서로 동의한 역할 놀이를 하며 욕망을 채우죠.

리처드　당신의 그 불쌍한 애인은 이 창에서 밤거리를 본 적은 없겠네. 안 그래?

사라　못 봤지. 그는 해지기 전에 떠나야 하니까, 안타깝게도.

리처드　그 친구 이 빌어먹을 오후가 좀 싫증나지 않나? 영원한 티타임이잖아? 나라면 지겨울 거야. 정욕의 끊임없는 이미지가 고작 우유잔과 차 주전자뿐이라니. 되게 늘어지겠는 걸.[1]

리처드가 아내 사라의 정부를 두고 영원한 티타임의 파트너라고 조롱해요. 〈티타임의 정사〉라는 이 자극적인 제목의 아이디어를 여기에서 얻은 것 같은데,《더 러버》라는 밋밋한 원제보다 강렬하게 기억되기도 하고, 훨씬 연극적으로 들리지 않나요?

하지만 1970년대와 1980년대를 주름잡던 이 작품은 이후 인기가 시들해지더니, 핀터의 다른 작품들이 종종 공연되는 것과는 달리 점차 볼 기회가 없어집니다. 다시 화제가 된 때는 2012년 여름. '연극열전' 제작으로 오랜만에 돌아온 무대였죠. 원제 〈러버〉라는 이름을 살리고, 대신 '결혼 후 더 욕망하라'라는 카피로 작품의 성적인 분위

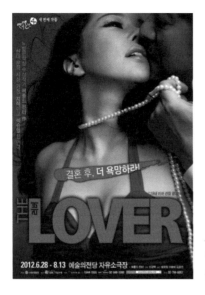

'연극열전' 무대에서
원제를 살린 〈더 러버〉.

기를 한껏 암시했어요. 송영창과 이승비 배우가 입을 맞추는 관능적
인 흑백 사진은 눈길을 끌기에 충분했습니다.

아, 은밀한 기대를 하는 분이 있으실지 몰라 미리 말씀드리는데,
〈더 러버〉에는 전라 장면이 단 한 번도 나오지 않아요. 외설적인 대
화도 없습니다. 심지어 부부 사이에 분절된 대사와 감정을 읽기 힘
든 상황을 파악하기 위해 관객들은 이성의 촉수를 한껏 세우고 냉정
한 관찰자가 되어 바라봐야 합니다. 하지만 점차 부부의 역할 게임
에 빠져들면서 잠재되어 있던 욕망을 끌어 올리게 되죠. 아, 나도 저
런 상상한 적 있어!

무대는 침대가 놓여 있는 침실과 거실로 나뉘어요. 하지만 그 사
이를 가로막는 벽도 문도 없어요. 회전 무대 위의 세트는 부부의 게

임에 따라 침실과 거실을 자유자재로 모습을 바꾸죠. 아침에는 정숙한 부부인 척하다가, 오후가 되면 서로의 정부가 되어 주는 리처드와 사라의 이중적인 모습을 암시하듯, 그리고 결혼이라는 것이 이렇게나 양면성을 가지고 있다는 것을 보여주는 것처럼요.

벗지 않아도 상상하게 하고, 뜨겁게 키스하지 않아도 에로틱한 온도를 한껏 올리며 뜨거운 호흡을 맞춰야 하는 송영창과 이승비 배우는 관객을 은밀한 긴장감으로 몰아넣습니다. 객석의 관객들은 이 부부의 역할 게임을 엿보는 타인이 되어 관음증의 쾌락을 경험하게 되죠. 남편 리처드가 나가고 정부가 오기를 기다리는 사라는 온몸의 곡선이 그대로 드러나는 슬립을 입고 높은 하이힐로 갈아 신어요. 늘씬한 다리를 포개며 앉는 이승비 배우는 시각적으로도, 그리고 천연덕스럽게 역할을 바꾸는 연기력으로도 관객의 시선을 사로잡습니다.

핀터는 《더 러버》를 통해 '결혼, 그리고 부부가 뭔데?'라고 질문합니다. 남들이 보기에 일상적인 하루, 출근하는 남편과 그를 기다리는 정숙한 아내. 하지만 서로를 평생의 반려자로 지키겠다는 결혼의 맹세가 얼마나 위태로운지 우리 모두는 너무나 잘 알고 있죠. 남편이나 아내 이외의 다른 사람을 꿈꿔 보는 것이 비난받을 일일까요? 리처드와 사라는 상대의 솔직한 욕망을 듣고 기꺼이 서로에게 정부가 되어 줘요. 어쩌면 세상 많은 부부들이야말로 결혼 서약이 정해놓은 각본대로 좋은 남편, 좋은 아내가 되기 위해 역할 놀이를 하고 있는 건 아닌지 생각해 봅니다. 부부는 가장 가까운 관계이기보다는 가장 모를 사람이라는 것. 티타임에 나누는 오후의 정사에 대해 이야기를 나누는 리처드와 사라야말로 진실된 관계일 수도 있다는 이

역설. "무조건 솔직해지자고, 그게 건강한 결혼의 필수 조건이지. 안 그래?"[2]라는 리처드의 말처럼요.

—— "오늘 즐거웠나?"

사라는 거실에서 재떨이를 비우고 담뱃재를 털고 있다. 아침, 그녀는 주름 하나 잡히지 않은 얌전한 드레스를 입고 있다. 리처드는 왼쪽 밖에 있는 욕실에서 침실로 들어와 벽장에서 서류 가방을 챙겨 사라에게 다가간다. 그리고 그녀의 뺨에 키스한다. 리처드는 미소를 지으며 사라를 잠시 쳐다본다. 그녀 미소 짓는다.

리처드　(상냥하게) 당신 애인 오늘 오나?

사라　음——.

리처드　몇 시에?

사라　3시.

리처드　나갈 건가? 아니면 집에 있을 거야?

사라　글쎄… 집에 있을 것 같아.

리처드　그 전시회에 가고 싶어 하는 줄 알았는데.

사라　응 그랬지… 근데 그냥 그와 집에 있는 게 낫겠어.

리처드　음—— 흠. 그럼, 난 갈게. (중략)

그는 현관문을 열고 나가고 그녀는 재떨이의 담뱃재를 턴다.

불이 서서히 꺼진다.

불이 서서히 켜진다. 이른 저녁. 사라, 부엌에서 방으로 들어온다. 같은 옷을 입고 있지만 이번엔 아주 굽이 높은 하이힐을 신고 있다. 그녀는 술 한 잔을 따라 긴 의자에 잡지를 들고 앉는다. 시계 종소리가 여섯 시를 알린다. 리처드, 현관으로 들어온다. 그는 아침에 입었던 점잖은 정장 차림 그대로다. 그는 서류 가방을 홀에 내려놓고 방으로 들어간다. 그녀는 그에게 미소를 지으며 위스키를 한 잔 따라준다.

사라   안녕
리처드   안녕 (중략) 오늘 즐거웠나?[3]

출근을 했다가 돌아온 리처드는 아내가 애인과 함께 즐거운 시간을 보냈는지 물어요. 세상에 뭐 이런 부부가 있나 싶습니다. 건조하고 짧은 대화, 그리고 침묵 속에 숨겨진 수많은 암시들. 핀터의 희곡집을 열어 보면 빼곡하게 적힌 문자 대신 단답형의 대답, 구두점(.), 말줄임표(…), '사이', '암전'이라는 지시문이 규칙적으로 배열되어 있어, 마치 악보를 보는 것 같아요. 그의 연극을 이해하기 위해서는 인물들 간의 대화가 아니라 바로 이 정적인 신호들이 보내는 사인을 알아차려야 합니다.

핀터는 생각합니다. 우리가 주고받는 대화들이 얼마나 의미 없는 외침이 될 수 있는지를요. 내가 말하고 싶은 의도는 상대에게 고스란히 전달될까요? 오히려 오해를 낳는 경우가 얼마나 많은가요? 수없이 쏟아 내는 말들 중에 진실된 단어는 몇 개나 될까요? 대신 침묵이야말로 그 어떤 것보다 강력한 의사소통 수단이 될 수 있다는 것. 침묵은 동의와 거부를 동시에 의미할 뿐 아니라 진실과 거짓을 의미하기도 합니다. 핀터는 이렇게 말합니다.

"우리는 이 지긋지긋한 말을 셀 수 없이 듣습니다. '소통의 실패'. 이 문장은 내 작품에 꽤나 오랫동안 따라다녔죠. 나는 그 반대를 믿어요. 침묵이야말로 우리가 가장 잘 소통할 수 있는 유일한 방법입니다."[4]

핀터의 희곡《더 러버》는 사실 줄거리라고 할 게 없습니다. 사라와 리처드는 끊임없이 아내와 남편이 되었다가, 서로의 정부가 되었다가, 다시 부부가 되었다가를 반복합니다. 희곡을 읽는 일은 침실로 한정된 공간, 두 사람의 역할 놀이, 사건도 없이 흘러가는 시간, 사라와 리처드의 변화하는 심리와 그것을 표현하는 대사, 몸짓, 침묵의 언어들을 파악하는 과정입니다.

아내가 그녀의 정부와 어떻게 하루를 보냈는지 궁금해 하는 리처드에게 사라는 긴 얘기를 하지 않아요. 그러니 리처드는 다시 질문을 하죠.

리처드　아, 그런데 말이야… 당신에게 뭐 하나 물어 보고 싶은 게 있어.

사라　뭔데?

리처드　당신이 오후에 바람을 피우는 동안 나는 책상에 앉아서 대차대조표와 도표를 보고 있다는 생각을 해 본 일 있어?

사라　웃기는 질문이네.

리처드　아냐, 궁금해서.

사라	전엔 그런 것 안 물어 봤잖아.
리처드	항상 궁금하긴 했어.

가벼운 사이

사라	글쎄, 물론 생각 나.
리처드	아, 그래?
사라	음,

가벼운 사이

리처드	그럼 거기에 반응하나?
사라	날 더 짜릿하게 만들어.
리처드	정말 그래?
사라	물론.
리처드	당신이 그자와 같이 있을 때… 내가 책상에 앉아서 대차대조 표를 보고 있는 모습을 실제로 그려 본다는 거지?[5]

이번엔 사라가 남편에게 그의 정부에 대해 물어봅니다.

사라	나 당신에게 정직하지, 그렇지? 왜 당신은 나한테 정직하지 못한 거야?
리처드	난 정부가 없는데. 아주 잘 아는 창녀가 있긴 하지, 하지만 내

게 정부는 없어, 그건 완전히 다른 거지.

사라　　창녀?

리처드　　(올리브 하나를 집으며) 응. 흔해 빠진 갈보년 말이야. 더 말할 가
　　　　치도 없어. 기차 기다리면서 한탕 할 수 있는, 그게 다야.

사라　　당신은 기차를 타지 않잖아. 자동차를 타지.

리처드　　맞아. 차에 기름과 냉각수를 넣는 동안 급하게 한잔하는 코코
　　　　아 같은 거지.

　　사이

사라　　너무 삭막한데.[6]

　리처드가 창녀를 만난다는 얘기를 듣고 사라는 그의 말에 좀 놀
랍다는 표현을 하죠. 그러자 리처드는 이렇게 말해요. "왜? 당신 닮
은꼴을 구하는 건 아니잖아, 안 그래? 당신처럼 내가 존경할 수 있
는 여자. 당신에게 하듯 찬양하고 사랑할 상대를 찾는 건 아니라고.
안 그래? 내가 원했던 건… 어떻게 표현할까… 온갖 기교로 욕정을
표현하고 욕정을 일으키는 여자. 그게 전부야"[7]라고요. 사라의 정부
가 남편 리처드임이 밝혀지듯이 리처드의 창녀 역시 사라입니다. 리
처드가 세련되고 우아한 여자인 아내 사라를 사랑하는 것과 동시에
그의 마음속에는 '온갖 기교로 욕정을 표현하는' 그런 창녀가 필요
한 거죠.

　다음 날, 회사에 출근했던 리처드가 티타임에 맞추어 벨을 울립니

1965년 프랑스 연출가 클로드 레지가 제작한 〈더 러버〉. ⓒGettyimages

다. 리처드는 이제 사라의 정부 맥스가 됩니다. 두 사람의 게임이 시작되죠.

사라   안녕, 맥스.

리처드 들어온다. 그는 스웨이드 재킷을 입고 넥타이는 안 맸다. 그는 방으로 걸어 들어와 선다. 사라는 그의 뒤에서 문을 닫는다. 천천히 걸어와 그를 지나쳐 긴 의자에 앉아 다리를 꼰다.

사이

그는 천천히 긴 의자 쪽으로 움직인다. 그리고 그녀 등에 바짝 몸을 붙이고 선다. 그녀는 등을 구부리고 꼰 다리를 풀더니 왼쪽 아래 무대에 있는 낮은 의자로 옮겨 간다.

사이

그는 그녀를 바라본다. 그리고 홀에 있는 벽장으로 가서 봉고 드럼을 꺼내 들고 온다. 그는 긴 의자 위에 드럼을 놓고 선다.

사이

그녀는 일어나서 그를 지나쳐 홀 쪽으로 간다. 몸을 돌려, 그를 바라본다. 그는 긴 의자 아래쪽으로 움직인다. 그들은 긴 의자 양쪽 끝에 앉는다. 그는 드럼을 치기 시작한다. 그녀의 집게손가락이 드럼을 따라 움직여 그의 손 쪽으로 간다. 그녀가 그의 손등을 날카롭게 할퀸다. 그녀가 손을 뒤로 뺀다. 그녀의 손가락들이 차례로 치며 그에게로 다가가 잠시 멈춘다. 그녀의 집게손가락이 그의 손가락 사이를 할퀸다. 그녀의 다른 손가락들도 또 할퀸다. 그의 다리가 팽팽해진다. 그의 손이 그녀의 손을 붙잡는다. 그녀의 손이 빠져나가려 한다. 그들의 얽힌 손가락으로 거세게 드럼을 치는 소리.

정적.

그녀는 일어나서 술병이 있는 테이블로 가, 담배에 불을 붙이고 창문으로 간다. 그는 무대 우측 아래에 있는 의자 위에 드럼을 내려놓고 담배를 집어 들고, 그녀 쪽으로 움직인다.[8]

핀터는 사라와 리처드가 손가락을 부딪치며 드럼을 치는 이 장면의 지문을 상세하게 썼는데, 글을 읽으며 떠올리는 상상이 더욱 에로틱해요. 마치 전희처럼 두 사람은 서로를 탐색하면서 육체적 교감을 하죠. 이제 본격적으로 두 사람의 역할극이 시작됩니다.

사라   실례합니다.

그녀는 그를 지나쳐 움직인다. 그가 바싹 몸을 붙여서 뒤따라간다.

그녀, 멈춘다.

사라   나는 누가 따라오는 거 싫어해요.

맥스   그냥 불 좀 주면 방해하지 않을게요. 그거면 돼요.

사라   (이를 악물고) 제발 좀 가요, 난 누굴 기다리고 있어요.

맥스   누구요.

사라   남편이요.

맥스   왜 그렇게 수줍어해요? 네? 라이터 어디 있어요?

그는 그녀의 몸을 만진다. 그녀, 헉 하고 숨이 막힌다.

여기?

사이

어디 있어요?

그는 그녀의 몸을 만진다. 그녀, 크게 숨을 내쉰다.

여기…?

그녀는 몸을 비틀어 빼낸다. 그는 그녀를 코너에 몰아넣는다.[9]

맥스는 사라에게 담뱃불을 달라면서 몸을 밀착시켜 희롱하죠. 남편을 기다린다며 사라는 이를 뿌리쳐요. 이번엔 사라의 차례. 사라가 맥스를 유혹합니다.

맥스   저, 미안해요. 난 결혼했어요.

그녀, 그의 손을 잡아 자기 무릎 위에 올려놓는다.

사라   당신은 너무 사랑스러워요, 걱정 마요.

맥스   (자기 손을 세게 잡아 빼며) 안 돼요, 정말이오. 내 아내가 기다리고 있어요.

사라   낯선 여자들과는 말도 못하나요?

맥스   안 돼요.

사라   아유, 역겨워. 되게 미적지근하군.

맥스   미안해요.

사라   당신네 남자들은 다 똑같아. 담배 하나만 줘요.

맥스   제장, 못 주겠는 걸.

사라   뭐라고요?

맥스   이리 와, 돌로레스.

사라   아니 천만에 난 안 가. 자라 보고 놀란 가슴 솥뚜껑 보고 놀란다고. 미안하지만 (일어선다.) 안녕.

맥스   못 가, 달링. 오두막 문을 잠가버렸거든. 우린 단 둘이야. 넌 덫에 걸렸어.

| 사라 | 덫에 걸렸다고! 난 유부녀야! 나한테 이럴 순 없어! |
| 맥스 | (그녀를 향해 움직이며) 티타임이야, 메리.[10] |

공원에서 처음 만난 낯선 여자, 낯선 남자. 너무나도 익숙한 부부라는 관계에서 느끼는 위험한 감정. 낯선 사람에게 느끼는 설렘과 흥분. 두 사람은 서로에게 이를 충족시켜 주면서 엎치락뒤치락 상대방이 원하는 역할에 맞추어 연기를 하며 서서히 흥분을 고조시킵니다. 리처드는 사라에게 치근덕거리는 치한이 되었다가, 공원지기로 변신해서 그의 오두막에 그녀를 가두기도 하죠. 사라 역시 리처드의 많고 많은 창녀들 중 돌로레스, 메리라는 이름으로 불려요. 이어지는 티타임의 정사. 두 사람은 함께 차를 마십니다. 그런데 이번엔 갑자기 돌연 맥스가 사라에게 그녀의 정부 노릇을 그만두겠다고 이별을 선언해요. 리처드는 이 역할 놀이에 싫증이 난 걸까요?

| 맥스 | 어떻게 이걸 참고 있지, 자기 남편이? 어떻게 참지? 저녁에 집에 돌아오면 내 냄새가 나지 않나? 그 친구 뭐라고 하지? 그 작자 미친 게 분명해. 근데-몇 시야-네 시 반이라-지금 그 친구 사무실에 앉아서는 여기서 무슨 일이 벌어지는지 뻔히 알면서, 뭔가를 느끼면서, 어떻게 이걸 참느냐 말이야?[11] |

맥스가 떠나고 시계가 여섯 번 울리자 정장을 입은 리처드가 돌아옵니다. 리처드는 사라에게 애인과 보낸 시간이 어땠는지 물어요. 그리고 사라에게 더 이상 애인을 만나지 말라고 합니다. 자신의 창

녀들도 다 떼어냈다고 하죠. 사라는 리처드의 갑작스런 통보에 당황
해요. 두 사람의 역할극은 10년이 넘게 이어지는 합의였으니까요.

사라　　우리가 결혼한 지 십 년이 됐네.

리처드　그렇군, (술을 따른다.) 너무나 이상하지. 굴욕적이고 수치스러
　　　　운 내 자리를 깨닫는 데 그렇게 오래 걸렸다는 게 말이야.

사라　　난 십 년 전에는 애인이 없었어. 거기까진 안 갔어. 신혼여행
　　　　때는 없었다고.

리처드　그것과는 상관없어. 문제는, 아내의 욕망대로 그녀의 애인에
　　　　게 언제든 오후 시간에 문을 열어 준 남자가 바로 나란 말이
　　　　지. 내가 너무 과잉 친절을 보였나. 내가 너무 친절했던 거 아
　　　　니야?[12]

그때 리처드는 벽장에 넣어 놓은 봉고 드럼을 꺼내 와요. 티타임
의 시간에만 허락되던 그 물건은 이제 점잖은 척 부부 행세를 하는
일상의 시간으로 들어옵니다. 자신들의 성적 판타지가 허락되었던
티타임의 규칙을 깨는 걸까요? 리처드와 사라의 마음속에서 욕망하
고 있는 상대의 모습을 이제는 늘 연기해야 할까요? 그게 결혼이라
는 관계를 '건강하게 지속하는 필수 조건'이라면 말이죠.

그녀가 그를 바라보더니, 허리를 굽히고 테이블 밑으로 들어가 그에
게로 기어가기 시작한다. 그녀, 테이블 밑에서 나와 그의 발치에 앉아,
그를 올려다본다. 그녀의 손이 그의 다리로 올라간다. 그는 그녀를 내

려다본다.

사라   (중략) 티타임이 아주 늦어졌는걸, 그치? 그래도 괜찮아. 자긴 너무 매력적이야. 해 진 후에 자기를 본 적이 한 번도 없었지. 남편은 밤중에 회의가 잡혔나봐. 그래, 자기 좀 달라 보이네. 왜 이런 이상한 정장을 입고, 넥타이는 또 뭐야? 자기 보통 다른 걸 입지 않아? 재킷 벗어. 음…? 나 옷 갈아입을까? 나 옷 갈아입는 게 좋겠어? 자기를 위해서 갈아입을게. 달링, 그게 좋겠어?

침묵. 그녀 그에게 바싹 다가간다.

리처드   응

  사이

      갈아입어.

  사이

      갈아입어.

  사이

갈아입어.

사이

옷 갈아입어.

사이

이 사랑스런 창녀야.

그들은 그대로 꿇어앉아 있고, 그녀 남자 쪽에 기댄다.[13]

—— 해럴드 핀터의 '핀터레스크'

해럴드 핀터만의 독특한 극작 스타일을 일컫는 형용사 '핀터레스크pinteresque'. 대화 사이의 침묵, 예측 불가능한 대사, 애매모호한 전개로 이어지는 극적 긴장감은 이전에는 볼 수 없었던 새로운 연극이었습니다. 핀터의 등장은 제2차 세계대전 이후 암울했던 영국 연극계의 새로운 발견이었어요. 대중성과 작품성을 동시에 성취한 그의 희곡들은 노벨 문학상을 수상할 정도로 세계적인 명성을 얻게 되죠.

특히 핀터를 논할 때 빠질 수 없는 것이 부조리극의 대표 작가라는 거죠.《고도를 기다리며》의 사뮈엘 베케트,《대머리 여가수》의 외젠 이오네스코Eugène Ionesco, 그리고 해럴드 핀터까지, 연극사에서 이들 작가들이 개척한 '부조리극'에 대해 한번은 짚고 넘어가야 해요. 뒤에서 베케트의 작품도 함께 읽어볼 테니까요.

흔히 우리가 "이건 부조리해"라고 말할 때 어떤 의미로 사용하시나요? 어떤 상황이 이치에 맞지 않을 때 이런 말을 하지 않나요? 부조리극도 마찬가지입니다. 우리에게 친숙한 일상 세계를 해체하고 이치에 맞지 않는 상황 속에 관객들을 밀어 넣죠. 논리적인 인과관계를 파악하기 위해, 인물의 심리적인 변화와 동기를 이해하기 위해 애쓸 필요가 없어요. 이런 모든 규칙에서 벗어나 있는 것이 핀터의 부조리한 연극을 보는 재미이니까요. 의심하고 배신하고 환상을 꿈꾸는 인물들의 삶이 우리가 저 밑바닥에 감추어 놓은, 보이고 싶지 않은 약점이기도 하고, 욕망이기도 하다는 것을 깨달을 때 느끼는 서늘함.

1930년 폴란드 이민자 출신의 유대인 부모 사이에서 외아들로 태어난 핀터는 어린 시절을 런던 이스트엔드에서 보냅니다. 재단사였던 아버지의 수입이 넉넉하지는 않았지만 유대인의 전통과 문화를 따르는 대가족 분위기 속에서 부모님의 사랑과 관심을 받으며 자라나죠. 핀터는 형제가 없는 외로움을 상상 속의 인물을 불러내고 이야기를 만들어 스스로를 달래며 성장해요. 이때부터 연극적인 소질을 키워 나간 거죠.

핀터가 아홉 살이 되던 때, 제2차 세계대전이 발발합니다. 런던은 집중 폭격으로 초토화가 돼요. 영국 정부는 아이들을 보호한다는 명목으로 지방 소도시로 강제 격리시켜요. 이때 핀터는 처음으로 가족과 떨어지는 경험을 합니다. 다시 돌아온 런던은 이전과 같지 않았어요. 반反유대주의가 급속도로 확산됐고, 핀터와 그의 가족 역시 폭력

해럴드 핀터. ⓒGettyimages

을 당합니다. 이때 느꼈던 공포와 정체성의 위기는 큰 충격으로 남아 훗날 그의 인생과 작품 속에 큰 영향을 미치게 돼요. 핀터의 말처럼 반유대주의가 세계적인 극작가를 탄생시킨 계기가 됩니다.

열여덟 살에 징집영장을 받은 피터는 양심적 병역 거부자임을 선언하고, 두 차례에 걸친 재판 후에 결국 벌금형에 처해져요. 이후 핀터는 정치적으로 고통 받는 작가들을 위해 앞장서고, 반핵의 목소리를 높이는 삶을 삽니다.

핀터의 작품들은 단지 몇 개의 대표작을 꼽을 수 없을 만큼 다양하고, 지금도 전 세계에서 공연되고 있습니다. 그의 첫 번째 희곡이자 단막극인《방》,《덤 웨이터 The Dumb Waiter》를 비롯해 큰 성공을 거둔 장막극《생일 파티》그리고 웨스트엔드를 넘어 브로드웨이까지 접수한《귀향》까지. 후기작 중 대표작인《배신》은 제러미 아이언스 Jeremy Irons 주연으로 영화화됐고, 2019년 영국 국립극장 제작으로 톰 히들스턴 Tom Hiddleston이 캐스팅되어 다시 한번 화제를 불러 모았죠. 아나운서와 바람을 피웠던 핀터의 실제 경험을 바탕으로 한 이 작품은 시간의 순서를 플래시백으로 감으며 현재에서 과거로 거슬러 올라가며 사건을 보여줍니다. 공연 소식이 들린다면 희곡을 읽고 연극을 꼭 보셔도 좋겠고,《배신》에서 아이디어를 가져 온 '연극열전' 작품인〈진실×거짓〉, 그리고 프랑수아 오종 Francois Ozon 감독의 영화〈5×2〉도 함께 보시면 색다른 재미가 될 것 같습니다.

핀터는 작가이자 배우였고, 연출과 영화 각색까지 하며 그야말로 드라마를 위한 삶을 살았습니다. 16편의 장편 영화를 각색했는데 제러미 아이언스와 메릴 스트리프가 연기한〈프랑스 중위의 여

프랑수아 오종 감독의
영화 〈5×2〉.

자〉는 꽤나 유명한 영화죠. 그의 문학적 성취는 2005년 노벨 문학상 수상으로 인정을 받아요. 하지만 2002년에 발병한 식도암이 악화되어 시상식에 참석할 수 없게 됩니다. 대신 그는 수락 연설을 녹음해요. 이때 그는 미국의 이라크 침공을 비난하는 발언을 하면서 끝까지 행동하는 지식인의 삶을 살았죠. 3년 후인 2008년, 핀터는 크리스마스이브에 세상을 떠났습니다.

언젠가 읽은 박근형 연출의 인터뷰 기사가 지금도 생각납니다. 극단 골목길을 이끌며 〈경숙이 경숙 아버지〉 등의 작품으로 한국을 대표하는 그는 자신이 가장 좋아하는 작가가 해럴드 핀터이고, 그의 작품 〈생일 파티〉는 전율이 느껴진다고요. '핀터레스크'한 분위기의 핀터 작품은 이렇듯 수많은 작가와 연출가, 그리고 배우들을 유혹합니다. 핀터가 처음 등장했을 때 영국의 비평가들이 그의 작품을 두고 혹평을 쏟아 냈다죠. 기존 관념에 도전하는 새로운 시도는 이렇게 거부당하기도 하지만, 그렇다고 언제까지 반복되는 규칙만 따를 건가요? 핀터가 작가들에게 가하는 일침은 그래서 우리의 삶에도 그대로 적용해 볼 만합니다.

"하나의 아이디어를 끊임없이 반복하거나 여기저기 가져다 붙이면 진부하고, 케케묵은, 의미 없는 말이 되어 버립니다. 이런 역겨운 짓을 하다 보면, 쉽게 무뎌져서 그게 역겨운 짓인지도 모르는 마비 상태가 됩니다. 아마 대부분의 작가들이 이런 마비가 무엇을 의미하는지 아실 테지요. 그러나 그 역겨움에 맞서 끝까지 파고들고 난 뒤에 글을 한번쯤 써 봤다면, 그래서 그 마비로부터 벗어날 수 있다면, 그 작가는 무언가를 이루어 내고, 심지어 성취했다고까지 할 수 있을 것입니다."[14]

감독 | 마이크 플래너건
출연 | 칼라 구기노, 브루스 그린우드

넷플릭스 제작의 화제작 〈제럴드의 게임〉은 스릴러의 대가 스티븐 킹이 쓴 동명의 장편 소설을 영화화한 작품입니다. 중년 부부가 섹스 게임을 위해 별장으로 떠난다는 설정만 보면 19금의 야한 영화로만 보이겠지만, 스티븐 킹의 소설이 어디 그렇게만 끝나겠습니까?

영화의 시작 부분, 주말여행을 위해 짐을 꾸리고 있는 제럴드와 아내 제시는 누가 봐도 행복한 부부처럼 보입니다. 외딴 별장에 도착한 제럴드는 제시의 손을 침대에 수갑으로 채우고 게임을 제안하죠. 하지만 겁에 질린 제시는 제럴드를 밀쳐내며 거부하는데, 갑자기 그가 심장마비로 죽고 말아요. 사건은 지금부터 시작됩니다. 침대에 손이 묶인 제시, 제럴드의 시체는 들개의 먹이로 찢겨지고 제시의 목숨도 위태로워지죠. 서서히 밝혀지는 원만하지 못했던 부부 관계, 사실 그 이면에는 제시가 어릴 때 겪었던 아버지의 성추행으로 인한 트라우마가 있었습니다. 누구의 도움도 받을 수 없는 외딴 별장에 어둠이 찾아오고 제시는 감춰 두었던 과거의 기억과 공포와 싸움을 해야 합니다.

부부의 섹스 게임이라는 자극적인 카피 뒤에는 성폭력의 약자였던 여성의 목소리가 숨겨져 있어요. 무슨 일이든 회피하지 않고 마주 설 수 있는 용기를 낼 때, 비로소 그 아픔이 회복된다는 진중한 메시지를 영화는 우리에게 던지죠.

7장

진지한 대화가 필요한 부부에게

《인형의 집》

헨리크 입센

"내게는 그만큼이나 거룩한 의무가 또 있어요.

나 자신에 대한 책임이에요."

—— 인형이 되기를 거부한 한국의 노라, 나혜석

매일 아침이면 공연장으로 출근을 했습니다. 빌딩 숲 어딘가에 있는 작은 자리를 찾아 좁은 엘리베이터에서 누군가의 어깨를 비비는 대신 지난밤 공연 열기와 박수 소리가 채 가시지 않은 이른 아침의 공연장으로 들어서는 기분이란.

　방송 작가로 일하다가 공연장 공채 1기로 입사한 첫 직장은 수원에 있었어요. 초등학교와 중학교 시절을 보낸 곳이어서 낯설지 않았죠. 벌써 10여 년도 훨씬 넘은 이야기가 됐는데, 뭣도 모르고 좌충우돌하던 그때 동기들과 점심시간에 한숨 돌리며 산책하던 길들이 생각나네요. 공연장 뒤편으로 이어진 효원공원을 따라 걷다 보면 한복 저고리에 치마를 입고 먼 곳을 응시하고 있는 한 여성의 동상을 만나게 됩니다. 나혜석. 한국 최초의 여류 서양화가, 금지된 것을 부정하던 영원한 신여성, 인형이 되기를 거부한 한국의 노라.

수원 '나혜석 거리'에 홀로 앉아 있는 나혜석. ⓒ틈새책방

　수원에서 태어난 나혜석을 기리기 위해 그녀의 이름을 붙여 만든 거리에는 고깃집, 횟집, 커피숍이 즐비합니다. 나혜석은 햇살 좋은 날 마실 나온 사람처럼 거리 한가운데 덩그러니 앉아, 무심하게 자신을 지나쳐 식당 안으로 사라지는 사람들을 바라보고 있습니다. 세상에 너무 일찍 온 그녀가 환영받지 못했던 것처럼, 지금도 이 거리의 주인공이 아니라 이방인처럼 보이네요. 나혜석의 등 뒤에는 그녀가 생전에 부딪히며 수없이 좌절해야 했던 사회의 편견과 규범을 상징하는 듯 단단한 벽이 가로막고 있어요. 하지만 그 벽 너머 세상으로 나가려던 시도를 포기하지 않았던 나혜석의 동상 발치에는 이렇게 쓰인 비석이 있습니다.

　'어미를 원망하지 말고 사회 제도와 도덕과 법률과 인습을 원망하

라. 네 어미는 과도기에 선각자로 그 운명의 굴레에 희생된 자였느
니라.'

1895년 수원에서 태어난 나혜석은 군수를 지낸 아버지와 수원을
대표하는 가문 출신의 어머니 아래에서 부유한 어린 시절을 보냈습
니다. 일찍부터 천재적인 그림 솜씨를 보인 그녀는 고등학교를 졸업
하자마자 한국 역사상 최초로 동경 유학길에 오르죠. 그곳에서 서양
화를 공부하던 중, 첫사랑 최승구를 만나 자유로운 영혼의 꽃을 피
우기 시작해요. 하지만 첫사랑의 운명은 비극적이어라. 만난 지 1년
만에 최승구가 폐결핵으로 죽자 나혜석은 자신의 모든 걸 다 잃은
듯 깊은 상심에 빠집니다.

한국으로 돌아와 그림에만 전념하던 그녀에게 한 남자가 열렬하
게 구애하며 다가와요. 이혼남에 애까지 딸렸지만 외교관 집안의 아
들이었던 김우영. 나혜석은 김우영에게 결혼을 조건으로 발칙한 선
언을 합니다. "일생을 두고 지금과 같이 나를 사랑해주시오. 그림 그
리는 것을 방해하지 마시오. 시어머니와 전실 딸과는 별거케 하여
주시오. 최승구의 묘지에 비석을 세워 주시오."

앞의 조건이야 그렇다고 쳐도, 죽은 애인의 묘지에 비석까지 세워
달라는데, 김우영은 모든 걸 다해 주겠다고 약속하고, 둘은 결혼하
죠. 하지만 그들의 앞길은 평탄치 않았습니다. 애당초 나혜석은 결
혼이라는 제도와 어울리지 않는 여자였어요. 그녀는 모성과 재능 사
이에서 갈등합니다. '어머니 역할 때문에 아이들을 위해 모든 걸 희
생하는 게 당연한가? 남자들은 왜 가정의 의무에서 자유로운가?' 나
혜석은 끊임없이 질문해요.

수원시립아이파크미술관에 전시되고 있는 나혜석 자화상. ⓒ틈새책방

  그래도 남편 김우영은 이런 나혜석을 꽤 아꼈던 것 같습니다. 당시로서는 감당이 안 되는 이 진보적인 여성을 내치는 대신 어머니이자 아내의 역할에 힘들어 하는 그녀를 위해 네 아이를 두고 둘이서 유럽 여행을 하자고 제안해요. 부부가 도착한 곳은 파리. 나혜석은 비로소 마음껏 그림을 그리고 뛰어다니며 자신이 살아 있는 이유를 찾습니다. 급기야 이 정열적인 여성은 파리에 외교관으로 온 최린과 사랑에 빠지게 되죠. 최린 역시 유부남이었건만, 칼날은 나혜석에게 돌아갔습니다. 유부녀의 외도 사건은 일파만파 알려지면서 나혜석을 수렁으로 몰아넣어요. 뜨거운 사랑을 속삭이던 애인도 떠나고,

남편에게도 이혼을 당해 빈 몸뚱이로 쫓겨나 사회에서 철저히 고립되죠. 하지만 다시 한 번 재기의 기회가 찾아옵니다. 오빠의 권유로 붓을 다시 든 나혜석은 한국미술대전에 입상하면서 활동을 시작해요. 그리고 저 유명한 《이혼고백서》를 집필합니다.

> '현모양처란 남자들이 여자를 노예로 만들기 위해 지어낸 단어이며 남자들에게 전혀 상관도 없는 정조란 말을 여자에게 의미하고 붙이며 더럽히는 짓 따위는 그만두라!'[1]

점잖은 집안의 아녀자 입으로 결혼의 무효성과 동거의 합리성을 외치고, 정조를 논하는 사회를 비판하더니 급기야 파리에서 유부남과 불륜에 빠진 나혜석. 그의 방종한 삶을 비난하는 사람도 물론 있었죠. 하지만 그녀는 삶에 대한 목표가 분명한 여자였습니다. 그토록 사랑했던 그림에 대한 열정, 그리고 단편 소설을 발표할 정도로 소질이 있던 글솜씨로 저항의 목소리를 높였어요. 나혜석은 1919년 3·1운동에 이어 벌어진 3·25 이화학당 학생 만세 사건 때 이를 주동한 혐의로 5개월간 옥고를 치르기도 했던 강인한 정신력의 소유자이기도 했습니다.

하지만 안타깝게도 나혜석의 말년은 비참했습니다. 자식들과도 인연을 끊고 집을 떠나 행방불명됐던 그녀는 몇 년 만에 행려병자로 병원에서 발견되죠. 시대를 앞서갔던 여성은 쉰두 살이라는 이른 나이에 결국 외롭게 세상을 떠납니다. 그녀의 곁에는 헌 옷 한 벌만 남겨져 있었어요.

천재 예술가이자 독립운동가이기도 했던 나혜석이 평생 가장 사랑했던 책이 바로 헨리크 입센의 《인형의 집》입니다. 1912년 일본 유학 시절에 일본어로 된 이 책을 처음 접한 나혜석은 틈틈이 아르바이트를 해서 모은 돈으로 영어본과 노르웨이 원전을 사서 비교하며 읽을 정도로 열정을 보였어요. 책을 덮으며 그녀는 예감했습니다. 필연적으로 노라와 자신의 운명이 연결되어 있다는 것을요. 나혜석은 가부장적인 식민지 조선 사회에 '노라를 놓으라! 소녀들이여, 깨어서 뒤를 따르라!'라며 외칩니다.

노라[2] | 나혜석

나는 인형이었네
아버지의 딸인 인형으로
남편의 아내 인형으로
그네의 노리개였네

노라를 놓아라

순순히 놓아주고
높은 장벽 障壁을 열고
깊은 규문 閨門을 열고
자유의 대기 중에 노라를 놓아라

나는 사람이라네
남편의 아내 되기 전에
자녀의 어미 되기 전에
첫째로 사람이라네

나는 사람이로세

구속이 이미 끊쳤도다
자유의 길이 열렸도다
천부天賦의 힘은 넘치네

아아 소녀小女들이여
깨어서 뒤를 따라 오라
일어나 힘을 발하여라
새날의 광명이 비쳤네

—— 집을 떠난 노라는 행복했을까?

연극을 미처 보지 못한 분들도 《인형의 집》의 주인공 이름, 노라를
알고 계실 것 같아요. 남편과 아이를 떠나 '나'를 찾기 위해 굳게 닫
힌 문을 열고 용감하게 떠나 버린 노라. 여성해방운동의 아이콘처럼
되어 버린 그녀의 삶을 뭐 이렇게 한 줄로 간략히 설명할 수 있지만,
앞으로 희곡을 함께 읽다 보면 그 속에 유혹과 협박, 그리고 서스펜

스의 드라마가 흥미진진하게 펼쳐지는 것을 보시게 될 거예요.

물론 이 희곡이 이토록 유명해진 건, 작품이 발표된 1800년대 후반 유럽 사회를 넘어 200여 년이 지난 지금도 결혼이라는 제도를 부정하고 떠나 버린 아내이자 가정을 버린 어머니의 캐릭터가 파격적이기 때문입니다. 하지만 더 큰 이유가 있어요. 바로 열린 결말.

과연 집을 나간 노라는 어떻게 됐을까요? 노라를 비난한 남성들은 이래저래 험한 꼴만 당하다가 다시 집으로 돌아와 남편에게 용서를 구하는 결말을 생각했을 테고, 노라처럼 용기는 없지만 그녀를 지지하는 여성들은 행복한 삶을 살았다는 해피 엔딩을 기대했겠죠. 이토록 끊임없는 상상과 논쟁을 촉발하는 도화선은 여전히 그 불씨를 태우고 있습니다.

그러니 나혜석의 평탄치 못한 삶에 마음이 무거워지는 건 어쩌면 집을 떠난 노라도 마냥 행복하지는 않았을 것 같다는 생각 때문입니다. 갓 일본 유학길에 올라 두려울 것 없던 10대 후반의 나혜석은 《인형의 집》을 읽고 '노라'에 깊이 공감하며 비슷한 운명을 예감했습니다. 하지만 두 사람의 공통점은 문을 닫고 집을 나서는 그 순간, 딱 거기까지였던 거죠. 노라의 삶은 여전히 베일에 가려져 있는 반면, 나혜석의 외로운 죽음은 너무도 잘 알려진 사실이니까요. 전 세계 수많은 작가들에게 《인형의 집》의 열린 결말은 창작열을 불태우는 소재가 됐습니다. 노라의 운명은 다양하게 펼쳐졌죠.

그중 가장 최근인 2019년 4월 LG아트센터 무대에 오른 〈인형의 집 PART 2〉에서 노라는 그야말로 화려한 컴백을 합니다. 미국 작가 루카스 네이스는 노라가 떠나고 15년이 흐른 후, 바로 그 시점에서 이야기를 다시 시작해요. 멋진 모자와 드레스를 입고 등장한 노라. 그녀는 성공한 작가가 됐죠. 자신의 이혼과 홀로서기를 바탕으로 쓴 책은 여성들의 전폭적인 지지를 받아요.

몇 명의 애인도 두고, 돈도 벌고, 자유로운 생활을 하던 노라는 그럼 왜 집으로 돌아왔을까요? 남편 헬메르가 이혼 절차를 밟지 않은 걸 알게 된 거예요. 15년 동안 자신이 여전히 헬메르의 아내였다니! 그렇게 되면 그동안 만난 남자들과의 관계는 멋진 로맨스에서 불륜으로 전락하게 되고, 수많은 여성들에게 결혼의 속박에서 자유를 외치던 자신의 존재가 위선이 되는 상황에 처해지는 거죠.

사실 이 극이 흥미로운 지점은 이제부터입니다. 남편 헬메르와 노라의 딸 에미의 등장. 노라의 그늘에 가려 침묵해야 했던 헬메르가 자신의 입장을 이야기하고, 그녀가 버리고 떠난 갓난아기 에미가 어느새 결혼을 앞둔 아가씨가 되어 노라를 향해 입을 뗍니다. 사람들은 그동안 노라에게 박수를 보내고, 가부장적인 헬메르를 비난했잖아요. 자, 이제 헬메르도 이미지 변신을 할 기회가 찾아온 거죠. 노라가 버리고 간 세 아이를 유모와 함께 키운 헬메르의 말을 듣다 보면 동정표를 절로 던지게 되던걸요? 능청스럽게 연기를 하는 손종학 배우 덕분에 몇 번이나 큰소리로 웃었는지 모릅니다.

노라의 딸 에미는 어떻고요? 그 어머니에 그 딸이라는 말은 이럴 때 해야 할 것 같아요. 에미 역시 당차게 자라서 엄마 노라에게 자신의 결혼을 방해하지 말라고 부탁합니다. 어쨌든 〈인형의 집 PART 2〉의 결말 역시 노라는 자신의 일을 찾아 다시 한 번 문을 열고 나가는 것으로 끝을 맺으니, 연극 팬들에게 노라와 문의 이미지는 영원히 함께 각인될 것 같네요.

　세계적인 연출가와 극단에게《인형의 집》은 매혹적인 희곡입니다. 노라 역시 여배우라면 꼭 한 번 도전하고 싶은 캐릭터죠. 한국에는 1925년 조선배우학교 공연으로 처음 소개된 후, 국내 극단은 물론 해외 유수의 연출가와 극단이 제작한 공연들이 자주 소개됐습니다.

　제 기억에 남는 건 두 개의 버전입니다. 하나는 현대 실험 연극의 중심지인 독일 샤우뷔네의 예술 감독 토마스 오스터마이어Thomas Ostermeier가 연출한 〈노라〉, 또 한 편은 미국을 대표하는 아방가르드 연극 연출가 리 브루어Lee Breuer와 마부 마인 극단이 만든 〈인형의 집〉입니다. 〈노라〉는 2005년에, 〈인형의 집〉은 2008년에 내한 공연을 했죠. 최고의 연출가라는 명성에 걸맞게 두 작품 모두 대담한 해석과 충격적인 결말로 화제를 모았어요.

　오스터마이어의 노라는 최신식 럭셔리 아파트의 안주인입니다. 커다란 수족관이 눈길을 끄는 감각적이고 현대적인 무대. 댄스파티에서 섹시하게 춤을 추던 노라는 집을 나가겠다는 말을 무시하는 남편을 향해 방아쇠를 당겨요. '쾅' 하는 문소리 대신 들리는 '탕' 하는 총소리. 집을 떠나는 것도 모자라서 아예 남편을 죽여 버리죠. 오스터마이어 연출의 노라는 훨씬 더 격정적이고 폭력적인 여성으로 등장하죠. 1879년 초연 이후, 100여 년이 흐르면서 노라의 분노가 훨씬 더 깊어졌을까요?

　리 브루어의 무대 역시 충격적이긴 마찬가지입니다. 막이 열리면 왜소한 남성과 늘씬한 여성이 등장해요. 헬메르와 노라 부부죠. 리 브루어의 무대에서 남성들은 모두 왜소증의 작은 체구로 무대를 휘

리 브루어의 〈인형의 집〉.
©Mabou Mines

젓고 다니고, 여성들은 평균 신장보다도 훨씬 큰 미녀들이에요. 이런 과감한 시각적 대비를 통해 남성들의 편협한 정신은 작은 키로 표현하고, 여성들의 자유로운 사상은 아름다운 육체를 통해 보여 주죠.

리 브루어의 무대에서 남성들은 거칠고 마초적입니다. 아름다운 노라는 작은 헬메르와 이야기하기 위해 무릎을 꿇고 기어서 다가가는 걸 마다치 않아요. 입센의 원작에서 노라가 헬메르에게 종달새처럼, 다람쥐처럼 애교를 보이며 필요한 돈을 타냈던 것처럼, 리 브루어의 연극 속 노라 역시 왜소증 남편보다 더 작아져야 원하는 것을 얻을 수 있죠. 누가 봐도 어울리지 않는 위태로운 부부.

자, 극의 결말이 더욱 궁금해집니다. 마지막 장면의 배경은 오페라 극장이에요. 노라는 오페라 아리아로 자유 선언을 합니다. 그녀를 옥죄고 있던 코르셋도, 가발도 벗어던지고, 발가벗은 몸과 민머리로 극장을 나서요. 헬메르는 짧은 다리로 우스꽝스럽게 허겁지겁 달려와 노라를 찾지만 이미 늦었죠. 배우들의 신체와 소품의 활용으로 극의 주제를 시각화했던 리 브루어의 연출은 지금도 강렬한 기억으로 남아 있어요.

—— "오늘날의 사회에서 여성은 자기 자신이 될 수 없다"

1879년 입센은 이탈리아 아말피에서 《인형의 집》을 완성합니다. 입센은 국민 음악가 그리그, 화가 뭉크와 함께 노르웨이를 대표하는 작가이지만, 사실 입센은 노르웨이가 아니라 이탈리아와 독일에서 27년이라는 긴 시간을 보내며 대표작들을 완성했죠.

희곡 역사상 가장 논쟁적인 캐릭터 중 하나인 '노라'가 실존 인물이었다는 사실, 알고 계셨나요? 노르웨이의 여류 작가 라우라 킬레르Laura Kieler. 입센은 자신보다 스물한 살이나 어린 이 젊은 작가가 겪은 이야기를 듣고 글을 쓰기 시작해요. 이름만 빼고 모든 이야기를 그대로 옮긴 정도인데, 어디 한 번 볼까요?

라우라는 덴마크인 교사와 결혼해서 행복한 신혼 생활을 보냅니다. 하지만 남편이 곧 폐결핵에 걸려요. 의사는 남편의 목숨을 살리려면 반드시 따뜻한 곳에서 요양이 필요하다고 했지만 돈이 있어야 말이죠. 결국 라우라는 빚을 내어 남편을 데리고 요양을 갑니다. 다행히 병세는 호전돼요. 회복된 남편과 함께 집으로 돌아오는 길에

라우라 부부는 뮌헨에 살고 있는 입센의 집을 방문해요. 그곳에서 라우라는 입센의 아내 수잔나에게 남편 몰래 빚을 졌다는 이야기를 털어놓죠.

라우라는 남편이 사실을 알까봐 두려워해요. 빚으로 사치를 한 것도 아니고 남편의 목숨을 구했는데도 말이죠. 남편이 알기 전에 빚을 갚기 위해 별별 일을 하지만 어림도 없어요. 지푸라기라도 잡는 심정으로 그동안 쓴 원고로 책을 낼까 싶어 입센에게 도움도 청하지만, 거절당하고 맙니다. 누가 봐도 너무 급하게 쓴 원고라 완성도가 떨어졌기 때문이었죠.

임신을 해서 배는 점점 더 불러 오고, 죄어 오는 두려움은 그녀를 거의 광란의 상태로 몰아가요. 결국 수표를 위조해서 빚을 갚으려 하죠. 라우라는 사실이 밝혀지기 직전에 결국 남편에게 모든 것을 고백합니다. 하지만 남편은 냉정하게 돌아서요. 거짓말을 일삼는 그녀에게 아이들을 양육할 어머니의 이름은 걸맞지 않다고 말이죠. 이혼 위기에 더해 마음의 병마저 심해진 라우라는 정신 병원으로 보내져요. 2년의 시간이 지난 후에야 남편은 라우라를 다시 받아들여서 아이들 곁에 있도록 허락했습니다.

바로 이 이야기가《인형의 집》의 줄거리이기도 합니다. 물론 결말이 좀 다르죠. 노라는 모든 사실이 드러나고 남편의 비난이 쏟아질 때 깨달아요. 자신의 결혼 생활이 언제든 부서질 수 있는 유리성 같은 것이라는 걸요. 그리고 그 유리성을 깨고 나가죠. 입센은 라우라의 일생을 듣고 당시 여성들의 사회적 위치와 불합리함이 어느 정도인지 깨닫게 됩니다.《인형의 집》발표 직전인 1878년 10월 19일에

쓴 '현대 비극을 위한 노트'에는 입센의 생각이 잘 드러나 있어요.

> 두 개의 도덕률과 두 개의 양심이 있다. 하나는 남성 안에 있고, 완전히 다른 또 하나는 여성 안에 있다. 남성과 여성은 서로 이해하지 못한다. 실제 생활에서 여성은 마치 여성이 아니라 남성인 것처럼, 남성의 법으로 판단 받는다. (중략) 오늘날의 사회에서 여성은 온전히 자기 자신이 될 수 없다. 배타적인 남성 사회에서 법을 만들고 소송하고 판결하는 것은 남성이다. 그들은 남성적인 관점에서 여성을 판단한다.

모두에게 평등하게 적용되는 법이 아닌 '남성의 법과 관점'으로 재단이 되는 여성의 문제. 입센은 《인형의 집》 집필을 마무리하며 당연히 사회적인 반향이 클 거라고 예상했어요. 출판사에는 넉넉하게 책을 찍는 게 좋을 거라는 충고도 덧붙였죠. 그의 예상은 들어맞았습니다. 초판 8,000권이 한 달 안에 팔리더니, 2판으로 4,000부를, 그리고 또다시 2,000부를 연달아 인쇄했어요. 희곡이 베스트셀러가 되다니, 이는 입센이 살던 시절에도 놀랄 만한 일이긴 했지만 지금도 상상하기 어려운 일이죠.

희곡이 출판되고 얼마 지나지 않은 그해 12월, 덴마크 코펜하겐 왕립극장에서 〈인형의 집〉의 역사적인 초연 무대 막이 오릅니다. 공연이 끝나자 기다렸다는 듯 소동이 일어나요. 공연에 앞서 희곡이 먼저 출판됐는데, 노르웨이는 물론 덴마크의 보수주의자까지 가세해 입센에게 비난을 퍼부었습니다. '도대체 어느 정도이길래 그래?' 사람들의 호기심은 더욱 부풀어 올라 이 문제작을 보기 위해 극장에 인파가 몰렸죠.

당시 유럽 사람들에게 이 작품이 어느 정도의 충격이었는지 짐작하려면 시대 분위기를 한번 볼 필요가 있겠네요. 프랑스 혁명을 촉발시킨 '법 앞에서의 평등'이라는 기치는 남녀평등의 요구로 이어졌고, 여성의 참정권과 재산권 문제가 대두되던 그때, 유럽의 북단 스칸디나비아 역시 이런 열기에 휩싸이죠. 당시 여성들은 결혼을 하려면 상당한 지참금이 필요했습니다. 상류층 여성들이야 부모님의 돈으로 마련하면 그만이었지만, 노동자 계층의 여성들은 자신의 힘으로 직접 벌어 지참금을 마련해야 했어요. 애써 마련한 돈도 결혼과 동시에 홀랑 다 남편에게 넘어갔으니 얼마나 불공평한가요! 재산권이 인정된다는 것은 독립이 가능하다는 의미이기도 합니다. 그동안 많은 여성들은 경제력이 없어서 남편의 주머니에서 동전을 꺼내 올리기 위해 종달새처럼 지저귀고 있었던 거니까요.

변화는 아래에서부터 시작됐습니다. 상류층 여성들과 달리 직접 돈을 벌었던 여성 노동자들은 이제 결혼에 대한 결정도 독립적으로 하게 돼요. 신부와 가족들에게 큰 부담이던 결혼식 비용을 마련할 때까지 식을 미루고 대신 동거를 선택하죠. 상류층은 상상도 못할 일이었지만, 이렇게 혼전 동거를 하는 비율이 50퍼센트를 넘어섰고 아이들도 태어났습니다. 이렇게 교회나 국가가 허락하는 결혼식을 하지 않고 동거를 하는 문화를 두고 '스톡홀름 결혼'이라고 해요. 결혼이라는 제도로 묶이지 않는 건 여성들에게 불리한 일이 아니었어요. 오히려 훨씬 더 유리한 조건이 됐어요. 법적 부부가 아니니까 자신의 소득도 스스로 관리하고, 동거하는 파트너의 경제적 지원에도 의지하지 않았죠.

이렇게 여성의 인권 신장 문제가 출렁이고 있을 때 《인형의 집》이 세상에 나타났습니다. 그러나 한 사회가 지켜 온 오랜 관습은 법이 바뀐다고 해서 하루아침에 달라지지 않았죠. 노라의 가출은 사회를 지탱해 온 가족이라는 가치에 대한 모욕으로 여겨질 정도였으니까요. 특히 보수적이었던 독일 공연에서는 입센도 두 손 두 발 다 들고 말아요. 노라 역을 맡은 독일 여배우가 문을 닫고 떠나는 장면을 못하겠다며 버티자 결국 결말을 수정합니다.

> 노라　　(괴로워하며 여행 가방을 떨어뜨린다.) 오, 나는 나 자신에게 죄를 짓고 있어요. 하지만 아이들을 떠날 수는 없어요. (문 앞에 주저앉는다.)
>
> 헬메르　(기뻐한다. 하지만 조용한 목소리로) 노라!

> 막이 내려온다.

물론 희곡 원본의 결말은 전혀 다르죠. 그럼 이제 이 문제작을 함께 읽어 볼까요?

── "우리는 한 번도 진지한 대화를 한 적이 없어요"

막이 열리면 보이는 헬메르와 노라의 집. 전형적인 중산층 가정을 나타내는 듯 그림 몇 개와 소품, 양장본 책이 꽂혀 있는 책장이 눈에 들어옵니다. 문이 열리면 노라가 크리스마스트리와 선물을 잔뜩 쇼핑해서 집으로 돌아와요. 그녀의 기분이 아주 좋아 보이네요. 헬메르의 종달새이자 다람쥐 노라. 군것질도 엄격하게 금지하는 남편의 기분이 상할까, 혹시 마카롱 가루가 입 주위에 남아 있지 않나 조심해요. 헬메르는 이제 곧 은행 총재로 취임할 예정입니다. 노라는 훨씬 여유로워질 생활을 생각하며 이번 크리스마스 분위기를 마음껏 내보려 하는데, 헬메르의 생각은 달라요. 그는 모든 것을 통제하면서 계획적으로 해야 하는 엄격한 남자이니까요.

> 헬메르 　(노라의 허리에 팔을 두르며) 나의 사랑스러운 작은 새. 하지만 돈이 무지막지하게도 들어가지. 작은 참새를 키우려면 남자들이 얼마나 많은 돈을 써야 하는지 당신은 모를 거야.[3]

마침 초인종이 울리고 뜻밖의 손님이 찾아옵니다. 노라의 어릴 적 친구였던 크리스티네. 두 사람은 아주 다른 운명의 길을 걷고 있었죠. 노라가 온실 속 화초처럼 헬메르의 보살핌 속에 아내와 어머니 역할을 충실히 하고 있었다면, 크리스티네의 삶은 평탄치 않았거든요. 병든 엄마와 어린 두 남동생에 대한 책임감 때문에 사랑 대신 돈 많은 남자를 선택한 결혼. 하지만 결국 남편이 돈 한 푼 남기지 않고 죽자 빈털터리로 다시 고향으로 돌아온 참이었죠.

사실 노라와 크리스티네 모두 당시 결혼 제도의 폐해를 그대로 드러내고 있어요. 경제력이 없어 남편에게 의지해야 하는 노라, 사랑 대신 돈을 택한 크리스티네. 배우자의 선택과 결혼 생활의 지속은 경제적인 이유보다 서로에 대한 신뢰와 존중이 바탕이 될 때 가능하다는 것을 두 여성은 보여 줍니다.

오랜만에 만난 두 사람은 서로의 안부를 물으며 지난 시간을 추억해요. 노라는 크리스티네에게 불쑥 비밀을 털어놓습니다. 앞에서 얘기한 여류 작가 라우라처럼 노라 역시 헬메르의 병을 고치기 위해 요양 여행을 다녀와서 남편도 살렸고, 헬메르의 은행 총재 취임도 눈앞에 두고 있지만, 사실은 여행비를 마련하기 위해 아버지의 서명을 위조했던 거예요.

> 린데 부인 남편에게 털어 놓은 적이 없다고?
>
> 노라 내가 어떻게 그럴 수 있었겠어? 남편이 그런 일에 얼마나 엄격한데. 다른 남자들처럼 토르발은 자존심이 강한 사람이야. 내가 누군가에게 빚을 졌다는 걸 알면 얼마나 상처받고 체면 구기겠니. 우리 사이는 완전히 깨지고 말거야. 우리의 아름답고 행복한 가정도 회복되지 못하겠지.[4]

노라는 남편의 성격을 너무나 잘 알고 있습니다. 얼마나 자기중심적이고, 잘난 체하고, 쉽게 상처 받는지. 하지만 헬메르는 노라를 몰라도 너무 모르죠. 돈만 쓸 줄 아는 종달새라고 믿었던 노라가 실은 얼마나 대담하고 강인한 여성인지를요. 죽을 날이 얼마 남지 않은 아버지의 서명을 위조하여 돈을 마련해서 요양을 떠나 결국 남편을 살려낸 것은 물론이고, 훗날 저 문도 박차고 나갈 테니까요. 지금도 헬메르는 여행에 필요한 돈을 장인어른이 주셨다고 철썩같이 믿고 있습니다.

또 초인종이 울립니다. 크로그스타드가 등장합니다. 그를 대하는 노라의 태도가 어쩐지 불안해 보이네요. 노라에게 돈을 빌려준 사람이 크로그스타드이거든요. 조금씩 돈이 생기는 대로 갚아가고 있지만, 그가 남편에게 이야기할까봐 두렵기만 하죠. 헬메르가 은행 총재로 취임하면서 크로그스타드를 해고하려 하자 노라에게 그는 시한폭탄 같은 존재가 되고 맙니다. 크로그스타드는 노라에게 한 가지 제안을 해요. 자신의 해고를 막아 준다면 노라가 아버지의 서명을 위조해 자신에게 돈을 빌린 것을 함구하겠다고요. 하지만 어쩌나요? 이미 남편은 크로그스타드 자리에 일자리가 필요한 노라의 옛친구 크리스티네를 채용하겠다고 약속을 한 걸요. 헬메르가 크로그스타드를 비난하는 이유는 그가 서명을 위조했기 때문입니다. 이렇게 경멸의 말을 내뱉죠.

> 헬메르   그렇게 거짓말을 하다가는 결국 고스란히 가정생활이 오염되고 말거야. 그런 집에서는 아이들이 숨 쉬는 공기에 나쁜 세균들로 가득하지.[5]

헬메르가 크로그스타드에게 하는 말은 모두 노라에게 고스란히 날아와 박힙니다. 이제 더욱 분명해진 건, 노라가 헬메르 몰래 돈을 빌린 것을 알면 돌이킬 수 없는 상황이 될 것이라는 거죠. 헬메르에게 중요한 건 자신의 목숨을 살린 것보다 그의 사회적 평판을 깎아내릴 아내의 부도덕성이에요.

하지만 사실 웃음이 나는 건 어쩌면 헬메르가 크로그스타드를 해고하고 싶어 하는 이유가 다른 데 있을지도 모른다는 거죠.

> 헬메르   사실, 그는 나와 아주 허물없이 지낼 자격이 있다고 생각하는 것 같단 말야. 아무 때나 '토르발 이거' '토르발 저거'라며 불러 대. 아주 불쾌하기 짝이 없어. 그 때문에 은행에서 내가 견디기 힘들 거야.[6]

이제 극의 긴장감은 모든 사실을 알고 난 후 헬메르의 반응으로 흘러갑니다. 노라는 크로그스타드의 잘못에 단호하게 대처하는 남편을 보며 걱정도 되지만, 한편으로는 자신의 사랑과 헌신을 그가 이해할지도 모른다는 달콤한 상상도 하죠. 하지만 노라를 사랑한다고 노래하던 헬메르는 그토록 경멸하던 크로그스타드에게 노라가 돈을 빌린 걸 알게 되자 잔인하게도 그 가면을 벗어던져요. 헬메르는 분노를 폭발시키지만, 노라는 오히려 차분합니다. 노라는 비로소 모든 걸 깨닫습니다.

> 헬메르   당신은 내 행복을 산산조각 냈어. 내 미래를 완전히 망쳐 놨다고! 아, 생각조차 할 수 없어. 난 양심도 없는 인간의 손안에 들어있는 쥐야. 그는 나를 쥐락펴락할 테고, 나에게 뭐든 요구하고, 기분 내키는 대로 명령하겠지. 나는 감히 거절할 수도 없어. 이렇게 한심스럽게 무너져 내리다니. 저 칠칠찮은 여자 때문에!

노라　　　내가 나가면 당신은 자유로워져요.

헬메르　　연극은 그만둬. 제발! 당신 아버지도 역시 언제나 옳은 말만 읊으셨지. 당신 말대로 집을 나간다고 쳐. 그게 내게 무슨 도움이 되지? 아니, 아무 도움도 안 돼! 크로그스타드는 상황을 주시하면서 이렇게 생각하겠지. 당신이 그 짜증나는 빚을 구하는 걸 내가 이미 모두 알고 있었다고 말야. 내가 뒤에서 조종했다고 생각할지도 모르지. 내가 당신을 부추겼다고 하겠지. 결혼 생활 동안 줄곧 소중하게 당신을 보살폈건만, 이 모든 일이 당신 덕분으로 일어났다고. 자, 이제 당신이 내게 무슨 일을 저질렀는지 알겠어?

노라　　　(참착하고 차분하게) 알아요.

헬메르　　정말 말도 안 돼. 이해할 수 없다고. 하지만 이제 우리는 상황을 정리해야 해. 숄을 풀어. 그거 벗으라니까! 어떻게 해서든 그를 달래야 해. 어떤 대가를 치르더라도 사건을 숨겨야 해. 우리 둘 사이는 전과 다를 바 없는 것처럼 보여야 해. 물론 다른 사람들의 눈에만 그렇다는 거지. 당신은 계속 이 집에 있을 거야. 당연히 그래야지. 하지만 당신에게 아이를 맡기지는 않겠어. 내가 어떻게 당신을 믿을 수 있겠어. 아, 내가 그토록 사랑했던, 지금도 사랑하고 있는 여자에게 이런 말을 해야 하다니. 하지만 모두 끝났어. 지금부터 행복이란 없어, 잿더미 속에서 겨우 껍데기와 조각만이라도 건져내는 것만 남았어.[7]

오, 그런데 코미디 같은 상황이 일어나요. 헬메르와 노라를 협박하던 크로그스타드가 돈을 빌려줬다는 증거인 차용 증서를 돌려주면서 편지를 보내옵니다. 노라의 서명 위조도, 빚도, 모두 문제 삼지 않겠다고 써 있어요. 헬메르는 살았다고 외칩니다. 모든 위험이 사라지자 헬메르는 그때서야 남편의 관대함을 보여 주기 시작해요.

헬메르   깜짝 놀란 내 작은 새. 마음 놓고 편히 쉬어요. 내 커다란 날개로 당신을 보호할 테니 당신은 이제 안전해요. (중략) 아, 노라, 당신은 진짜 남자의 마음을 몰라. 마음속 깊이 자신의 아내를 용서하는 것은 말로 표현할 수 없을 정도로 달콤하고 만족스러운 기분을 주거든. 아내를 진심으로, 완전히 용서하면 아내는 두 배로 남편의 것이 되지. 마치 남편이 새 생명을 준 것처럼 말이야. 어떻게 보면 아내이면서 아이가 되는 거야. (중략)

노라   우리가 결혼한 지 8년이 되었어요. 그런데 당신 알아요? 당신과 나, 남편과 아내로서 우리 둘이 이렇게 진지한 대화를 하는 게 처음이라는 걸요.

헬메르   진지하게? 그게 무슨 말이야?

노라   8년 동안, 아니, 8년이 넘도록, 우리가 처음 만났던 때부터 지금까지, 우리는 단 한 번도 진지한 주제로 진지하게 이야기를 해 본 적이 없어요. (중략) 당신은 언제나 내게 친절했어요. 하지만 우리 집은 그저 놀이방일 뿐이었죠. 친정에서는 아버지의 인형이었던 것처럼 나는 당신의 인형이었어요. 그리고 아이들은 다시 내 인형들이었죠. 나는 당신이 퇴근해서 나를 데리고 노는 게 좋았어요. 내가 아이들을 데리고 놀 때 아이

들이 즐거워하는 것처럼요. 그게 우리의 결혼이었어요, 토르 발.[8]

떠나겠다는 노라를 잡아 보려 하지만 이제 늦었습니다. 헬메르는 노라의 마음을 돌리기 위해 의무와 책임을 들먹여요. 가부장 사회에서 무엇보다 중요한 건 남편과 아이들에 대한 책임이라고요. 노라는 저 문을 열고 나가는 순간, 길고 외로운 고립의 길로 들어선다는 것을 잘 알고 있습니다. 하지만 지금이 아니면 '나'를 찾을 수 없어요.

> 헬메르   정말 망신스럽군. 당신의 가장 거룩한 의무를 저버리는 게 당신의 길인가?
>
> 노라   나의 거룩한 의무가 뭔가요?
>
> 헬메르   그걸 내가 말해야 아나? 남편과 아이들에 대한 책임 아닌가!
>
> 노라   내게는 그만큼이나 거룩한 의무가 또 있어요.
>
> 헬메르   아니, 없어. 대체 무슨 의무라는 거지?
>
> 노라   나 자신에 대한 책임이에요.[9]

자, 이제 100여 년이 넘는 시간 동안 논쟁의 주제가 되었던 〈인형의 집〉의 마지막 장면입니다. 노라가 밀고 나간 문은 조용하게 닫혔습니다. 하지만 그 소리는 큰 반향이 되어 전 세계 여성들을 깨웠죠.

> 헬메르   노라, 나는 당신에게 영원히 낯선 사람 이상은 될 수 없나?
>
> 노라   우리 둘 모두가 완전히 변할 수 있다면… 오, 토르발. 난 이제

더 이상 기적을 믿지 않아요.

헬메르 하지만 나는 믿을 거야. 말해 봐! 우리가 어떻게 변하면 될까?

노라 우리가 함께 사는 삶이 진정한 결혼이 될 수 있다면. 잘 있어요. (현관문으로 나간다.)

헬메르 (문 옆의 의자에 주저앉아 손으로 얼굴을 감싼다.) 노라! 노라! (일어나서 주위를 둘러본다.) 텅 비었어. 그녀는 이제 없어. (희망이 생겨나며) 기적이라고?

(아래에서 문이 닫히는 소리가 들린다.)[10]

—— "나는 의식적인 여성해방운동을 한 것이 아니다"

입센은 1828년 3월 20일 노르웨이 동쪽 해안에 위치한 시엔에서 크누드 입센과 마리헨 알텐부르그의 둘째 아들로 태어났습니다. 입센의 아버지는 잡화상, 양조장, 목재 수출까지 사업을 확장하며 큰돈을 벌었지만 행운은 오래가지 않았어요. 입센이 고작 여덟 살이 되었을 무렵 아버지의 사업이 파산하고 모든 것이 경매로 넘어가 버리죠. 그때부터 입센은 어린 나이에 돈을 벌기 위해 닥치는 대로 일을 합니다. 닭 키우기, 사무실 잡일도 마다하지 않아요. 훗날 그는 아버지의 흥망성쇠를 떠올리며 《들오리》에서는 동업자 때문에 파산하는 늙은 에크달을, 《페르귄트》에서는 사치스런 생활로 망하고 마는 페르귄트의 아버지를 그려 냅니다.

많은 남성 작가가 그렇듯, 입센의 여성상에 많은 영향을 끼친 사람 역시 어머니 마리헨이었습니다. 그녀는 시엔에서 가장 부유한 상

헨리크 입센. ⓒGettyimages

인 가문의 여성이었어요. 사랑하는 남자가 따로 있었지만 스물두 살 때 두 살 연상의 크누드 입센과 정략결혼을 합니다. 크누드에게 마리헨과의 결혼은 횡재나 다름없었어요. 마리헨은 돌아가신 친정아버지에게서 막대한 유산을 물려받았고, 결혼과 동시에 그 돈은 크누드의 것이 됐으니까요. 크누드는 이 돈으로 사업을 벌였지만 그만 다 날려 버리죠. 집안의 몰락은 어린 입센에게 치유할 수 없는 상처가 됩니다. 초등학교를 간신히 졸업하고 12킬로미터나 걸어서 작은 사립 학교를 다녀오면, 그가 하는 일이라곤 부엌 옆 골방에서 책을 읽는 일뿐이었습니다.

가난한 학창 시절을 보내던 그는 열다섯 살이 되자마자 고향을 떠나 그림스타드로 향해요. 인구 800명 정도의 작은 해안 도시였던 그곳에서 새로운 삶을 꿈꾸죠. 약국 조수로 일하며 희곡을 쓰고, 대학 진학을 위해 공부를 했지만, 입센에게 가장 먼저 닥친 일은 아버지가 되는 것이었어요. 열 살 연상의 약국 하녀 엘제 소피와 교제를 했는데 그녀가 덜컥 임신을 합니다. 그때 입센의 나이 겨우 열일곱 살. 두 사람은 결혼하지는 않았어요. 의대에 진학하고 싶었던 입센은 현재 노르웨이 수도 오슬로인 크리스티아니아로 가 버려요. 이후 입센은 14년간 아들의 양육비를 조금씩 보내며 최소한의 의무를 했고 아들은 소피 혼자 키우죠.

입센의 첫 번째 희곡은 1850년에 발표한 《카틸리나》. 어떤 출판사도 관심을 보이지 않자 친구가 대준 인쇄 비용으로 250권의 책을 간신히 만들지만 그중 팔린 책은 겨우 45권뿐이었습니다. 나머지는 고물상에 보내졌지만 입센은 포기하지 않았어요. 두 번째 작품 《전사의 무덤》이 드디어 연극으로 만들어지죠. 이후 그는 베르겐의 국립극장 전임 작가로 추천을 받아 활동하다가 크리스티아니아에 있는 노르웨이 극장의 후원으로 드레스덴과 코펜하겐으로 연수를 갈 기회를 얻게 돼요. 당시 인구도 희박하고 농사나 짓던 노르웨이에 연극 전통이랄 게 있을 리 만무했죠. 그래서 입센의 해외 연수는 세계적인 작가의 안목을 키우는 절호의 기회가 됩니다.

노르웨이로 돌아온 입센은 1858년 수잔나 토레젠과 결혼을 합니다. 1년 후 아들 지구르드가 태어나요. 하지만 아직 이렇다 할 성공도 거두지 못하고 여러 극장을 전전하고 있던 입센이 예술 감독으로 10년이나 일했던 노르웨이 극장마저 그만 파산을 해서 문을 닫습니다. 극장 운영에 이렇다 할 성과를 낸 것도 아니고 작가로서 성공적인 작품을 쓴 것도 아닌 입센의 삶은 개인적으로도 엉망진창이 되어 있었죠. 그나마 얼마 있지 않던 재산도 다 경매에 넘어가 빚쟁이가 되어 쫓기는 신세가 돼요.

노르웨이를 여기저기 떠돌던 입센은 과감하게 1864년 이탈리아로 갑니다. 처음엔 1년 정도 로마에 머물 계획이었지만, 1891년 다시 크리스티아니아에 정착할 때까지 무려 27년간이나 노르웨이를 떠나 있었죠. 입센의 대표작들은 바로 이 시기에 탄생해요. 척박한 문화 환경이었던 노르웨이가 아니라 이탈리아와 독일에서 비로소 자신의 작품 세계를 본격적으로 펼치기 시작합니다.

로마에 머물던 첫해, 마침내 《브란》이 큰 성공을 거둡니다. 이후 《페르귄트》, 《사회의 기둥》, 《인형의 집》, 《유령》, 《민중의 적》, 《들오리》, 《헤다 가블레르》 그리고 마지막 작품 《우리 죽은 자들이 깨어날 때》를 차례차례 발표하면서 입센의 이름은 전 세계적으로 알려지게 돼요. 이 중 2012년 명동예술극장 무대에 올려진 이혜영 배우의 〈헤다 가블레르〉, 그리고 2014년 런던 바비칸 센터에서 본 〈민중의 적〉은 제 인생 '톱 10' 리스트에 있는 연극이에요. 기회가 된다면 꼭 보시길 추천을 드리고 싶네요.

입센은 당대 유럽에서 가장 성공한 극작가였습니다. 아이러니하게도 입센의 성공은 노르웨이를 떠나면서부터 이루어졌고, 다시 고향으로 돌아온 후에는 작품을 발표하지 않고 세상을 떠났으니 노르웨이는 그에겐 분명 좁은 세상이었습니다. 입센은 고향 땅을 떠나 타지에서 보낸 긴 시간 동안 19세기 후반 근대화를 앞둔 유럽 사회의 변화를 지켜보며 개인의 문제에 천착했어요. 노라로 대변되는 여성 문제뿐 아니라 사회와 개인의 갈등, 이중적인 윤리 잣대, 언론의 폐해 등 다양한 관점에서 희곡을 쓰고, 사회 문제를 토론의 장으로 끌어들였죠. 입센의 작품들은 19세기 새로운 시민 사회에 적합한 근대극 형성에 가장 지대한 영향을 끼쳤고, 그의 문제의식은 지금까지도 전 세계적인 공감을 얻으며 우리에게 질문을 던집니다.

여기서 입센에 대한 오해를 한 가지 풀어 볼까 해요. 아마도 많은 사람들이 당연히 입센을 남성 페미니스트 작가의 원조로 생각할 거예요. 《인형의 집》이 여성해방운동의 바이블로 여겨지고, 노라는 신여성의 대명사처럼 불리잖아요. 하지만 입센은 《인형의 집》이 '여성 문제'로 한정되는 것에 대해 한마디 하고 싶었던 것 같습니다. 노르웨이 여성해방동맹이 주최한 입센의 일흔 살 생일 축하 파티에서 이렇게 말하죠.

"나는 의식적인 여성해방운동을 한 것이 아니다. 나는 시인이지 사회 철학자가 아니다. 극작가로서 나의 의무는 인간성의 폭넓은 묘사이다."

그럼에도 기혼 여성의 재산 분할권에 지지 서명을 하고, 여성의 참정권을 주장하는데 앞장섰던 입센이야말로 '행동하는 페미니스트'가 아니었을까요?

감독 ㅣ 루카 구아다니노
출연 ㅣ 틸다 스윈튼 (엠마)
플라비오 파렌티 (에도)

엠마는 이탈리아 밀라노 상류층인 레키 가문의 여성. 아름다운 아내이자 세 남매의 인자한 어머니, 그리고 가문의 품격을 지키는 며느리로서 살아가죠. 화려한 대저택의 안주인으로 살아가는 엠마의 움직임이 그림처럼 펼쳐집니다. 고풍스러운 이탈리아의 유명 화가들의 유화 같은 그녀의 생활에 균열이 가기 시작하는 건 요

리사이자 아들의 친구인 안토니오가 등장하면서부터입니다. 그는 러시아에서 밀라노로 건너와 남편이 새로 지어 준 이름으로 불리며 자신을 잃어버리고 살았던 엠마의 잠자던 내면을 일깨워요. 모든 것이 완벽한 상류층의 규범에서 안락함을 느끼는 남편, 야성적인 생명력을 품고 있는 엠마. 이 둘의 관계는 처음부터 완전할 수 없던 사랑이었어요.

엠마는 안토니오를 만나면서 유리 궁전을 서서히 부수기 시작합니다. 폭발하는 감정으로 치닫는 라스트 시퀀스는 이 영화의 백미. 주제곡 '체어맨 댄스 Chairman Dances'의 빠른 음악에 맞추어 엠마는 자신을 속박했던 드레스, 목걸이, 팔찌, 코르셋을 벗어던져요. 헐렁한 트레이닝복 차림으로 가족 앞에 섭니다. 엠마를 바라보는 남편과 아이들. 엠마와 가장 깊게 교감했던 레즈비언 딸은 눈물 가득한 얼굴로 보일 듯 말 듯한 미소를 보이며 고개를 끄덕여 줘요. 엄마의 삶을 응원하는 듯 말이죠. 엠마는 문밖으로 뛰어나갑니다. 노라처럼 사라져 버린 엠마의 삶이 궁금하다면? 크레딧이 올라가고 엠마와 안토니오의 삶을 잠깐 엿볼 수 있으니 크레딧이 끝나기 전에 영화를 끝내지 마시길.

8장

내 삶은 내가 선택해

《메데이아》

에우리피데스

"난 임신을 한 번 더 하느니

차라리 세 번 더 전쟁터에서 적들과 싸우겠어!"

—— '영국의 김희애' 헬렌 맥크로리의 〈메데이아〉

어두운 무대, 작고 낡은 텔레비전 화면에서 흘러나오는 불빛만 희미하게 깜빡입니다. 그 앞에는 어린 두 형제가 엎드려서 텔레비전을 보고 있어요. 곧 보모가 나와 아이들을 재촉해 잠자리에 들게 하죠. 하지만 금세 한 아이가 일어나 2층으로 통하는 계단을 천천히 올라갑니다. 화려하게 장식된 그곳은 메데이아를 버리고 새로운 아내를 맞이할 남편의 화려한 결혼식장. 희미한 불빛 속에서 아이는 피아노 뚜껑을 열고 건반을 두드립니다. 나지막하고 불길하게. 그때 무대 깊숙한 어디선가 정적을 깨는 여자의 비명 소리. 자신을 배신하고 코린토스의 공주와 결혼을 앞두고 있는 남편을 저주하며 메데이아가 절규합니다. 다가올 잔혹한 운명을 예고하는 듯한 그녀의 목소리에 객석에도 한순간 긴장감이 감돕니다. 무대에 불이 켜지면서 공연이 시작되자 헐렁한 러닝셔츠에 거친 작업 바지를 입고 있는 메데

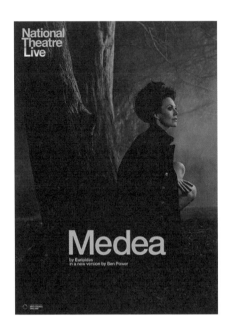

2014년 영국 국립극장에서
준비한 〈메데이아〉.

이아가 등장해요. "내 심장은 두 개로 쪼개졌어!" 남편의 배신에 분
노하면서도 어린 형제에 대한 모성으로 절규하는 메데이아.

2014년 영국 국립극장 가을 시즌을 열었던 〈메데이아〉. 탄탄한
연기력을 갖춘 중견 여배우 헬렌 맥크로리Helen McCrory가 오랜만에
무대 귀환작으로 선택해서 화제를 모았죠. 많은 그리스 비극 중 가
장 충격적인 악녀 '메데이아' 역으로 분한 그녀는 '역시 헬렌 맥크로
리!'라는 평단의 찬사를 이끌어 내며 흥행의 주역이 됩니다.

헬렌 맥크로리라는 이름이 조금 생소하다면, 영화 〈해리포터〉 시
리즈에서 해리포터를 괴롭히던 부잣집 도련님 말포이의 엄마 '나시
사 말포이' 역을 맡은 배우를 기억하시나요? 사실 드라마와 연극 무

대에서 헬렌 맥크로리가 지닌 존재감은 〈해리포터〉 시리즈에서 맡은 조연 역할을 뛰어넘습니다. 런던 드라마 센터에서 연기를 전공한 그녀는 영국과 미국 제작의 수많은 작품에서 다양한 캐릭터로 분해 연기력을 인정받고 있는 배우예요. 김희애와 유아인의 사랑으로 국내에서 화제가 되었던 드라마 〈밀회〉의 영국 버전이라 할 만한 〈리빙〉에 출연해서 20년 연하의 청년과 사랑에 빠지는 역할을 맡아 중년의 원숙미를 자랑했죠.

헬렌 맥크로리는 이런 대중적 인기 속에서도 오랫동안 연극 무대에 대한 애정을 보인 배우이기도 해요. 본인 스스로가 "〈메데이아〉는 나의 연기 인생에서 놓칠 수 없을 정도로 중요한 작품"이라 꼽을 정도로 '메데이아'는 치명적이고도 매력적인 캐릭터죠. 사랑에 눈이 멀어 가족을 버리는 여자, 질투와 복수의 화신, 비정한 모성의 살인마로 형상화돼 온 메데이아는 2500년이라는 긴 시간을 뛰어넘어 현대에도 충격적인 여성상으로 많은 논란을 불러일으키며 재해석되고 있으니까요.

영국 국립극장이 제작한 〈메데이아〉는 색다른 해석으로 관객과 평단의 호응을 얻습니다. 남편의 배신 때문에 복수를 계획하고, 아이를 죽이는 잔인한 여자로 그리는 대신 사회 구성원으로 편입되지 못하는 그녀가 한 인간으로서 겪는 좌절에 주목했죠. 메데이아는 과연 악녀였을까요? 오히려 남성 권력과 집단적 폭력, 이방인에 대한 배타성, 문명의 오만에 의한 희생양이 아니었을까요?

헬렌 맥크로리 역시 인터뷰에서 이렇게 말해요. "메데이아는 지적이고 아름다우며 왕녀로서 권력까지 가지고 있던 여자였어요. 그

헬렌 맥크로리. ⓒNational Theatre Live

러나 사랑하는 남자 때문에 모든 것을 버리고 함께 떠난 새로운 땅에서 그녀는 사회 구성원으로 받아들여지지 못하죠. 능동적이고 주체적인 여성성을 갖춘 메데이아는 괴로워해요. 그녀는 남성의 권력 다툼으로 벌어진 전쟁의 산물이에요. 과연 작품이 탄생한 지 2500년이 지난 지금도 모든 여성들이 이런 문제 앞에 자유로울까요?"

—— 창극 〈메데이아〉 vs. 현대극 〈메데이아〉

사실 영국 국립극장의 〈메데이아〉를 보게 된 건, 그보다 1년 전인 2013년 장충동 국립극장에서 본 무대 때문이었습니다. 창극으로 보는 〈메데이아〉. 꽤나 신선한 충격이었죠. 그리스 비극을 창극으로 만들다니. 연극계 1순위 섭외 커플 한아름 작가와 서재형 연출가의 새로운 시도는 '창극 역사상 길이 남을 수작'이라는 호평을 받을 정도로 주목을 받았습니다. 실제로 부부이기도 한 이 콤비의 장기는 역사극의 재해석. 이미 〈죽도록 달린다〉, 〈왕세자 실종사건〉, 〈호야〉 등의 무대에서 리듬감 있는 언어와 스피디한 호흡으로 진부한 역사극의 문법을 파괴했던 장본인들이니 메데이아를 창극으로 만드는 데 이만한 제작진이 또 어디 있을까요?

에우리피데스의 〈메데이아〉는 한국에서는 창극으로, 영국에서는 현대극으로 각색되며 색다른 해석을 보여 줬습니다. 특별한 장치 없이 심플한 무대를 선보인 한국 무대와 달리 영국 무대는 굉장히 사실적으로 만들어졌죠. 수천 년 전 그리스 코린토스 왕궁은 지금의 영국 어느 고급 저택으로 바뀝니다. 무대 디자이너는 거대한 영국 국립극장 올리비에 대극장 무대를 1층과 2층으로 나누어서 공간을 활용해요. 1층은 배신을 당한 메데이아가 복수를 계획하고 그 후에 두 아들을 죽이는 어두운 숲으로, 2층은 남편 제이슨의 결혼식이 열리는 화려한 조명의 파티 장소로 구분하죠. 이렇게 공간이 분리되면서 사건이 일어나는 극의 갈등도 분명하게 시각화됩니다.

또 한 가지 흥미로운 점은 코로스의 활용이에요. 그리스 비극에서 코로스의 역할은 매우 중요합니다. 시시콜콜 주인공의 심리를 대변하고, 간섭하고, 사건의 진행을 알리죠. 창극 〈메데이아〉에서는 코로스들이 무대 양옆으로 등장해 메데이아와 이아손의 심리를 대변하듯 노래하며 극의 분위기를 고조시키기도 하고, 이야기를 끌어가는 해설자 역할을 해요. 반면 영국 무대에서 10여 명의 코로스는 춤을 추는 댄서로 등장해요. 세계적인 안무가 피나 바우슈Pina Bausch의 춤을 떠올리게 하는 코로스의 안무는 말이 아닌 몸으로 메데이아의 불안정한 심리를 효과적으로 드러내죠.

영국의 헬렌 맥크로리에 대적할 만한 한국의 메데이아는 이번에 도 역시 이혜영 배우. 2017년 국립극단 제작으로 명동예술극장 무 대에 오른 그녀는 숨 막힐 듯한 존재감으로 관객을 압도했어요. 캐 스팅만큼이나 화제가 되었던 것은 헝가리 출신 로버트 알폴디 연출 의 과감한 각색. 극의 결말을 완전히 바꾸어 놓았어요. 자신을 배신 한 남편 이아손에게 복수하기 위해 아이를 죽이고 위풍당당하게 떠 나는 비극 원전과 달리 알폴디 연출은 메데이아를 남편 이아손의 손 에 죽게 해요. 어쩐지 씁쓸한 마음에 연극을 보고 나오는데, 헬렌 맥 크로리의 인터뷰가 떠올랐어요.

"남자 배우들에게 '햄릿'이 있다면, 여배우들에게는 '메데이아'가 있어요. 그렇지만 햄릿과 메데이아를 비교하지는 마세요. 햄릿은 공 연이 벌어지는 세 시간 동안 고민만 하고 결국 아무것도 하지 않잖아 요. 메데이아는 1시간 30분 만에 몇 명의 사람을 죽이고 무대 밖으 로 걸어 나오는지 아세요? 정말 오싹할 만큼 매력적이지 않나요?"

메데이아를 사랑할 수밖에 없는 이유를 유머러스하게 이야기하 는 그녀의 말처럼, 어쩌면 이 오래된 비극이 지금도 살아 숨 쉬고 있 는 건 '난 내 삶을 선택할래!'라는 메데이아의 결심이 21세기 여성들 에게도 유효한 외침이기 때문이 아닐까요? 남편의 손에 죽으면 메 데이아가 아니죠.

—— 에우리피데스, 비극의 완성자? 혹은 비극의 살인자?

여기 극과 극의 평가를 받는 인물이 있습니다. 에우리피데스기원전 485~406년 추정. 아리스토텔레스는 《시학》에서 에우리피데스를 "시인 가운데 가장 비극 시인답다"라며 치켜세웠지만, 니체는 정반대였습니다. 스물여덟 살 청년 니체는 처녀작 《비극의 탄생》에서 "그리스 비극은 에우리피데스가 죽었다"고 선포하죠. 실제로 아이스킬로스, 소포클레스를 거치며 만개한 그리스 비극은 에우리피데스에 이르러 종말을 맞습니다. 니체는 그 책임을 에우리피데스에게 돌리는데 그 비난조가 어찌나 신랄한지요.

> '신성을 모독한 에우리피데스여, 네가 이 죽어가는 자에게 다시 한 번 고역을 강요하려 했을 때, 너는 무엇을 원했던 것인가? 그는 너의 폭력적인 손아귀에서 죽었다.'[1]

이 글에서 '죽어가는 자', '그'로 인격화된 대상은 바로 '비극'입니다. 2000여 년을 뛰어넘는 시간을 두고, 두 명의 위대한 철학자는 왜 이렇게 엇갈린 평가를 내렸을까요? 물론 각자가 주장하는 근거가 있죠. 어느 편에 손을 들어 줄까 고민하기 전에 에우리피데스라는 인물과 그가 살았던 그리스 사회에 대한 이해가 먼저일 것 같습니다.

사실 에우리피데스의 생애는 알려져 있는 게 그리 많지 않아요. 그래서 '파로스 섬의 대리석판Marmor Parium'에 남겨진 몇 줄의 기록에 의지해 볼까 하는데요. 에게 해 파로스 섬에서 발견된 대리석판에는 놀랍게도 기원전 16세기부터 기원전 263년까지의 정치, 군사,

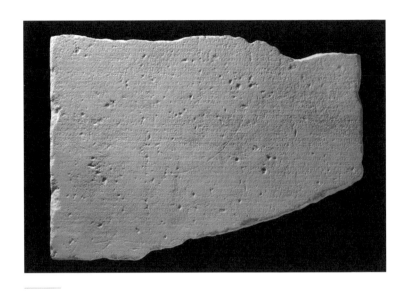

파로스 섬의 대리석판. ⓒGettyimages

종교, 문학에 관한 주요 사건들이 연대기순으로 새겨져 있었습니다. 기원전 그리스의 흔적을 추적할 수 있는 이 오래된 돌에서 놀랍게도 에우리피데스의 출생 기록을 찾을 수 있죠.

부모님의 이름은 므네사르코스Mnesarchus와 클레이토Kleitho. 아버지 므네사르코스는 에우리피데스가 태어날 때 신탁을 하나 받습니다. "아들이 경기에서 우승할 것"이라는 예언이었죠. 훗날 아이가 자라나 '비극 경연 대회'에서 수상하며 작가가 되리라고는 생각지도 못한 아버지는 그날부터 아들을 운동선수로 단련을 시켰다는 웃지 못 할 이야기가 전해져요. 사실 에우리피데스의 예술적 소질은 일찍부터 발휘됐어요. 글은 물론이고 그림도 잘 그려서 메가라Megara에

248

서 전시까지 할 정도였으니까요. 그리스 남부 코린트 지협地峽 남쪽에 있는 역사적 도시 메가라는 당시 학문과 예술의 중심지였습니다. 변두리 지역의 청년이 뉴욕 갤러리에서 전시회를 연 셈이죠.

우승을 점치는 신탁까지 받았건만 그리스 3대 비극 작가들 중 비극 경연 대회와 가장 인연이 없는 이가 바로 에우리피데스였습니다. 아이스킬로스가 13회, 소포클레스는 18회라는 우승 기록을 세웠으니 3대 비극 작가로 손꼽힐 정도면 '당연히 10회 이상은 되지 않겠어'라고 생각하겠지요. 하지만 에우리피데스가 살아생전 우승을 한 건 단지 4회에 불과합니다.

에우리피데스의 비극 경연 대회 첫 참가 기록은 기원전 455년입니다. 스물아홉 살의 청년에게 우승의 월계관이 돌아가지는 않았지만 그때 공연했던 〈펠리아스의 딸들Peliades〉은 훗날 《메데이아》라는 걸출한 작품을 탄생하게 한 예고편이었죠. 후대인들에게 악녀의 상징처럼 유명해진 〈메데이아〉도 당시 비극 경연 대회에서는 우승하지 못한 작품이었어요. 경연 대회에 참가하는 비극 작가 3명 중 3등을 했으니 꼴찌를 한 거예요. 에우리피데스는 상복과는 한참이나 거리가 먼 인물이었습니다.

첫 번째 우승은 그로부터 14년 후인 기원전 441년이었습니다. 그의 나이도 어느새 마흔세 살. 에우리피데스는 생애 총 92편의 작품을 썼고, 경연 대회에는 22회 참가했으며 그중 현재까지 남아 있는 작품은 비극 17편과 사티로스극 1편입니다. 아이스킬로스와 소포클레스의 작품이 각각 7편씩 남아 있는 것과 비교하면 에우리피데스는 상당히 많은 작품이 남아 있는 거죠. 작품이 전해진다는 건 후대인들이

에우리피데스. ⓒGettyimages

그 가치를 알아보고 소중하게 보관했다는 의미일 텐데, 이렇게 보면 살아생전 4회 우승 기록이 전부인 에우리피데스에 대한 당시 아테네 시민들의 평가가 얼마나 야박했는지 알 수 있습니다. 에우리피데스는 죽기 전에 마케도니아에서 두 편의 작품을 써요. 《아울리스의 이피게네이아》와 《박코스 여신도들》. 그의 유작이 된 이 작품은 작가가 죽은 뒤에 비극 경연 대회 우승을 거머쥐는 새로운 기록을 만들죠. 살아생전에는 그렇게 상 한 번 타기 힘들더니 죽고 나서야 상복이 터진 격이랄까요?

에우리피데스의 죽음은 쓸쓸했습니다. 아이스킬로스처럼 에우리피데스도 객사했어요. 아이스킬로스는 자신의 대머리 위로 떨어진 거북이의 딱딱한 등껍질에 맞아 죽더니만, 에우리피데스는 마케도니아의 아르켈라오스 왕이 기르는 개떼에 찢겨 죽었다고 하네요. 무척이나 미안했을 왕은 그의 죽음을 애도하며 비석을 세워 정중히 장례를 치렀습니다. 대중들의 인기를 끄는 작가는 아니었지만 에우리피데스의 죽음은 아테네 시민들에게도 큰 충격이었죠. 시민들은 아테네에서 페이라이에우스 항으로 가는 도로변에 에우리피데스의 죽음을 기리는 기념비를 세웠어요. 그런데 마케도니아 왕이 세워 준 비석도, 아테네 시민들의 기념비도 모두 벼락에 맞아 안타깝게도 남아 있는 것은 없습니다.

아흔 살 노령의 선배 작가 소포클레스는 에우리피데스의 사망 소식을 듣고는 깊은 애도를 표했다고 해요. 같은 해 소포클레스도 에우리피데스의 뒤를 따라 세상을 뜨죠. 이렇게 찬란한 그리스 비극의 시대를 열었던 작가들이 차례차례 생을 마감하며, 비극도, 그리스도 서서히 전성기의 막을 내립니다.

—— 비극 경연 대회 감상법

지지리 상복도 없었던 에우리피데스의 인생 이야기를 듣다 보면, 도대체 그 비극 경연 대회가 뭐길래, 이런 생각이 들지 않으신가요? 아이스킬로스도, 소포클레스도, 에우리피데스도 살아생전에 마치 경쟁하듯이 앞서거니 뒤서거니 비극 경연 대회에서 우승을 차지하며 기록을 세웠으니까요.

기원전 7~8세기에 생겨난 비극 경연은 기원전 5세기의 도시 국가 아테네에서 황금기를 맞이합니다. 당시 비극 경연 대회는 공동체 전체의 종교 행사이자 정치적 행사, 그리고 시민들에게 단합된 정신을 교육시키는 학교 역할을 했습니다. 축제 기간만큼은 가난한 이들도 생업에 시달리지 않고 하루 종일 연극을 볼 수 있도록 배려했죠. 단순한 연극 관람이 아니라 시민들의 의무와도 같았던 비극 경연 대회. 그래서 우승자는 그만큼 중요했습니다. 모든 시민들에게 이름이 알려지는 순간이었으니까요. 그리스 연극 최초의 문헌 자료이자 연극사의 첫 페이지를 장식하는 우승자의 이름은 테스피스Thespis. 기원전 534년 비극 경연 대회에서 수상한 그는 최초의 희곡 작가이자 최초의 배우로 기록됩니다. 배우를 의미하는 '테스피안thespian'이라는 명칭은 바로 그의 이름을 기리는 것이죠.

당시 작가들은 희곡을 쓰고 직접 출연까지 했습니다. 희곡에 등장하는 여러 인물들의 역할까지 도맡아야 했죠. 다행히 그 부담을 덜어 주는 장치가 있었으니, 바로 코로스chorus. 오늘날 '합창단'이라는 의미로 쓰이는 이 단어도 고대 그리스 연극에서 유래됐어요. 작가이자 배우가 다른 배역의 의상을 갈아입기 위해 잠시 무대에서 퇴장하면 코로스가 합창을 하거나 대사를 맡아 극을 진행시켰습니다. 지금이야 뮤지컬이나 연극에서 코로스라고 하면 대사도 거의 없는 조연 배우들을 의미하지만 기원전 5세기 그리스 비극에서는 작가의 관점을 대변하고 극의 흐름을 관객에게 설명하는 중요한 역할을 했어요. 작가의 의도대로 관객의 반응을 유도하랴, 앞으로 전개될 사건에 대한 기대감도 높이랴, 여기에 관객이 극적 사건과 무대 분위기에 동참하도록 하는 효과까지 이끌어내야 했으니 그야말로 멀티플레이어였습니다.

사실 코로스는 아테네인들의 보편적이고 집단적인 의식을 대변하는 목소리였습니다. 비극 속 영웅들이 살인을 저지를 때는 분노하고 탄식하며, 어지러운 사건 속에서 객관적인 조언을 하기도 합니다. 관객들은 무대 위의 배우들을 멀찍이 떨어져서 바라보는 게 아니라 영웅의 삶과 수난에 적극적으로 동참하고 있었으니, 비극의 카타르시스 효과는 더욱 극적일 수밖에 없었습니다. 남의 일 보듯 하는 구경꾼이 아니었으니까요. 하지만 뒤에서 더 자세히 설명하겠지만 에우리피데스는 이런 코로스의 역할을 없애 버리면서 논란의 인물이 됩니다.

비극 경연 대회의 규칙은 이렇습니다. 대회를 위해 1년 전부터 준비에 들어가요. 아테네 최고의 행정장관 아르콘archon은 다섯 명의 희극 작가와 세 명의 비극 작가를 미리 선발합니다. 도시 공동체의 이익을 도모할 수 있는 작품 구상이 가능한 작가가 선발 기준이었어요. 이렇게 최종 선발된 희극 작가는 한 편의 작품만 준비하면 됐지만, 비극 작가는 네 편의 연극 완성이라는 좀 더 어려운 임무가 주어졌어요. 지금으로 하면 미니 시리즈를 준비해야 하는 건데, 이 중 세 편이 비극, 한 편이 사티로스극이었죠. 앞에서 설명한 디티람보스처럼 디오니소스 신을 찬미하는 춤과 노래를 하는 사티로스극은 디티람보스보다는 좀 더 발전된 공연 형태를 보였습니다. 당연히 비극 경연 대회를 구성하는 한 작품을 담당하게 되죠.

평가는 엄격했습니다. 그래도 일단 어렵게 세 손가락 안에 들면 돈 많은 후원자가 지원을 아끼지 않았어요. 합창대 편성, 의상 제작비 등 공연에 필요한 일체의 비용을 지불했죠. 아르콘은 유력 가문 출신의 귀족들 중에서 후원자를 지정하고 이들을 코레고스choregos로 임명합니다. 이들은 축제에 경비를 지원하는 것을 큰 명예로 생각했어요. 요즘에 이런 식의 지원을 하면 선거법 위반이겠지만, 정치적 야심을 가지고 있는 귀족이라면 시민들에게 이름을 널리 알리는 데 이만한 기회가 없었기 때문이죠. 해마다 필요한 코레고스는 28명이나 됐어요. 다섯 명은 희극, 세 명은 비극, 그리고 나머지 스무 명은 디티람보스dithyrambos의 지원을 맡았습니다. 디티람보스는 포도주와 풍요의 신인 디오니소스를 찬양하는 노래예요.

이렇게 준비한 작품들이 시민들에게 선보일 준비를 마치면 축제가 코앞으로 다가옵니다. 흥미로운 것은 오늘날의 축제 개최를 위한 절차들이 이미 이때부터 시작된다는 거예요. 먼저 축제 이틀 전, 오늘날의 제작 발표회 같은 프로아곤proagon이 열립니다. 이때 경연 대

바티칸 박물관에 있는 디오니소스 상. ©Gettyimages

회에 참가하는 작가들은 각자 자신의 작품을 소개하고 시민들은 공연에 대한 정보를 얻어요. 이 중 기원전 406년의 프로아곤 기록이 남아 있는데, 흰 옷을 입은 소포클레스와 코로스가 등장하여 에우리피데스의 죽음을 추모했다고 해요.

이윽고 축제 전날 밤. 도시 밖의 신전에 모셔진 디오니소스 신상을 아크로폴리스로 옮깁니다. 신이 오셨으니 축제가 시작됩니다. 축제 기간은 5일. 개막식이 열리는 첫째 날 오전, 시민들이 성대한 행렬을 이뤄 극장으로 모여들기 시작하는데, 이 개막식이 아주 특별해요. 도시 공동체를 위해 헌신한 명예로운 시민들의 공로를 치하하고, 전쟁에서 아버지를 잃은 자녀들에게는 갑옷을 선물했습니다. 극장을 가득 메운 시민들은 이들에게 뜨거운 박수와 환호를 보냈죠.

오늘날처럼 드론이 하늘을 날고 첨단 테크놀로지로 눈을 떼지 못하게 하는 볼거리로 가득한 개막식은 아니지만, 아테네 시민들은 개막식을 통해 단합을 이루고 문화적 자부심을 느꼈습니다.

개막식이 끝나면 이제 본격적인 경연 대회가 시작됩니다. 오후에는 15분 정도의 디티람보스 공연들이, 둘째 날에는 다섯 편의 희극 작품이, 그리고 나머지 사흘 동안은 축제의 하이라이트인 비극 경연이 이어졌죠. 아크로폴리스의 신전에 딸린 디오니소스 극장에서 신관神官의 주관하에 열리는 이 국가적인 행사에 참석한 시민들은 1만 7,000여 명이나 됐습니다. 누가 그해의 우승자가 될지 이목이 집중됐어요.

심사는 엄격했습니다. 아르콘의 추첨으로 선발된 10명의 심사 위원들이 시민 앞에 거명되고 공정한 심사를 맹세하는 선서를 했어요. 공연이 모두 끝난 뒤, 심사 위원들이 자신이 생각하는 우승자의 이름을 도자기 파편에 적어서 단지에 넣으면, 아르콘은 이 중 5개만 뽑아서 우승자를 정했죠. 이렇게 '그리스 3대 비극 작가'로 불멸의 이름을 기록하는 스타 작가들이 탄생합니다. 에우리피데스는 상복이 지지리도 없었지만, 다른 비극 작가들과는 달리 신의 존재를 의심하고, 남성 중심의 전쟁 사회에서 여성을 희생자로 생각했고, 왕과 귀족들에게 천시를 받았던 노예와 이방인들의 존재를 차별이라는 개념으로 비판했어요. 당대에는 가장 모던하면서도 진보적인 작가였던 셈이죠. 이제 에우리피데스의《메데이아》를 읽어 볼까요?

—— 희곡 역사상 가장 잔인한 악녀

인간의 열정과 욕망, 그리고 격정의 주인공을 꼽을 때 메데이아만 한 여자가 또 있을까 싶습니다. 많은 분들이 이 비극의 전작을 읽지는 못했지만 그 충격적인 결말은 알고 계실 거예요. 남편에게 배신을 당한 여자가 그 복수를 위해 자식을 죽이다니, 희곡 역사상 통틀어 '가장 잔인한 악녀'라는 타이틀을 거머쥘 만하죠.

남자들이 들으면 머리끝이 쭈뼛해질 이 이야기를 에우리피데스가 만든 것은 아닙니다. 그리스 신화 속의 메데이아는 태양신의 손녀이자 마녀로 등장해요. 아르고호를 이끌고 콜키스의 국보인 황금 양털을 빼앗기 위해 도착한 이아손에게 반한 메데이아는 아버지인 아이에테스 왕을 배신하고, 남동생 압시르토스까지 죽이면서 이아손에게 황금 양털을 넘깁니다. 그러고는 그와 결혼까지 해요.

어쩐지 우리의 '호동왕자와 낙랑공주' 설화와 꽤 비슷하지 않나요? 고구려가 낙랑국을 침입할 때마다 번번이 위험을 알리던 자명고. 고구려의 호동왕자는 자명고를 없애기 위해 낙랑국에 몰래 들어갔다가 낙랑공주를 만나고 공주의 마음을 얻어 결혼까지 합니다. 낙랑공주도 메데이아처럼 조국을 배신하고 호동왕자를 위해 자명고를 찢어요. 메데이아와 낙랑공주의 운명은 여기에서 갈리죠. 낙랑공주의 결말부터 볼까요? 모든 것이 낙랑국을 쳐들어오려는 호동왕자의 계획임을 깨닫게 된 공주는 아버지의 손에 비참하게 죽고 맙니다. 호동왕자도 야망을 실현하지 못한 채 죽고 말죠.

메데이아 역시 가족과 고국을 버리고 이아손을 따라 코린토스로 떠나지만 그곳에서 기다리는 건 이아손의 배신뿐이라는 것을 뒤늦

클라테르 항아리에
그려진 〈용이 끄는 수
레를 탄 메데이아〉.
ⓒCleveland
Museum of Art

게 깨달아요. 코린토스 왕 크레온의 딸 그라우케와 결혼하겠다 하니
그녀의 절망과 분노는 하늘을 찔러요. 에우리피데스는 신화와는 다
르게 메데이아에게 자식을 향한 칼을 쥐게 해서 '자식을 죽인 어미'
라는 캐릭터를 만듭니다. 이 한 장면으로 《메데이아》는 불멸의 명성
을 얻어요. 남편과 새로 결혼할 신부도, 아이들도 모두 죽인 후 메데
이아는 남편이 보는 앞에서 의기양양하게 황금 마차를 타고 떠나버
리니까요.

　에우리피데스의 〈메데이아〉는 기원전 431년 펠로폰네소스 전쟁
이 발발하기 직전에 공연됐습니다. 어쩌면 그는 쇠퇴의 그림자가 어
른거리는 아테네와 그리스의 몰락을 조금 더 일찍 예견했을지도 모

룹니다. 메데이아로 대변되는 광기와 살인, 끝없는 분노, 그리고 살인은 당시 시대를 비추는 거울이었을 테죠. 아이스킬로스와 소포클레스의 비극 속에서라면 복수를 위해 자식을 죽인 어미는 신의 심판을 받았을 테지만 에우리피데스는 다른 결말을 선사합니다.

기원전 4세기경 루카니아인들이 클라테르 항아리 목에 그린 〈용이 끄는 수레를 탄 메데이아〉 그림을 볼까요? 메데이아는 할아버지 태양신이 보낸 황금 마차를 타고 위풍당당하게 하늘에 떠 있습니다. 제단 위에 두 팔을 늘어뜨리고 죽어 있는 두 아이, 망연자실하게 서 있는 이아손, 머리를 쥐어뜯는 늙은 유모와는 사뭇 대조적인 모습이죠. 복수의 여신들도 그녀를 지켜볼 뿐 아무런 손도 쓰지 못해요. 정념으로 미쳐가는 영혼이 한바탕 벌여 놓은 비극의 현장은 한 여인이 스스로 쓴 운명의 완성으로 끝을 맺습니다.

—— 내가 당신의 심장을 가격한 것은 당연한 응보

코린토스 외곽에 있는 메데이아의 집. 유모와 가정 교사가 등장합니다. 유모는 메데이아의 남편 이아손이 코린토스 왕 크레온의 딸과 결혼한다는 소식을 전해요. 곧이어 닥칠 피비린내 나는 비극을 미리 예견한 두 사람은 걱정으로 가득해요. 유모는 메데이아가 어떤 사람인지 너무나 잘 알거든요. 한 성격하는 메데이아가 앞으로 어떻게 나올지 관객에게 미리 암시하죠.

유모　　마님은 이전에 한 번도 들어본 적 없는 끔찍한 일을 아무도

모르게 혼자 계획하고 있어요. 보통 여자가 아니에요. 그 누구
도 마님과 대적해서 쉽게 승리를 거두는 사람은 없을 거예요.
정말이에요.[2]

유모는 아이들에게 닥칠 불행도 알고 있어요. 그리고 가정 교사에
게 얼른 아이들을 데려가라고 부탁하면서, 아이들에게는 절대 어머
니 곁에 가지 말라고 경고해요.

유모 마님은 상처 입은 마음과 분노로 괴로워하고 있어요. 그러니
도련님들, 지체 없이 빨리 집 안으로 들어가세요! 절대로 어
머니 눈에 띄거나 가까이 가지 마세요. 저 사나운 성질과 고
집 센 의지, 그리고 용서를 모르는 성격을 조심하세요! 지금
빨리 집 안으로 들어가세요![3]

이때 남편 이아손의 배신을 알고 상처 입은 암사자처럼 으르렁대
는 메데이아가 등장합니다. 이제 그녀는 복수를 위해서라면 무엇이
든 할 수 있는 위험한 존재죠.

메데이아 아아, 이 고통! 이 비참한 고통이여! 끝없는 눈물의 세계로 날
초대하는구나. 오! 증오에 휩싸인 어미의 저주받은 자식들
아! 아비와 함께 죽어라! 온 집이여 무너져라![4]

메데이아는 코린토스의 여인들로 구성된 코로스에게 동정을 구

하면서 자신의 운명을 한탄해요. 그러면서도 '아이를 낳느니 차라리 싸움터로 뛰어들겠다'는 강인한 여성상을 보여 주죠. 이아손을 위해 가족도 고향도 버리고 먼 타국에서 외톨이로 지낸 인생을 뒤늦게나마 후회하며 복수의 칼날을 갈아요. 아, 덧없는 사랑이여.

이 장면은 막대한 지참금을 준비해야 하고 이혼도 할 수 없는 당시 아테네의 남성 중심적인 결혼 제도 속에서 불행한 삶을 살아가야 하는 여성의 위치를 드러냅니다. 예나 지금이나 결혼이라는 굴레 속에서 여자의 운명은 별반 다르지 않은 것 같네요. 긴 대사이지만 같이 읽어 보면서 메데이아의 상심을 느껴 볼까요?

메데이아 생명과 이성을 가진 만물 중에 우리 여자들이 가장 비참한 존재예요. 첫째, 거금을 들여 남편을 사야 하는 것도 모자라서 이 몸을 마음껏 지배하며 독재자 행세를 하는 상전으로 모셔야 해요. 첫 번째 불행이 두 번째 불행에게 왕관을 씌워 주네요. 우리 여자들에게 중요한 것은 좋은 남자를 얻느냐 나쁜 남자를 얻느냐예요. 이혼하자니 이건 여자들에게 불명예스러운 일이고, 그렇다고 남편을 거역하는 것도 불가능하니까요. 익숙하지 않은 관습과 규범 속에 살았던 여자는 집에서 이를 배운 적이 없으니 남편을 어떻게 잘 다뤄야 할지 몰라요. 차라리 점쟁이가 돼야 하죠.
이런 일을 잘 해내어 함께 살고 있는 남편이 쉽게 결혼의 멍에를 짊어진다면 부러움을 사겠죠. 그렇지 않으면 죽는 편이 더 나아요.

남자는 결혼 생활에 싫증이 나면 밖으로 나돌며 불만을 달랠
거리를 찾지만 우리는 남편만 바라보고 살 뿐이에요. 남자들
은 말해요. 자신들이 전쟁에서 창을 휘두르는 동안 여자들은
집이라는 울타리에서 위험 없이 안전하게 살고 있다고요.
명청이들 같으니! 난 임신을 한 번 더 하느니 차라리 세 번 더
전쟁터에서 적들과 싸우겠어요!⁵

엎친 데 덮친 격으로 크레온의 왕은 메데이아를 즉각 추방하라고
명합니다. 자신의 딸과 이아손의 결혼식을 앞두고 메데이아가 어떤
악랄한 짓을 저지를지 두렵기 때문이죠. 메데이아는 간청해요. 오갈
데 없는 몸, 아이들을 봐서라도 하루만 더 시간을 달라고요. 결국 크
레온 왕은 메데이아의 입에 발린 간계에 넘어가 돌이킬 수 없는 결
정을 내립니다.

크레온   너는 듣기 부드러운 말만 하는구나. 하지만 마음속으로 흉계
를 꾸미는 건 아닌지 끔찍이도 두렵다. 나는 너를 이전보다
더 신뢰할 수 없구나. 여자나 남자나 영리하고 말이 없는 사
람보다 욱하는 성질의 사람을 감시하기가 더 쉬운 법이지.
자, 되도록 빨리 떠나도록 하라!⁶

자, 이제 메데이아의 남편 이아손이 등장합니다. 자신을 위해 모
든 걸 걸었던 메데이아를 버리고 새장가를 드는 남자의 변을 들어
볼까요? 추방당하는 메데이아가 불편하지 않게 떠나도록 배려하기

위해 왔다는 어이없는 변명에 메데이아는 울부짖어요.

이아손 당신의 미래를 생각하고 이렇게 찾아온 것이오. 당신이 아이
들과 함께 한 푼도 없이 쫓겨나거나 궁핍하지 않도록. 추방에
는 많은 불편이 따르기 마련이니까. 설사 당신이 나를 증오하
더라도 나는 행운만을 빌 뿐이오. (중략)

메데이아 오오, 제우스시여, 당신은 가짜 황금을 분별해 내는 방법을 인
간들에게 알려 주셨으면서 왜 선과 악을 구별할 수 있는 징표
를 몸에 남기지 않으셨나이까? 왜 사악한 인간을 구분할 수
있는 표시는 타고나게 하지 않으셨나이까? (중략)

이아손 지금이라도 명심하시오. 내가 지금 왕실과 결혼을 하는 이유
는 공주의 매력 때문이 아니라, 이미 말했듯이 당신을 안전하
게 보호하고, 당신과 나 사이에서 태어난 자식들에게 왕실의
혈통으로 친족을 만들어 주어 우리 가족의 미래를 보장하려
는 마음이었소.[7]

이아손의 궤변에 기가 막혔던지 옆에 있던 코로스장도 한마디 거
들고 나섭니다.

코로스장 이아손님, 당신의 주장은 그럴싸하지만 내가 보기에는 솔직히
말해 당신은 아내를 배신했어요. 잘한 짓은 아닌 것 같은데요.[8]

이제는 메데이아도 한계에 다다랐어요. 무시무시하게도 아이들

1956년 독일에서 올려진 〈메데이아〉. ⓒGettyimages

을 죽이겠다 합니다.

> 메데이아 　나는 내 자식들을 죽일 거예요. 누구도 내게서 그 아이들을
> 구할 수 없어요. 난 이아손의 집을 송두리째 파괴할 거예요.
> 실로 끔찍한 일을 저지르고 나서 내 사랑하는 아이들을 죽인
> 죄를 피하기 위해 이 땅을 뜰 거예요. 원수들에게 웃음거리나
> 되는 일은 참을 수 없어요.[9]

　메데이아는 남편 이아손의 죄책감도 미련도 없는 태도에 오만 정
이 떨어져서 복수를 결심해요. 복수를 위해 자식을 죽이겠다는 결심
을 하는 비정한 어미이지만 어찌 마음이 편하기만 했을까요? 메데

이아는 아이들을 끌어안으며 몇 번이고 흔들리는 마음을 다잡습니다. 이미 이아손과 결혼할 새 신부와 크레온 왕을 독살한 후이니, 이제 자신과 아이들이 위험에 처하게 될 테니까요. 자신은 아테네의 왕 아이게우스Aegeus에게 부탁해 피난처를 확보해 두었고 이제 떠나면 그만이지만, 만약 아이들을 살려둔다면 복수의 씨앗으로 남아 누군가의 손에 죽게 될 수도 있어요. 그렇게 되느니 어미의 손에 죽는 게 낫다면서 망설이는 자신에게 칼을 들라고 수도 없이 외칩니다.

메데이아   너희들의 손을 이리 다오, 이 어미가 입 맞출 수 있게! 오 내가 그토록 사랑한 이 손, 입술! 내 자식들, 그토록 고귀한 얼굴을 가진 소중한 아이들. 세상의 모든 행복이 너희와 함께하기를. 그러나 이곳에서는 아니다. 이젠 이 세상을 떠나야 한다. 이 모든 게 너희 아버지 때문이다. 오! 달콤한 포옹이여. 내 아이들의 이토록 부드러운 살갗, 달콤한 숨결, 자 이제 내 품에서 떠나라. 더 이상 너희들을 볼 수가 없구나. 슬픔이 나를 덮치는구나. (중략)[10]

친구들이여, 내 결심은 확고해요. 나는 되도록 빨리 내 자식들을 죽이고 나서 이 나라를 뜰 거예요. 피로 손을 더럽히길 간절히 바라는 다른 이의 손에 아이들을 죽이라고 내주면서 늑장을 부리지 않을 거예요. 아이들은 죽어야 해요. 다른 방법은 없어요. 그렇다면 내가 생명을 주었으니 내가 그 목숨을 가져가야지. 어서, 심장아, 무장하라! 끔찍하지만 주저해서는 안 된다. 어서! 가련한 손을 뻗어 저 칼을 들어라. 고통스러운 경

주의 출발점에 서라![11]

자, 이제 모든 게 끝났습니다. 두 아이의 분홍빛 탐스러운 볼은 이제 핏기를 잃어 차갑게 식어갑니다. 이아손은 새 신부도 잃고 아이들도 잃었습니다. 분노에 찬 메데이아의 눈빛과 마주하게 되죠. 사랑의 밀어를 속삭이던 부부는 이제 철천지원수가 됩니다. 복수 이상의 악행. 사내에게 배신을 당한 여자가 사내의 새로운 상대에게 앙갚음을 하는 일이야 흔한 일이지만 어찌 어미가 자식을 죽일까요? 이아손과 메데이아가 서로에게 저주를 퍼부으며 이 모든 일의 원인은 당신 때문이라고 하는 이 장면에서 웃어야 할까요, 울어야 할까요? 메데이아는 이제 마치 신처럼 황금빛으로 빛나는 용이 끄는 수레를 타고 유유히 사라집니다.

이아손   오 내 자식들! 이 흉악한 어미 같으니라고!

메데이아   오 내 아들들아. 너희들을 죽인 아비의 나약함을 보라!

이아손   그 아이들은 내가 죽이지 않았소!

메데이아   아니, 당신의 그 더러운 욕정에 타오르는 마음과 새장가가 아이들을 죽인 거야.

이아손   뭐? 내가 새장가를 들어서 아이들을 죽였다고?

메데이아   이게 여자에게 하찮은 일이라고 생각했어?

이아손   아니, 상처 입을 일이라고 해도 이런 일을 저지른 건 악마야!

메데이아   아이들은 죽었어. 당신은 평생을 고통 속에 살 거야!

이아손   아니, 아이들은 당신의 머릿속에 끔찍한 저주를 퍼부으며 살아 있어!

메데이아   이 싸움을 누가 시작했는지 신은 알고 있어.

이아손   신들이 아는 건 당신의 그 썩어 들어가는 마음이오.[12]

—— 에우리피데스 시대의 그리스

에우리피데스는 두 명의 선배 작가와는 한참이나 다른 사람이었습니다. 두 번의 페르시아 전쟁에 참전하여 승리로 이끌었던, 그야말로 문무文武를 갖춘 아이스킬로스, 재무장관과 국가최고위원 등 정치가로서도 인정을 받은 소포클레스와는 달리 에우리피데스의 삶은 살아생전 네 번의 비극 경연 대회 우승 말고는 특별히 알려진 게 없습니다.

사교성이 떨어지고 무뚝뚝했다던 그의 성격을 엿볼 수 있는 짧은 이야기가 있어요. 에우리피데스가 태어나고 살았던 살라미스에 동굴이 하나 있었는데, 헬레니즘 시대와 로마 제정 시대에는 이곳이 관광 코스였다고 합니다. 번잡한 세상을 등지고 사람들을 멀리한 채 바다를 바라보며 사색하는 게 일이었던 에우리피데스가 자주 찾았던 곳이었기 때문이죠. 그가 살아있던 당시만 해도 3대 비극 작가 중 '제일 인기 없는 작가'라는 꼬리표가 늘 따라붙었지만, 불과 100여 년 후에는 에우리피데스가 종종 들렀다는 이 동굴에 사람들이 찾아올 정도였으니 그에 대한 후대의 평가는 완전히 달라졌어요. 알렉산드로스 대왕에게 정복을 당한 동방 지역 도처에서 그의 작품이 공연될 정도였으니까요.

실은 에우리피데스가 늘 수상에서 배제되고, 중요한 자리에 등용되지 못한 이유가 있습니다. 에우리피데스는 아테네의 제국주의 정책과 전통적 가치관이 언젠가는 그들의 발목을 잡는 몰락의 원인이 될 것이라고 예견했어요. 당연히 기득권을 잡고 있던 보수파들은 에우리피데스의 이런 비판적 시각을 비난했죠. 기적과도 같은 페르시아 전쟁의 승리에서 보듯이, 신들의 축복과 보호 아래 역사상 가장 뛰어난 문명을 일구어 낸 아테네의 무궁한 발전에 감히 의심을 품다니요. 에우리피데스는 분명 불편한 존재였습니다. 그러니 비극 경연 대회의 수상 결과를 손에 쥐고 있던 높은 분들이 에우리피데스의 손을 들어줄 리가 없었던 거죠.

에우리피데스가 살고 있던 당시 그리스의 상황은 숨가쁘게 바뀌고 있었습니다. 아이스킬로스와 소포클레스의 아테네는 페르시아 전쟁을 승리로 이끌고 그리스의 폴리스들을 단합시키며 전성기를 구가했죠. 하지만 에우리피데스 시대에 접어들자, 그리스의 도시 국가들은 이제 서로에게 창을 겨눕니다. 결국 아테네와 스파르타는 전쟁을 일으킵니다. 저 유명한 펠로폰네소스 전쟁 기원전 431~404년이에요. 하나가 되어 공동의 적 페르시아를 막아냈던 아테네와 스파르타는 30여 년간 긴 내전을 이어가고 마침내 그리스의 도시 국가는 분열해요. 전쟁의 승자는 스파르타. 그리스를 이끌던 아테네 시대에 종지부를 찍게 되자 그리스 도시 국가 사회 전체는 급격히 내리막길로 접어듭니다. 승자 없는 모두의 몰락이 펠로폰네소스 전쟁의 결말이죠.

비극을 번성시킨 아테네는 마치 한 편의 비극처럼 국가의 운명을 다하니 이것 또한 아이러니한 일이 아닐 수 없습니다. 언제나 그렇듯 불행의 씨앗은 인간들의 탐욕이었어요. 아테네에게 페르시아 전쟁의 승리는 달콤한 독이 됐죠. 페르시아와의 전쟁을 통해 한번 늘어난 군비와 무기들은 그대로 아테네에 남게 돼요. 결국 페르시아를 상대로 함께 피를 뿌린 전우였던 스파르타에게 칼날을 겨눕니다. 스파르타도 더 이상 아테네의 독주를 보고만 있을 수 없었고, 그래서 펠로폰네소스 전쟁이 일어나게 된 거죠. 어제의 동지가 오늘의 적이 되는 건 어렵지 않은 일이었어요.

그러면 다시 처음 질문으로 돌아가 볼까요? 에우리피데스는 과연 비극의 완성자였을까요, 비극의 살인자였을까요? 그의 작품《메데이아》도 읽고 그리스의 시대 배경도 훑어봤으니 조금 더 이해하실 수 있으리라 생각됩니다.

에우리피데스의 작품은 아이스킬로스와 소포클레스의 작품과는 확연한 차이를 보입니다. 니체는 아이스킬로스와 소포클레스의 작품은 운명과 정의의 화해로 결말을 맺기 때문에 완벽한 비극이라고 생각했죠. 그런 의미에서 봤을 때 에우리피데스의 작품은 낙제점이었어요. 먼저 형식적으로도 이전의 두 선배 작가가 쓴 비극과는 확연히 다른 모습을 보여요. 에우리피데스의 비극에서는 디오니소스를 경배하는 제의에 빠질 수 없었던 코로스의 노래가 사라집니다. 영웅의 고뇌와 결단에 이러쿵저러쿵 조언을 하던 코로스 대신 자신의 심정을 대변하는 독백이 처음으로 등장해요. 이제 인간은 주어진 운명 앞에 무릎 꿇는 게 아니라, 내부에 잠들어 있던 열정을 깨워 스스로 주인공으로 나섭니다. 운명의 열쇠를 쥐고 있던 신은 뒤로 물러나야 했죠. 특히 에우리피데스는 전쟁의 희생자들 중 가장 비극적인 운명에 맞서야 했던 여성을 전면으로 내세운 작가였어요. 메데이아야말로 남편에게 버림받을 운명을 거스른 여인의 대명사니까요.

에우리피데스 이후 이렇다 할 비극 작가는 더 이상 나오지 않았습니다. 비극은 에우리피데스를 마지막으로 죽은 게 사실입니다. 도시 국가 아테네의 쇠퇴, 그리스의 분열과 함께 비극도 그 생을 마감하고 아리스토파네스Aristophanes로 대표되는 희극의 시대가 열리죠. 에우리피데스는 비극의 완성자이면서 동시에 살인자이기도 했어요. 대중의 인기에 부합하지 않고 비극의 형태와 내용에 변화를 시도하면서 새로운 영역을 탐구했지만, 그의 노력을 마지막으로 비극의 시대는 사라졌으니까요. 위대한 드라마의 시간은 짧았습니다. 하지만 비극의 탄생은 이후 인류의 역사와 모든 예술의 원형이 됩니다. 아리스토텔레스도 비극의 종말에 애도를 표하며 이렇게 말했죠.

"희극은 우리만 못한 인간을 모방하려 하고, 비극은 우리보다 더 나은 인간을 모방하려 한다."[13]

the KILLING of a
SACRED DEER

Colin Farrell Nicole Kidman Barry Keoghan
Raffey Cassidy Sunny Suljic Alicia Silverstone Bill Camp

감독 | 요르고스 란티모스
출연 | 콜린 파렐, 니콜 키드먼, 배레 케오간

영화 〈킬링 디어〉는 에우리피데스의 또 다른 비극 《아울리스의 이피게네이아》를 변주한 21세기형 복수극이라고 할 수 있습니다. '이피게네이아'는 앞에서 함께 읽은 '엘렉트라'의 언니 이름이죠. 아버지 아가멤논에게 죽임을 당한 딸. 아가멤논 가족의 죽고 죽이는 잔인한 복수극은 이렇게 수많은 작가들의 펜을 움직이게 했죠.

원제인 《The Killing of a Sacred Deer》가 의미하는 '신성한 사슴 죽이기'는 아가멤논이 엘렉트라의 언니 이피게네이아를 왜 죽였는지, 그로 인해 아내 클리타임네스트라의 손에 아가멤논이 왜

죽을 수밖에 없었는지 이유를 밝히는 비밀의 열쇠와도 같아요. 트로이 전쟁으로 원정을 떠난 아가멤논은 사냥의 신 아르테미스의 사슴을 실수로 죽입니다. 신의 저주로 2년 동안 출항을 못하고 발이 묶이게 된 아가멤논은 맏딸 이피게네이아를 제물로 바쳐야 한다는 신탁을 받고 깊은 갈등을 하죠. 딸의 목숨이냐, 수천 명의 군사들이냐. 결국 아가멤논은 딸을 찌릅니다. 순간 죽은 줄 알았던 딸이 피 흘리는 사슴으로 변신해요.

란티모스 감독은 이 오래된 그리스 비극을 통해 자신의 죄를 자식의 희생으로 씻는 아버지의 이야기를 섬뜩하게 그려 냅니다. 흉부외과 전문의 스티븐과 안과 의사인 부인 애나, 그리고 그들의 두 자녀. 남부러울 것 없어 보이는 이들의 행복한 일상은 열여섯 살 소년 마틴이 찾아오며 서서히 균열이 생기죠. 마틴은 스티븐이 의료 사고로 죽게 한 환자의 아들이었습니다. 마틴은 스티븐에게 내 아버지를 죽게 했으니 당신의 가족도 죽어야 한다고 말해요. 가족 중 한 명의 목숨을 내놓지 않으면 모두 다 죽게 하겠다고 합니다.

2017년 칸 영화제 각본상을 수상한 이 영화는 관객을 상상치 못한 섬뜩한 상황에 내몰고 선택의 기로에 서게 하죠. 당신은 가족 중 누구를 죽게 할 건가요?

9장

나, 그때로 돌아갈래!
삶의 열정이 그리울 때

《에쿠우스》

피터 쉐퍼

"의사는 열정을 파괴할 수는 있지만 창조할 수는 없습니다."

—— 스물여섯 마리 말의 눈을 찌른 소년

갑자기 때 아닌 고백을 해야겠는데, 처음 이 책을 쓰려고 책상에 앉았을 때 가장 먼저 떠올린 세 명의 희곡 작가가 있었습니다. 바로 《에쿠우스》의 피터 쉐퍼 Peter Shaffer, 1926~2016, 《고도를 기다리며》의 사뮈엘 베케트, 그리고 《인형의 집》의 헨리크 입센입니다. 저의 손을 잡아 연극의 매력 속으로 깊숙이 이끈 사람이 바로 이들이었어요. 역사학도답게 풍부한 역사적 지식을 바탕으로 연극의 주제를 넓혀 나가는 쉐퍼의 섹시한 두뇌에 반했고, 언제 올지 모를 고도이건만 그럼에도 불구하고 희망을 가지고 기다려야 한다고 조용히 말을 건네는 베케트의 위로에 눈물이 핑 돌았습니다. 100년 전이지만 지금보다 훨씬 더 진취적인 여성상을 만들어 낸 입센은 또 어떻고요.

《에쿠우스》희곡의 첫 장을 넘기면, 쉐퍼의 짧은 글이 실려 있어요.

2년 전 어느 주말, 나는 친구와 함께 황량한 시골길을 자동차로 달리고 있었다. 마구간을 지날 때 갑자기 그 친구는 며칠 전 런던의 어느 파티에서 들었던 놀라운 범죄 사건을 떠올렸다. 그는 끔찍한 대목만 기억하고 있었다. 이야기는 1분도 채 못 되었다. 하지만 강렬한 호기심을 불러일으키는 데 충분했다.

몇 해 전에 일어난 이 사건은 극도로 정신이 불안한 한 소년이 저지른 것이었다. 지방 법정은 커다란 충격에 빠졌다. 그러나 일관성 있고 조리 있는 설명이 결여되어 있었다.

몇 달 후 친구가 세상을 떠났다. 그가 한 말을 확인할 수도, 더욱 상세히 물어볼 수도 없게 되었다. 친구는 이름도, 장소도, 시간도 알려 주지 않았다. 아마 친구도 몰랐을 것이다. 내게 남은 것이라고는 친구가 내게 들려 준 끔찍한 이야기와 그것이 불러일으킨 감정이었다. 나는 이 사건을 전적으로 내 나름대로 해석하고 싶은 욕구에 불탔다. 설득력 있는 행동을 위해 나는 심리적인 세계를 창조해야만 했다.[1]

영국의 어느 소도시에서 엽기적인 사건이 일어납니다. 한 소년이 말 스물여섯 마리의 눈을 쇠꼬챙이로 찔러 버린 잔인한 범죄. 피터 쉐퍼는 친구에게서 이야기를 듣고는 당장 희곡을 쓰기 시작하죠. 작품을 구상한 지 2년 6개월 만인 1973년 7월, 영국 국립극장 올드빅에서 20세기를 대표하는 연극의 초연 무대가 올라갑니다. 〈에쿠우스〉. 라틴어로 '말'을 의미하는 이 작품은 이듬해인 1974년 10월 미국 브로드웨이에서 공연되면서 전 세계적인 신드롬의 주인공이 됩니다.

점잖은 영국 관객들의 미적지근한 반응과 달리 미국 언론과 평단, 관객들은 동시에 열광해요. 3년 동안 1,209회 공연 기록을 세우더니 오스카상 작품상과 연출상, 그리고 온갖 연극상까지 휩쓸어 버립니다.

말의 눈을 찌르는 소년 '알런'과 그를 치료하는 정신과 의사 '다이사트'의 심리전은 마치 잘 짜인 추리극처럼 팽팽한 긴장감으로 관객을 몰고 가요. 1분짜리 이야기에서 얻은 영감은 쉐퍼를 20세기를 대표하는 희곡 작가의 반열에 올려놓죠. 잡지와 일간지의 문화면은 연일 피터 쉐퍼의 인터뷰를 실어 날랐습니다. 쉐퍼 역시 전혀 생각지도 못한 반응이었죠. 〈타임〉지와의 인터뷰에서는 이렇게 말할 정도였으니까요. "이런 일은 내게 처음입니다. 생각하면 할수록 눈물이 나는군요."

—— 류덕환과 정태우의 알런

알런과 그가 사랑하는 말 너제트를 처음 만난 순간이 지금도 생생하게 기억납니다. 2009년 '연극열전3'의 개막작으로 〈에쿠우스〉가 발표됐습니다. 연극열전과 실험극장이 공동 제작하고 다이사트 역에 송승환·조재현, 알런 역에 류덕환·정태우가 더블 캐스팅됐죠. 송승환과 조재현은 젊은 시절 알런 역을 맡은 데 이어 중년 배우로서 다이사트로 무대에 다시 서게 됐으니, 옛 추억이 있는 관객들에게는 다시없을 관극 기회이기도 했죠.

언제나 그렇듯이 화제의 중심은 알런이었습니다. 국내외를 막론

2009년 '연극열전3'의
개막작 〈에쿠우스〉.

하고 신인 배우의 스타 등용문이라고 할 정도로 수많은 명배우들이
거쳐간 알런을 이번엔 어떻게 연기할지 궁금했습니다. 또 류덕환·정
태우 모두 TV 드라마와 영화에서 이미 그 연기력을 인정받는 배우
들이니 더욱 큰 관심이 쏟아졌죠. 각각의 무대를 모두 챙겨 보는 관
객들도 많았어요. 같은 희곡, 같은 무대더라도 배우에 따라 달라지
는 연극의 묘미가 있으니까요.

　연극이야말로 배우의 예술입니다. 하지만 배우의 연기를 완성하
는 건 바로 관객이죠. 머릿속으로 수없이 암기한 대사도 관객의 반
응에 따라 다르게 나타나요. 배우와 관객이 만들어 내는 단 한 번의
하모니. 막이 내리면 그날 밤의 공연은 홀연히 사라지고, 내일은 또

내일의 공연이 완성됩니다.

　같은 역에 더블 캐스팅된 배우들의 무대를 비교해 보는 건 더 재미있어요. 처음 볼 때 눈에 들어오지 않던 사소한 것들이 보이기 시작하는데, '아, 저 배우는 같은 대사를 하더라도 손을 펼치면서 이야기하는구나. 이번엔 좀 더 화를 내면서 얘기하는 것 같은데?' 하는 식이죠.

　다음 단계로 가면 연출의 의도까지 보입니다. 미리 읽었던 희곡을 머리에 떠올려 보는 거죠. 종이 속에 글자로 갇혀 있던 지문들이 무대 위에서 살아 움직이는 순간, 내 상상 속의 배우와 비교하며 눈앞의 연극을 볼 수 있습니다. 그러니 매번 다른 연극을 보는 듯한 느낌일 수밖에요.

　류덕환과 정태우의 알런은 그들의 다른 연기 색깔만큼이나 새로운 캐릭터를 선보였습니다. 류덕환의 알런이 부모의 강요와 사회의 규범 속에서 흔들리는 10대 청소년의 미묘한 심리 변화를 탁월하게 표현했다면, 정태우의 알런은 좀 더 강인한 인상을 줍니다. 말을 타고 달리는 장면은 정태우의 베스트 신이었죠. 하지만 사실 류덕환과 정태우에게 가장 큰 행운은 송승환과 조재현을 만난 것이었을 테죠. '알런' 출신 선배들인 이 두 사람만큼 순수함과 광기를 동시에 연기해야 하는 이 어려운 배역을 깊이 이해하는 사람이 또 있을까요?

　하지만 이들만큼이나 중요한 배역이 또 있었으니 바로 에쿠우스. 말입니다. 여섯 마리 말들의 움직임을 마임으로 표현해야 하는데, 바로 이 연극이 특별한 이유가 여기에 있거든요. 말과 알런이 함께 뛰며 빚어내는 호흡이 하나 되는 순간. 그 어떤 연극에서도 볼 수 없었던 시각적인 새로움과 함께 원초적인 에너지가 무대를 뚫고 폭발

2009년 '연극열전' 무대에는 역대 〈에쿠우스〉 역사상 가장 섹시한 말들이 무대에 올랐다.
ⓒ연합뉴스

할 것 같은 카타르시스를 느낄 수 있으니까요.

'연극열전' 무대에는 역대 〈에쿠우스〉 역사상 가장 섹시한 말들이 무대에 올라 카메라 세례를 받았습니다. 오디션 공고를 내서 찾은 여섯 마리 말들. 공연 직전까지 그야말로 '말 근육'을 만들라는 특명을 받은 그들은 살인적인 다이어트 식단에 도저히 엄두도 낼 수 없을 운동을 한 다음 무대에 올랐습니다. 조명 아래 비추는 몸의 움직임은 그 어떤 대사보다도 강렬한 인상을 관객에게 남겼죠.

오래전부터 한국 관객의 〈에쿠우스〉 사랑은 남달랐습니다. 영국과 뉴욕 공연 바로 이듬해인 1975년에 국내에 초연됐으니 빠르게 소개된 셈이었죠. 관객들의 반응은 그야말로 센세이셔널. 그때부터 '최초'라는 기록을 하나씩 세워 갑니다.

초연 무대를 올린 극단 '실험극장'은 운니동 극장 앞에 몰려드는 관객이 감당이 안 되어 '최초'로 예매 제도를 도입했고, '최초'로 누적 관객 1만 명을 돌파시키더니, '최초'로 6개월 연속 장기 공연에 돌입합니다. 그러니 한국 연극사는 〈에쿠우스〉 이전과 이후로 나눌 만하고, 그 중심에는 극단 실험극장이 있었습니다. 초연 이후 40년이 넘은 지금까지도 거의 매년 〈에쿠우스〉 무대를 꾸준히 올리고 있으니, 한국 연극사의 부침 속에서 이렇게 오랫동안 꾸준히 한 작품을 올리는 극단이 있다는 게 얼마나 감사한 일인지요. 40년 전 운니동 앞에 줄을 섰던 부모님 세대의 연극 팬들과 지금의 젊은 연극 팬들을 이어 주는 유일한 연결고리이자, 함께 나눌 수 있는 추억이니까요.

극단 실험극장은 우리나라에서 가장 오래된 민간 극단으로 1960년에 창단됐습니다. 이듬해인 1961년 선보인 창단 연극은 부조리 연극의 대가 외젠 이오네스코의 〈수업〉. 이후 수많은 명작과 명배우들을 배출하며 한국의 대표적인 극단으로 자리 잡았죠. 1975년 실험극장은 전용 극장을 엽니다. 소극장 운동의 효시가 된 종로구 운니동 옛 덕성여대 교문 옆, 150석짜리 소극장에서 〈에쿠우스〉 한국 초연 무대가 올라가요. 이후 〈신의 아그네스〉, 〈사의 찬미〉 등 대표 레퍼토리들을 발표하다가 1992년 운현궁 복원 정책에 따라 인근 지역의 모든 건물들이 철거되면서 극장도 문을 닫습니다. 몇 번의 극장 이전, 대표 교체와 함께 재정난까지 겪게 되면서 실험극장이 운영하던 소극장 시대는 쓸쓸히 막을 내리죠. 하지만 지금도 대학로를 지키며 〈에쿠우스〉 공연을 이어가고 있으니 그저 오랫동안 볼 수 있기를 바랍니다.

—— 코드로 읽는 《에쿠우스》

작품을 본격적으로 읽기 전에 《에쿠우스》가 왜 이렇게 오랫동안 사랑을 받고 있는지 이해하기 위해 몇 가지 코드를 짚어 보면 어떨까 싶습니다. 많은 분들이 극의 어두운 분위기와 추리극처럼 펼쳐지는 이야기 때문에 난해하지는 않을까 지레 걱정부터 하지만, 그럴 필요가 전혀 없어요. 오히려 하나하나 밝혀지는, 사건의 진실로 다가가는 과정이 손에 땀을 쥘 만큼 흥미롭습니다.

브로드웨이 공연이 대성공을 거둔 이후에 〈에쿠우스〉는 1977년 영화로도 제작됩니다. 연극에 출연했던 두 명의 배우, 다이사트 역

1977년 영화로 제작된
〈에쿠우스〉.

의 리처드 버턴Richard Burton과 알런 역의 피터 퍼스Peter Firth 모두 그대로 캐스팅되어 무대 버전을 충실히 살렸죠. 하지만 연극을 보고 난 뒤 영화를 보니 어쩐지 김이 새 버린 콜라를 마시는 느낌이랄까. 연극이라는 무대 예술에서만 느낄 수 있는 극적인 에너지가 모두 빠져 있기 때문이었어요.

이때 다시 한 번 무릎을 치게 되는 건 '희곡 작가'로서 피터 쉐퍼의 탁월함. 쉐퍼는 희곡은 물론 영화, 드라마, 라디오 대본까지 썼던 그야말로 전천후 작가였습니다. 그는 각 매체의 특성을 분명하게 이해하면서 그에 맞는 글쓰기를 했죠.《에쿠우스》는 처음부터 연극 제작을 위해 써진 거예요. 치밀하게 계산된 인물들 간의 대사, 빠르게 전개되는 장면 전환, 여기에 배우들의 폭발하는 에너지가 더해져 무대에 생명력을 더해요. 이 작품 본연의 맛은 영화 속 리처드 버턴이라는 걸출한 배우, 잘 꾸며진 다이사트 박사의 사무실 세트에서 나오는 것이 아니라, 나무 의자 하나 달랑 놓여 있는 원형 무대를 가득 메우는 작가의 연극적 상상력 때문이니까요. 〈에쿠우스〉를 꼭 연극으로 봐야 하는 이유입니다.

• 첫 번째 코드— 말

연극 〈에쿠우스〉는 그 제목처럼 사실 말이 주인공입니다. 소년 알런의 숭배와 사랑의 대상이지만 결국 눈이 찔리고 마는 말. 쉐퍼는 알런이 어렸을 때 처음 말을 보게 되는 순간, 그리고 특별히 사랑한 말 너제트와의 관계를 설명하기 위해 많은 비중을 할애해요. 막이 열리면 첫 장면부터 말과 알런이 스포트라이트 속에 서서히 등장하죠.

무대를 희미하게 비추는 조명. 알런이 스포트라이트를 받으며 서 있다. 열일곱 살, 군살이 없는 탄탄한 몸의 소년은 스웨터와 청바지 차림이다. 알런 앞에는 말 너제트가 있다. 머리를 말 어깨에 기대고, 손을 뻗어 말 머리를 쓰다듬는 알런의 자세는 무척이나 부드러운 자태를 자아낸다. 말도 알런의 목에 코를 비벼댄다.

담배 라이터가 어둠 속에서 불빛을 튕긴다. 서서히 원형 무대 안에 조명이 비춘다. 무대 전면 왼쪽 벤치에서 마틴 다이사트 박사가 담배를 피우고 있다. 40대 중반의 남성.

다이사트 소년이 포옹하는 세상 단 하나의 특별한 말, 너제트. 말도 땀에 젖은 이마를 소년의 뺨에 파고들어 비벼대고, 그 둘은 어둠 속에서 한 시간 동안이나 그대로 서 있습니다. 마치 목을 꺼안고 애무하는 연인들처럼 말이죠. 말도 안 되게도 저는 온통 그 말 생각뿐입니다! 소년이 아니라, 그 말이요. 제가 뭘 할 수 있을까요. 저 거대한 말 대가리가 재갈이 물린 입으로 소년에게 키스하는 걸 바라만 볼 뿐입니다. 배를 채우거나 종족을 번식시키는 일과는 전혀 상관도 없는 욕망은 재갈 물린 입으로 소년을 자극하죠. 도대체 그건 무슨 욕망일까? (중략)[2]

마임으로 말을 연기해야 하는 배우들을 위해 지문도 세심하게 적어 놓습니다.

타가닥타가닥 말발굽 소리. 말을 연기하는 세 명의 배우가 자리에서 일어선다. 그들은 일제히 함께 무대 좌우측 사다리에 걸려 있는 말 가면을 벗겨 내어 정확한 타이밍에 가면을 쓴다. 그리고 말의 움직임처럼 몸을 흔들며 무대로 걸어 들어간다. 머리보다 높게 치솟은 말 가면의 목을 돌리고 좌우로 흔든다.- 말이 등장하는 장면마다 가끔 그런 동작을 할 것이다.-가면의 금속이 조명을 받아 번득인다.[3]

사람들이 가면을 쓰고 말 행세를 하다니! 어쩐지 우습지 않을까 하는 생각이 들겠지만 실제로 무대에서 이들의 등장을 보노라면 엄숙한 전율마저 느껴집니다. 당연히 연출마다 말들을 표현하는 방법은 다양할 수밖에 없겠죠. 영국과 뉴욕 공연 버전을 보면 철제 가면을 쓰고 높은 말발굽을 신고 있는데, '연극열전'에서는 말들의 길고 단단한 다리를 상징하듯 가죽 팬츠에 부츠를 신고, 여기에 말갈기 같은 헤어와 강한 메이크업으로 관객의 눈길을 사로잡았죠.

• 두 번째 코드― 배우

시대를 관통하며 매 공연 때마다 화제를 모으는 〈에쿠우스〉를 이야기할 때 빼놓을 수 없는 것이 바로 배우들입니다. 폭발하는 에너지와 사춘기 소년의 불안함, 사랑했던 말의 눈을 찌르는 잔인함까지 동시에 연기해야 하는 '알런', 그리고 지금은 사라지고 없는 가슴속 열정을 그리워하는 정신과 의사 '다이사트'는 연기력을 인정받는 남자 배우들이라면 꼭 연기해 보고 싶은 매력적인 캐릭터입니다.

1대 알런부터 최근까지 화제를 모았던 배우들을 한번 볼까요? 강태기·송승환·최재성·최민식·조재현·류덕환·정태우까지. 어떤 배우가 연기하는 알런을 가장 보고 싶으신가요? 이제는 고인이 된 강태기 배우를 비롯해 당시 20대 청년으로 무대 위에서 열연을 펼쳤던 알런들은 어느새 다이사트 의사처럼 실제로 중년의 나이가 됐습니다. 다이사트가 소년 알런이 잃어버릴까 걱정했던 열정을 그들은 그대로 품고 있을까요? 문득 궁금해집니다. 다이사트를 맡은 배우들도 화려해요. 신구·이호재·안석환이 무대에 섰죠. 2001년에는 한국 연극을 대표하는 여배우 박정자가 다이사트를 맡아 화제를 모았습니다.

브로드웨이의 스타 캐스팅도 화려합니다. 〈에쿠우스〉 공연 역사상 가장 유명한 세 명의 다이사트가 있는데요. 영화 〈양들의 침

대니얼 래드클리프의 공식적인 성인 연기 데뷔작 〈에쿠우스〉. ⓒGettyimages

묵〉의 한니발 렉터Hannibal Lecter·앤서니 홉킨스가 다이사트로 연극 데뷔를 한데 이어 앨프리드 히치콕Alfred Hitchcock 감독의 〈싸이코〉에서 열연한 앤서니 퍼킨스Anthony Perkins가 바통을 이어받습니다. 어머니의 시체를 집에 두고 이야기를 나누는 정신 이상 살인마가 정신과 의사가 되어 또 다른 사이코 소년을 치료하다니, 이 아이러니한 상황을 관객들은 즐겼죠. 여기에 '이슈메이커' 리처드 버턴까지. 연극 무대를 떠나 한동안 영화에만 출연하던 그는 무대 복귀작으로 〈에쿠우스〉를 선택했는데, 마침 엘리자베스 테일러와의 두 번째 결혼마저 파경 소식이 전해지자 사람들은 그를 보기 위해 극장으로 달려갔습니다. 이들 명배우들이 〈에쿠우스〉를 널리 알리는 데 일조했죠. 최근에는 〈해리포터〉 시리즈의 주인공 대니얼 래드클리프가 알런으로 무대에 올라 전 세계적인 주목을 받았어요. 동그란 안경에 귀여운 미소를 짓던 작은 소년이 공식적인 성인 연기 데뷔를 하는 자리였는데, 티켓이 일찌감치 동이 났죠.

• 세 번째 코드— 누드와 섹스

'성적 판타지로 끓어오르는 도발적 드라마, 말 등 위의 오르가즘, 브로드웨이에서 발가벗기, 연극 사상 가장 길고 가장 밝은 누드 장면. 전신 누드에 혐오감을 느끼는 관객에게는 부적절한 연극, 긴 누드 장면이 있으니 주의하시오.'[4]

브로드웨이 공연 당시 신문들은 연신 자극적인 제목으로 〈에쿠우스〉 공연을 소개했습니다. 당연히 관객들의 호기심은 치솟을 수밖에 없었고 극장 앞은 발 디딜 틈도 없었죠.

〈에쿠우스〉에는 두 번의 누드 장면이 있습니다. 알런이 몰래 너제트를 끌고 나가 말을 탈 때 마치 엄숙한 제의처럼 옷을 모두 벗고 말 등 위에 올라가죠. 그리고 또 하나는 알런을 유혹하는 질과의 마구간 섹스 장면.

평단과 관객들의 반응은 극과 극으로 갈립니다. 포르노 연극이라는 비판까지 쏟아져요. 브로드웨이 공연에서 질을 연기한 로버타 맥스웰Roberta Maxwell의 인터뷰는 이 뜨거운 논란에 기름을 붓습니다. "난 영혼을 다 벗는 연기에 익숙해요. 이제 처음으로 모든 것을 다 벗을 준비가 되어 있죠. '오디션 때 제작자가 당신 가슴은 어때?'라고 물었을 때 내 가슴은 팽팽하고 모기 물린 자국 빼곤 티 하나 없었어요."[5]

《에쿠우스》 희곡을 읽어 보면 배우가 나체가 되는 이 두 장면이 얼마나 중요한 의미를 가지고 있는지 알게 되지만, 사실 이보다 좋은 입소문거리는 없었죠. 당연히 '티켓 완판'의 1등 공신이 될 수밖에요.

연극에서 알런이 말의 눈을 찌른 사건 못지않게 중요한 건 의사인 다이사트와 알런의 관계입니다. 때론 링 위에 오른 선수들처럼 강하게 서로 치고받는 대화 속에서 긴장감을 표현해야 하고, 때론 마치 연인처럼 서로에게 느끼는 미묘한 끌림마저 드러내야 하니까요. 작가 피터 쉐퍼는 실제로 동성애자였습니다. 그래서 다이사트와 알런의 관계를 동성애 코드로 해석하는 비평가들도 많죠.

알런의 누드 장면이 얼마나 화제가 되었는지, 1974년 봄 미국 대학의 캠퍼스에서는 '스트리킹'이 열풍처럼 번져 나가요. 발가벗고 대중 앞에서 맨몸으로 달리는 스트리커가 이때 처음으로 등장합니다. 젊은이들은 반전과 반문화운동이라는 사회적 저항을 벌거벗은 몸으로 표현해요. 마치 알런이 '난 맨몸이다, 맨몸이야'라고 절규하며 자유를 느끼는 그 순간처럼요.

자, 이제 이 정도면 〈에쿠우스〉의 알런과 다이사트를 만날 마음의 준비는 끝낸 것 같네요.

—— "의사는 정열을 파괴할 수는 있지만 창조할 수는 없습니다"

다이사트   그날 밤, 저는 아주 생생한 꿈을 꾸었습니다. 고대 그리스의 대제사장이 되어 고상하고 수염 달린 커다란 황금 가면을 쓰고 있었습니다— 미케네에서 발견된 아가멤논 왕의 가면 같은 것 말입니다. (중략) 아이들이 한 명씩 앞으로 나오면 제 시중을 드는 두 명의 제사장이 아이의 뒷덜미를 잡아채어 돌에다 치는 것입니다. 그러면 외과 의사 같은 솜씨로 칼을 가슴에 꽂고 우아하게 배꼽까지 죽 그어 내려갑니다. 마치 옷의 본을 따라 자르는 재봉사처럼요. 저 스스로도 놀랄 지경이었습니다. 피부를 가르고 창자를 끊어내어 확 잡아당겨서 그 뜨끈뜨끈하고 김이 나는 걸 마룻바닥에 던져버려요. 두 제사장은 상형 문자라도 읽듯 바닥에 남겨진 모양을 살핍니다. 남들이 눈치채지 못한 문제는, 아까부터 욕지거리가 나올 정도로 메스꺼움을 느끼게 된 것입니다. 희생자가 생길 때마다 구역

질은 더 심해졌죠. 마스크로 가려진 얼굴이 점점 창백하게 변해 갑니다. (중략) 그런데 그때, 그 빌어먹을 가면이 미끄러져 내려가는 게 아니겠습니까? 두 제사장이 돌아봤을 때 가면이 싹 벗겨져서 그들은 식은땀을 흘리고 있는 창백한 내 얼굴을 봅니다. 갑자기 황금색의 툭 튀어나온 눈알에 핏발을 세우고 내 손에서 칼을 낚아채어 가는데… 그때 잠에서 깨어난 것입니다.[6]

다이사트는 희곡에서 알런을 치료하는 정신과 의사이자, 사건의 전말을 밝혀 나가면서 관객에게 설명을 하는 화자이기도 합니다. 극의 초반, 알런 사건을 맡은 헤스더 판사의 소개로 소년의 치료를 시작하면서 다이사트는 지난밤에 꾸었던 꿈을 판사에게 이야기해요.

이 괴기스런 꿈에는 다이사트의 심리를 이해할 수 있는 몇 가지 상황이 숨겨져 있습니다. 다이사트 박사는 오랫동안 그리스를 동경해 왔죠. 신화 속 신들의 고향. 휴가 때면 그리스의 바닷가 마을에서 며칠을 보내다 오고 은퇴한 후에는 아예 그곳에 가서 살고 싶어 해요. 하지만 현실에서 하는 일이라곤 기껏 그리스 유적이 실려 있는 사진집이나 들춰 보고, 복제된 조각상이나 쓰다듬는 게 전부입니다. 그런 다이사트에게 말의 눈을 찌른 소년 알런은 자신에게는 이미 오래전에 사라져 버린 '행동하는 열정'을 깨우는 위험한 존재입니다. 사회에서 비정상이라고 낙인이 찍힌 아이들을 상담하고 치료해서 기껏 정상인으로 돌려놓는 일이 바람직한 일일까, 그는 늘 스스로 자문해요. 오히려 아이들의 배를 가르고 그 열정을 찔러 죽여버리는 칼날을, 규범으로 재단하고 획일화하는 사회에 겨누어야 하는 건 아닐까?

어느 날 밤, 알런의 엄마 도라가 다이사트 박사의 사무실을 찾아옵니다. 그러고는 알런에 대한 이야기를 하나 들려 주죠. 알런이 왜 말의 눈을 찌르는 행동을 했는지 드러나는 첫 번째 단서입니다.

도라　　　골고다로 향해 가는 예수 그리스도의 모습을 복제한 그림이었어요. 리드 화랑에서 보고는 홀딱 빠져들었죠. 알런은 용돈으로 그림을 사겠다고 고집을 부렸어요. 매일 밤 잠들기 전에 볼 수 있도록 침대 발치에 떡 하니 걸어놓았어요. 남편은 너무 못마땅해했지만요.

다이사트　종교 문제라서요?

도라　　　누구 편을 들자는 게 아니라. 전 알런이 좀 지나쳤다고 생각해요. 쇠사슬에 묶여 허리가 굽은 예수를 채찍으로 내리치는 로마 지휘관의 그림이었죠. 나라면 절대 그런 그림을 고르지 않았겠지만 아이에게 너무 간섭하는 게 좋지 않을 거 같아서 아무 말도 안 했어요.

다이사트　그런데 남편은 뭐라고 했군요?

도라　　　얼마간은 참더니만, 하루는 종교 문제로 저와 말다툼을 했어요. 그런데 갑자기 애 방으로 올라가더니 그림을 벽에서 찢어내 휴지통에 던져 버리는 게 아니겠어요. 알런은 심하게 성질을 부렸어요. 며칠간이나 울기만 했어요. 울보와는 거리가 먼 아이였는데 말이죠.

다이사트　그림 대신 말 사진을 받고 나니 나아졌고요?

도라　　확실히 그런 것 같아요. 말 사진을 똑같은 자리에다 걸어 놓고 나서는 적어도 서럽게 우는 소리는 못 들었으니까요.[7]

알런은 인쇄소에서 일하는 아버지 프랭크와 전업주부인 어머니 도라의 보살핌을 받는 평범한 가정의 아이였습니다. 부부는 사랑으로 키운 외아들이 왜 이런 말도 안 되는 끔찍한 일을 저질렀는지 도무지 이해할 수가 없어요. 그래서 서로에게 그 책임을 돌리죠. 무신론자인 프랭크가 보기에 아내 도라의 기독교 신앙은 지나칠 정도였죠. 늘 도라와 함께 성경이나 들여다보고 있으니 아들이 제정신이 아니라고 생각해요. 하지만 도라는 남편 프랭크의 강압적인 태도와 말투에서 원인을 찾아요. 알런이 용돈을 모아 산 예수 그림을 난폭하게 버린 프랭크의 행동을 비난합니다.

이 장면은 알런이 아버지로부터 신앙을 부정당하고 난 뒤, 그 자리를 말로 대체하는 과정을 보여 줍니다. 여섯 살 무렵 바닷가에서 모래성을 쌓고 있을 때 처음 만난 커다란 말. 알런의 마음속 깊이 잠재되어 있던 그 존재가 다시 되살아나요. 예수에게 보냈던 믿음과 숭배는 이제 말에게로 향합니다.

영화에서는 이런 과정을 더욱 선명하게 드러내요. 희곡에서는 어머니 도라가 다이사트의 사무실을 찾아오지만 영화에서는 다이사트 박사가 알런의 집을 직접 찾아가요. 그리고 알런의 방에 걸린 말 사진과 버려진 예수의 그림을 나란히 붙여 놓고 교차 편집을 해요. 말의 눈과 예수의 눈, 말의 재갈과 예수의 목에 걸린 밧줄. 이제부터 알런에게 말은 온 마음을 다해 사랑하는 대상, 곧 신이 됩니다. 알런은 말과 처음 만났던 그 순간을 생생하게 되살립니다. 땀 한 방울까지도. 다이사트는 알런이 회상하는 그 순간을 남기기 위해 녹음기 버튼을 누릅니다.

알런   청년은 나를 말 등에 올려 태웠어. 말의 목에서 흐른 땀이 내 다리까지 적셨지. 그는 나를 단단히 잡고는 내가 가고 싶은 데로 말을 몰게 해 줬어. 원하는 곳은 어디든 갈 수 있는 그 힘… 너무나도 따뜻했던 말의 옆구리, 그 냄새… 그런데 갑자기 아빠가 나를 말에서 끌어내렸어. 난 땅바닥으로 굴러떨어졌지. 아빠를 두들겨 팼어야 하는 건데.

사이.

딴 얘기지만, 말이 처음 나타났을 때, 난 그 입을 올려다봤지. 정말 어마어마하게 컸다고. 입안엔 재갈이 있었어. 청년이 재갈을 잡아당기면 흰 거품이 떨어졌어. 난 "아파?"라고 물었어. 그랬더니 말이 대답했어. 말이 대답했다고──

고통스러운 듯 말을 멈춘다. 다이사트, 서류철에 메모를 한다.

(절망적으로) 그 후엔 언제나 똑같아. 타가닥타가닥 말발굽 소리가 들릴 때마다 보고 싶어서 달려 나가야 했어. 시골길이든 어디든 말야. 뭔가 날 끌어당겼어. 한눈을 팔수가 없었어. 보이는 건 오직 말의 살가죽, 목을 돌리는 모습, 주름에 고인 그

294

반짝이는 땀방울.[8]

처음엔 치료를 거부하고 알 수 없는 노래를 부르던 알런은 서서히 다이사트에게 마음의 문을 엽니다. 그리고 '어디 한번 나를 고쳐봐'라고 조롱하듯 하나하나 과거의 기억을 던지죠. 알런은 어느 날 질에 대해서 이야기를 꺼내요. 같은 마을 마구간에서 일하던 소녀 질은 알런에게 주말 일자리를 제안하죠. 알런은 드디어 그토록 숭배하던 말과 함께하게 됩니다.

마구간 주인과 질이 보기에 알런은 대단히 성실한 일꾼이었어요. 누구보다 말을 아끼고 잘 관리했으니까요. 하지만 이때부터 알런은 사람들의 눈을 피해 이상한 행동을 하기 시작해요. 자신과 말, 둘만의 비밀스런 제의.

다이사트와 알런이 마주하고 있는 무대에는 덩그러니 나무 벤치만 놓여 있습니다. 빈 무대는 알런의 회상에 따라 바닷가가 되었다가, 너른 벌판이 되었다가, 마구간이 되었다가 자유롭게 변해요. 놀랍게도 그 몰입도가 대단합니다. 알런의 나체 연기, 말과 함께 느끼는 오르가즘으로 논란이 되었던 유명한 장면을 읽어 보지 않을 수가 없겠죠.

(외친다.) 와!… 와!… 황홀해!

나는 단단하다! 바람 속에서 빳빳해진다!

내 갈기털이 바람 속에 빳빳해진다!

내 옆구리! 내 발굽!

내 다리와 내 옆구리의 갈기털이 나부낀다. 채찍처럼!

알몸!

알몸!

알몸!

나는 알몸이다! 알몸!

네 몸 위에 있는 나를 느끼는가! 네 몸 위에! 네 몸 위에! 네 몸 위에!

네 몸 안에 들어가고 싶다!

너와 하나가 되고 싶다! 영원히 영원토록!

에쿠우스, 너를 사랑해!

자!──날 데려가 줘!

우리를 하나로 만들어!

　알런, 미친 듯이 말을 몬다.

하나! 하나! 하나! 한 사람으로!

　알런, 말 등에 올라서 트럼펫처럼 소리를 낸다.
　히힝!　　히힝!──히힝!

알런, 불길처럼 뒤튼다. 고요.

회전하고 있는 무대는 1막 첫 장면과 같은 위치에 정지한다.

소년, 천천히 말 등에서 내려 땅 위에 선다.

머리를 숙여 너제트의 발굽에 입 맞춘다.

이윽고 머리를 뒤로 젖히며 말에게 외친다.

아멘!

너제트, 힝힝거린다.

——암전.⁹

다이사트는 알런을 치료하면서 점점 더 혼란을 느낍니다. 헤스더 판사에게 이렇게 말해요. 자신이 한번도 느껴보지 못한 격렬한 정열을 가진 알런이 부럽다고요. 판사는 그런 다이사트에게 끊임없이 이야기합니다. 아이를 정상으로 만들어 놓으라고.

판사가 말하는 정상이란 무엇일까요? 마구간을 나와 교육을 받고 성실하게 직장으로 출근하는 회사원? 이 연극에서 헤스더 판사야말로 사회적 규범을 재단하는 당사자이자, 모든 열정의 불씨마저 사라진 사람을 대표합니다. 적어도 다이사트 박사는 그 불씨를 꺼뜨리지 않기 위해 고뇌하니까요. 그리스로 떠나지 못하는 쳇바퀴 같은 삶, 사랑 없는 결혼을 지속하는 무기력 속에서 알런의 눈빛은 그에게 이렇게 묻고 있습니다. '적어도 난 달려 봤어! 그런데 넌 그래 본 적이 있어?'

드디어 말들의 눈을 찌른 그날 밤의 사건에 대해, 최면에 걸린 알런은 다이사트에게 하나씩 이야기를 꺼내기 시작해요. 연극은 절정으로 치닫습니다. 질이 알런을 유혹합니다. 마구간으로 알런을 데려가서 옷을 벗죠. 알런은 두려워하기 시작합니다. 질투의 신, 그러니까 말들의 눈이 자신을 지켜보고 있는 것만 같아요. 질과의 섹스를 끝내지 못한 알런이 갑자기 동요해요. 질을 마구간에서 쫓아내고 혼자 남아 말굽파개를 손에 쥡니다.

> 알런, 일어나서 벤치로 간다. 가상의 말굽파개를 집는다. 웃통을 벗은 등 뒤에 무기를 숨기고 천천히 너제트가 있는 무대 뒤쪽으로 향한다. 어둠 속에서 손을 뻗어 너제트의 가면을 쓰다듬는다.

알런   (부드럽게) 에쿠우스… 고귀한 에쿠우스… 충실하고 진실한… 신의 종… 그대―신은―이제 아무것도―보지 못한다!

> 알런, 너제트의 눈알을 찌른다. 말은 고통 속에서 발을 구른다. 끔찍한 비명이 극장을 채우기 시작한다. 그 소리는 점점 커진다. 알런은 다른 두 마리 말에게도 달려들더니 난간 너머로 눈알을 찔러 두 눈을 멀게 한다. 발을 구르는 소리가 더 커진다. (중략)
> 소년은 맹렬히 날뛰는 말발굽을 필사적으로 피하며 말들 사이에서 재빠르게 몸을 움직인다. 마침내 말들은 어둠 속에 뛰어들어 사라진다. 신음 소리도 갑자기 사라지고, 바닥에 주저앉아 가상의 말굽파개로 자신의 눈알을 찌르며 신경질적으로 소리치는 알런의 외침만 들린다.

알런   나를 찾아봐!… 찾아!… 찾아 보라고!… 나를 죽여라!… 죽여 달라고!…[10]

기절한 알런을 품에 안고 외치는 다이사트의 마지막 절규. 우리 모두를 향한 이 의미심장한 말이 오랫동안 마음에 남는 건, 이미 사라져 버렸다고 믿은 열정의 불씨를 뒤적여 보면 다시 살릴 수 있지 않을까라는 희망 때문이 아닐까요?

> 다이사트 소년을 봐요! 내 바람은 이 아이를 열정적인 남편, 배려심 있는 시민, 관념적인 유일신을 믿는 신도로 만드는 것일지도 모르지요. 그러나 나는 허깨비를 만들 가능성이 더 크단 말입니다. (중략) 하기야 의사는 열정을 파괴할 수는 있지만 창조할 수는 없습니다.
>
> 알런, 넌 다시는 말을 타고 달리는 일은 없을 거다. 말도 안전해지겠지. 넌 스쿠터를 자동차로 바꿀 때까지 매주 한 푼이라도 아껴서 저축할 거야. 남은 50펜스로 경마를 할지도 몰라. 말들이 이기면 더러 돈을 조금 벌든 아니면 조금 손해가 나든, 너에게 한때는 말이 그 이상의 존재였다는 것은 잊어라. 그러나 고통은 없을 거다. 괴로움은 완전히 사라지고 없을 거야.[11]

—— 희곡 작가가 될 줄은 몰랐어

피터 쉐퍼는 1926년 5월 15일 영국 리버풀에서 태어났습니다. 쌍둥이 형제 앤서니 쉐퍼도 함께였죠. 부동산 중개업자였던 아버지 사업이 꽤 괜찮아서 행복한 어린 시절을 보내지만 제2차 세계대전 이후 급격하게 가세가 기울어요. 런던으로 이사를 온 쉐퍼 형제는 영국 공립 학교 중에서도 유명한 세인트 폴 학교에 입학합니다. 군대에

피터 쉐퍼. ⓒGettyimages

징집되는 대신 3년간 켄트와 요크셔의 탄광에서 고된 시간을 보낸 후 런던으로 돌아온 쉐퍼는 케임브리지대학교에 장학생으로 들어가 역사학을 공부하죠. 훗날 쉐퍼의 많은 작품에서 역사 지식을 배경으로 한 소재를 찾을 수 있는 이유가 이 때문입니다.

사실 쉐퍼는 자신이 희곡 작가가 되리라는 생각은 전혀 못했다고 해요. 대학에 다니며 잡지 편집일을 하면서 작가의 꿈을 키웠지만, 뭐든지 혼자 일하는 걸 좋아하던 그는 연극이라는 공동 작업을 통한 예술은 자신에게 맞지 않다고 생각했죠. 대학을 졸업한 후 출판사에 일자리를 찾았으나 기회는 쉽사리 오지 않았습니다. 그의 선택은 미국행. 하지만 기회의 땅 미국도 그에게는 문을 열어 주지 않았죠. 몇 달 동안 서점에서 책도 팔아 보고, 뉴욕 공공 도서관 분실물 센터 창구를 지키며 버팁니다. 이때 짬짬이 드라마 한 편을 쓰는데 〈소금의 땅〉이라고 이름을 붙여요.

미국에서 일자리를 얻는 데 실패한 쉐퍼는 실망한 채 다시 영국으로 돌아옵니다. 그리고 마침내 '부지 앤 호크스'라는 악보 출판사에 취직해요. 교향악단용 악보 출판을 하게 됐는데 어찌나 일을 잘했던지 고속 승진은 물론 대표 자리까지 약속을 받습니다. 세계적인 극작가에게 이런 재능이 있었을 줄이야!

하지만 운명은 그를 작가의 길로 끌고 갑니다. 뉴욕에서 써 둔 〈소금의 땅〉이 TV 드라마로 제작되고, 이후에 완성한 〈돌아온 탕자〉도 BBC 라디오 드라마로 방송을 타게 되자 쉐퍼는 결심을 합니다. 안정된 자리를 떠나 작가가 되리라고요.

이후 술술 일이 풀렸다면 재미가 없겠죠. 이 세계적인 작가 역시 그 이름을 알리기 전까지 고군분투해요. 역시 작가였던 쌍둥이 형과 함께 두 편의 미스터리 스릴러 소설을 쓰고, 문학과 음악에 대한 비평을 하면서 근근이 지내던 그의 인생 항로를 바꾼 건 다름 아닌 희곡. 한 집안의 갈등을 감동적으로 그린 《다섯 손가락 운동》이 1958년 공연되면서 쉐퍼는 영국 연극계에 인상적으로 등장합니다. 그해 이브닝 스탠더드 연극상은 물론 주요 신인상을 휩쓸죠.

쉐퍼 자신도 몰랐던 극작가로서의 삶은 《태양 제국의 멸망》 발표 이후 더욱 확고하게 자리매김하게 됩니다. 스페인의 정복자 프란시스코 피사로Francisco Pizarro라는 실존 인물이 남미 대제국이었던 잉카 제국을 정복한 이야기를 담은 이 연극은 방대한 역사적 배경, 흡인력 있는 스토리, 화려한 무대 미술로 관객과 평단을 완전히 사로잡아요.

《에쿠우스》의 놀라운 성공에 이어 내리 3연타를 친 또 하나의 작품이 있으니 바로 《아마데우스》입니다. 많은 분들이 음악 천재 모차르트와 그를 시기하는 살리에르의 이야기를 그린 영화를 많이 기억하실 텐데, 그 원작이 바로 쉐퍼의 동명 희곡이에요. 연극보다 영화로 더욱 잘 알려진 〈아마데우스〉는 1985년 오스카 작품상을 비롯해 8개 부문을 수상했습니다. 쉐퍼에게는 각본상을 안겨 주었죠. 이후 쉐퍼는 몇 편의 현대극을 발표하며 꾸준히 글을 쓰면서 말년을 보냈지만 관객의 호응은 전성기 작품에 미치지 못했습니다.

아흔 살까지 장수하며 살았던 쉐퍼는 2016년 아일랜드에서 긴 인생 여정을 마감해요. 동성애자로 일생을 살다 간 그의 개인적인 삶은 많이 알려져 있지 않습니다. 임종의 순간은 조카딸이 지켰죠.

이미 쉐퍼의 희곡에 대한 저의 애정을 고백했듯이 〈에쿠우스〉만 보기에는 아쉬운 마음에 그의 다른 작품도 추천해 드리고 싶은데, 대표작인 〈아마데우스〉가 아니라 바로 〈고곤의 선물〉이라는 작품입니다. 한국에서도 그동안 두어 차례 공연된 정도라서 자주 볼 기회가 없는 연극이지만, 2009년 아르코예술극장에서 정동환과 서이숙 배우의 무대를 지금도 잊을 수가 없습니다.

스토리는 이래요. 어느 날 천재 극작가 에드워드가 의문의 죽음을 맞이합니다. 그의 곁을 지키던 유일한 인물은 아내 헬렌. 그리고 에드워드가 첫 번째 결혼에서 얻은 아들 필립이 헬렌을 찾아오면서 이들의 관계와 복수의 이야기가 서서히 밝혀지죠. 작품의 제목에 등장하는 '고곤'은 쳐다보기만 해도 무엇이든 돌로 만드는 메두사를 의미합니다. 과연 이 세 사람 중 누가 '고곤'일까요? 그리스 신화가 암시하는 상징으로 지적인 재미가 가득한 이 작품을 보면 아마도 저처럼 쉐퍼의 매력에 더욱 빠지게 되실걸요?

감독 | 찰스 비나메
출연 | 브루스 그린우드, 자비에 돌란

　어느 날 정신과 의사 로렌스 박사가 실종됩니다. 마지막 목격자는 그의 환자였던 마이클. 병원장 그린버그는 마이클에게 로렌스의 행방을 묻습니다.

　2004년 캐나다에서 초연된 후 미국, 영국, 프랑스 등 세계 각지에서 공연되며 화제를 모은 이 연극은 국내에서도 인기가 많은 배우이자 감독인 자비에 돌란의 주연으로 영화화되기도 했죠.

　〈엘리펀트 송〉은 많은 부분에서 〈에쿠우스〉를 연상하게 합니다. 먼저 정신과 의사와 소년의 만남. 두 사람의 치고받는 심리전 속에 드러나는 사건의 전모. 주인공인 소년이 사랑하는 동물인 말과 코끼리. 불완전한 아버지와의 관계, 여기에 정신과 의사의 불행한 결혼 생활까지. 〈엘리펀트 송〉은 〈에쿠우스〉에 대한 오마주가 아닐까 생각될 정도로 이야기를 끌고 가는 중심축들이 같은 방향으로 돌아가고 있죠. 그러니 두 작품을 비교해서 보는 재미가 있는데, 제 선택은 그래도 역시 〈에쿠우스〉.

　〈엘리펀트 송〉은 최근에 대학로 연극 무대에 자주 올려지고, 영화도 쉽게 찾아보실 수 있으니 여러분도 한번 비교해 보시죠. 어떤 작품의 손을 들어 주실 건가요?

10장

나의 약점과 슬픔에 대면해야 할 때

《욕망이라는 이름의 전차》

테네시 윌리엄스

"욕망이라는 이름의 전차를 타고, 묘지라는 전차로 갈아타서

여섯 블록이 지난 다음, 극락이라는 곳에서 내리라고 했어요."

── 작가가 사랑한 도시, 뉴올리언스

5월 초, 어둠이 내려앉은 초저녁. 흐릿한 흰색 건물 주위를 둘러싼 하늘은 오묘하고도 부드러운 청색으로, 거의 청록색에 가깝다. 이 빛깔은 이곳을 서정적으로 감싸며 퇴락한 분위기를 기품 있게 희석한다. 강가 창고에서는 바나나와 커피 향기가 희미하게 감돌고 그 너머 갈색 강물에서는 따뜻한 기운이 느껴진다. 길모퉁이 술집에서 들려오는 흑인 연주가의 음악이 잘 어울린다. 뉴올리언스 이 지역 모퉁이 언저리나 길 아래 몇 집에서는 갈색 손가락으로 신들린 연주를 하는 금속성 피아노 소리가 들려온다. 이 '블루 피아노'라는 곡은 이곳에 흐르는 삶의 정신을 드러낸다.[1]

어디선가 들려오는 감미로운 피아노 연주를 따라 느릿느릿 발걸

뉴올리언스 풍경. ⓒGettyimages

음을 옮겨 봅니다. 두툼한 고기를 굽는 듯, 달큰한 기름 냄새 뒤에 훅 따라오는 누린내, 저 멀리 멕시코만 너머에서 불어오는 뜨뜻하고 끈적거리는 바람. 온몸의 오감을 자극하는 이 도시, 뉴올리언스. 거리에 듬성듬성 서 있는 야자수와 쇠락한 유럽풍의 낡고 오래된 건물이 만들어 내는 이국적인 풍경 속에 흔들리며 서 있자니 어디선가 전차의 경적 소리가 들려오네요. 차가 멈춰 서고 빈 거리에 남겨진 아름다운 여인. 어쩐지 위태롭게 보입니다.

> 블랑슈　욕망이라는 이름의 전차를 타고, 묘지라는 전차로 갈아타서 여섯 블록이 지난 다음, 극락이라는 곳에서 내리라고 했어요.[2]

아, 드디어 그녀를 만났네요. 블랑슈 뒤부아.

'난 극도로 가난했으나 일생에서 가장 행복했던 몇 년간이었다.'[3]

작가 테네시 윌리엄스 Tennessee Williams, 1911~1983는 뉴올리언스에서 보낸 시간을 이렇게 회상해요. 올드 프렌치 구역인 뷰 카레 722번지 아파트 다락방에 하숙집을 구하고, 재즈 클럽의 전단지를 돌렸던 그 시간은 훗날 그의 많은 작품 속에서 다시 태어나죠. 윌리엄스가 '욕망이라는 이름의 전차'를 만난 곳도 뉴올리언스였습니다.

'가령 내가 정착한 곳이 있다고 한다면 그곳은 1938년 이래 내가 거의 생활해 온 뉴올리언스일 것이다. 나의 거처는 프렌치 쿼터의 로열이라는 거리 근처였다. 그런데 거리에는 두 대의 전차가 같은 궤도 위를 달렸다. 그 하나는 욕망 Desire, 또 하나는 묘지 Cemetries라고 써진 전차다. 로열 거리를 당당히 질주하는 이 전차들을 보고 있으면 그것이 프렌치 쿼터 사람들의 생활을 상징하고 있는 듯 생각됐다. 더군다나 그런 의미로서는 어느 곳에 살든 인간 생활은 같지만⋯ 이리하여 나는 《욕망이라는 이름의 전차》로 제목을 붙이게 됐다.'[4]

'욕망'이라는 이름의 전차가 실제로 있다니! 작가 테네시 윌리엄스가 쓴 글을 읽고는 그 전차가 어찌나 타 보고 싶던지요. 하지만 아쉽게도 전차는 1948년에 운행을 멈췄습니다.

—— 배종옥의 〈욕망이라는 이름의 전차〉

오랜만에 책장에 꽂혀 있던 희곡《욕망이라는 이름의 전차》를 꺼냈습니다. 2009년 가을 무렵, '연극열전3' 프로젝트 네 번째 작품으로 〈욕망이라는 이름의 전차〉를 제작하기로 했고, 이를 준비하기 위해서였죠. 그토록 가고 싶던 뉴올리언스로 향하는 비행기에 오르는 것처럼 흥분되는 순간이었습니다.

2010년 2월 22일 대학로 동숭아트센터 소극장, 〈욕망이라는 이름의 전차〉 기자 회견 한 시간 전. 이미 극장 로비는 카메라와 기자들로 발 디딜 틈 없이 붐볐습니다. 배우들을 가까이에서 촬영하기 위한 자리싸움이 시작됐죠. 기자들에게 입장 안내를 하면서 쏟아지는 질문에 답하랴, 무대 위 마이크는 문제가 없는지, 분장실 배우들은 준비를 마쳤는지 확인하며 그야말로 하이힐이 부러져라 뛰어다녔던 그날.

오랜만에 대학로 무대에서 만나는 테네시 윌리엄스의 작품, 그것도 블랑슈와 스탠리라는 연극사상 독보적인 캐릭터를 만들어 낸 〈욕망이라는 이름의 전차〉 공연 소식은 언론은 물론 많은 연극 팬들의 관심을 받았습니다. 인물들의 사실적인 심리 묘사가 눈에 띄는 이 작품의 성패는 단연 배우가 쥐고 있었죠. 연극 〈억울한 여자〉에서 놀라운 연기력을 선보여 당시 대학로 화제의 배우로 떠올랐던 이지하 배우가 스텔라를, 브라운관과 무대를 오가며 활약하던 이석준 배우가 스탠리를 맡아 연극 팬들에게 신뢰를 더했어요.

마치 영화 기자 회견장 같은 카메라 플래시 세례는 오랜만에 연극 작품을 선택한 배우 배종옥을 향했습니다. 오랫동안 TV와 스크

2010년 3월 24일 동숭아트센터에서 열린 〈욕망이라는 이름의 전차〉
프레스콜에서 배종옥이 열연하고 있다. ⓒ연합뉴스

린을 넘나들며 대중성과 연기력을 모두 갖춘 여배우로 사랑받아 온
그녀가 연기할 '블랑슈'는 한껏 기대를 모으기에 충분했어요.

"연극 〈에쿠우스〉의 알런이 남자 배우들의 로망이라면, 여배우들
의 로망은 〈욕망이라는 이름의 전차〉의 블랑슈일 거예요. 대학생 때
부터 꿈꿔 왔던 배역을 맡게 되어 너무 기쁩니다."

배종옥 배우가 기자 회견 때 밝힌 소감처럼 현실과 환상을 오가
며 불안정한 심리를 입체적으로 연기해야 하는 블랑슈는 사실 배우
에게 도전과도 같은 인물입니다. 아니, 연극 무대 자체가 오랫동안
연기를 해 온 배우에게도 늘 낯설고 두려운 공간이죠. 무대에 올라

조명이 켜지는 그 순간. 배우는 홀로 수많은 관객과 대면해야 합니다. TV와 영화에서 보이는 배우의 연기 뒤에 몇 번의 NG가 있는지, 얼마나 많은 편집이 있는지 우리는 알지 못합니다. 하지만 무대는 달라요. 수십 년간 TV와 스크린에서 연기력을 인정받은 관록의 배우가 전한 뜻밖의 하소연.

"무대에 오르면 가장 어려운 연기가 바로 손 처리예요. 기쁠 때, 화가 날 때, 아니면 대사를 하지 않고 있을 때, 손을 어디에 두어야 자연스러운지 알아내는 데 오랜 시간이 걸렸어요."

단 한 번의 실수도, 미세한 손동작도 편집 없이 관객의 눈에 그대로 보이는 공간이 무대이니까요.

"무섭죠, 잠이 오지 않을 지경이에요. 하지만 연기의 기본은 연극이에요. 두렵지만 제가 살아 있다는 느낌이 들죠. 가끔 젊은 배우가 무대에 선다는 소식을 들으면 '노력하는 배우구나' 하고 생각해요."

공연의 막이 오르기 며칠 전, 배종옥 배우와 함께 동석했던 인터뷰 자리에서 그녀가 한 이야기가 지금도 기억에 남아요. 아름답게 나이가 들어 가는 여배우의 연기를 무대에서 볼 수 있다는 즐거움, 지금도 종종 들려오는 배종옥 배우의 대학로 공연 소식이 늘 반가운 이유입니다.

—— 뉴욕과 런던 무대를 질주한 '욕망의 전차'

자, 그럼 이제 역사적인 브로드웨이 초연 현장으로 가 볼까요? 1947년 12월 3일 뉴욕 에델 베리모어 극장에서 〈욕망이라는 이름의 전차〉의 막이 올랐습니다. 블랑슈 역에 제시카 탠디 Jessica Tandy, 스탠리 역에 말런 브랜도 Marlon Brando, 미치 역에 칼 말든 Karl Malden, 스텔라 역에 킴 헌터 Kim Hunter가 출연했죠. 연출은 엘리아 카잔이 맡았습니다. 관객과 평단은 흥분을 감추지 못합니다. 855회 공연, 300만 달러 수익이라는 역사적인 흥행 기록을 세우면서 퓰리처상, 도널드슨상, 뉴욕극비평가협회상 등 3관왕을 수상한 최초의 작품이라는 기록도 남기죠.

이듬해에는 런던 공연까지 이어집니다. 영국을 대표하는 배우이자 연출가 로런스 올리비에 Laurence Olivier가 연출을 하고, 〈바람과 함께 사라지다〉(1939)로 오스카 여우주연상을 거머쥐며 스타로 떠오른 비비언 리 Vivien Leigh가 블랑슈로 캐스팅됐죠.

당시 두 사람은 부부였는데 로런스 올리비에에 대한 비비언 리의 사랑이 지극했다고 해요. 각자의 배우자를 버리고 결혼을 선택할 만큼 뜨거운 사랑이었지만 20년 후에 파국을 맞는 두 사람. 하지만 리는 올리비에를 잊지 못하고 그리워하며 남은 인생을 보내다가 쉰네 살이라는 이른 나이에 쓸쓸히 세상을 떠납니다. 그녀의 시신이 발견됐을 때 손에 쥐고 있던 올리비에의 사진 한 장. 세상 뭐 하나 아쉬울 것 없어 보이는, 그토록 아름다운 미녀도 한 남자를 잊지 못하다니. 하지만 올리비에는 리와의 사랑은 추억 속에 묻고 여든두 살까지 장수하며 왕성한 활동을 하다가 세상을 떠났습니다.

영국 연극사에서 로런스 올리비에의 이름은 빠질 수 없어요. 셰익스피어 전문 배우라 불릴 정도로 수많은 작품에서 명연기를 펼친 그는 배우 최초로 '경 sir' 호칭을 받았고, 영국의 '토니상'이라고 할 만한 '로런스 올리비에상'도 그의 업적을 기리기 위해 1976년에 만들어졌어요. 영국 국립극장 1,160석 메인 무대도 '올리비에 극장'이라부를 정도니 영국 연극에 익숙해지려면 그의 이름을 기억해 두시는게 좋겠죠.

—— 〈욕망이라는 이름의 전차〉가 만든 스타, 말런 브랜도

뉴욕과 런던을 휩쓴 연극의 성공은 1951년 영화 제작으로 이어집니다. 초연 연출가 엘리아 카잔이 감독을 맡았죠. 카잔은 테네시 윌리엄스의 〈욕망이라는 이름의 전차〉와 아서 밀러의 〈세일즈맨의 죽음〉이라는 전설적인 연극의 초연 연출가였어요. 또한 오스카상을세 번이나 거머쥐며 영화 연출에도 뛰어난 업적을 남긴, 그야말로현대적인 엔터테이너형 인물입니다. 당시 작가와 배우들은 카잔을만나기 위해 줄을 서야 했죠.

카잔의 지휘 아래 브로드웨이 초연 흥행 주역들이 다시 모여 카메라 앞에 섰습니다. 제시카 탠디만 쏙 빼놓고요. 블랑슈는 런던 무대에 올랐던 비비언 리에게 돌아가죠. 리는 영화에서 보여 준 완벽한 연기로 생애 두 번째 오스카 여우주연상을 수상해요. 그리고 칼말든은 남우조연상을, 킴 헌터는 여우조연상의 주인공이 되죠.

이쯤 되면 초연 무대의 히로인이었던 제시카 탠디의 속이 꽤나 쓰렸을 것 같은데, 아마도 그녀는 대기만성형 배우였나 봐요. 모건 프리먼과 함께 출연한 영화 〈드라이빙 미스 데이지〉로 여든한 살에 오스카 역사상 최고령 여우주연상을 수상하며 길이길이 이름을 남기

1951년 영화 〈욕망이라는 이름의 전차〉의 한 장면. ⓒGettyimages

니까요.

　오스카상을 놓친 또 한 명의 배우는 말런 브랜도. 그해 남우주연 상은 전설적인 명배우인 험프리 보가트Humphrey Bogart에게 돌아갔 지만 고작 스물네 살의 신인 말런 브랜도의 등장은 이미 할리우드의 대스타였던 험프리를 위협할 만큼 인상적이었습니다. 말런 브랜도 의 거친 남성미는 당시 서른세 살의 세계적인 스타 비비언 리의 원 숙미에 한 치도 밀리지 않아요. 결국 브랜도는 2년 후 엘리아 카잔 감독과 다시 호흡을 맞춘 영화 〈워터 프론트〉로 남우주연상을 손에 쥐었죠.

　〈욕망이라는 이름의 전차〉가 탄생시킨 스타 말런 브랜도 이야기를 좀 더 하지 않을 수가 없네요. 대학 1학년 때였던가? '노컷'이라는 영화 동호회에 가입해서 꼭 봐야 할 고전이라는 명목으로 그야말로 '무삭제판 영화'들을 섭렵할 무렵. 선배들의 만장일치 추천 목록에 있던 영화가 〈파리에서의 마지막 탱고〉였어요. 머리숱은 듬성듬성, 살집도 두둑하게 오른 중년의 브랜도가 우연히 만난 잔느라는 젊은 여인과의 육체적인 관계에 빠지는 이 영화를 보고, 브랜도의 퇴폐적인 분위기와 충격적인 영상에 며칠을 허우적거렸던 기억이 나네요.

할리우드의 온갖 성격 강한 캐릭터 전문이었던 브랜도의 필모그래피를 읊어 보자면, 〈욕망이라는 이름의 전차〉에서는 아내를 때리고 처형을 겁탈하지 않나, 〈워터 프론트〉에서는 돈 받고 사람 때리는 깡패가 됐다가, 〈지옥의 묵시록〉에서는 광기 어린 군인으로, 〈대부〉에서는 아예 마피아 두목으로 군림하더니, 〈파리에서의 마지막 탱고〉에서는 섹스 중독에 빠진 변태남이 되죠. 주간지 〈타임〉은 이런 브랜도를 '20세기 최고의 배우' 중 하나로 손꼽습니다.

'상남자' 말런 브랜도의 두 번째 오스카상 수상 거부는 꽤 유명한 이야기죠. 1973년 오스카 시상식장. 〈대부〉의 돈 꼴레오네Don Corleone였던 말런 브랜도가 남우주연상 수상자로 호명됩니다. 하지만 시상대에 오른 사람은 북미 원주민 인권 운동가 사친 리틀페더. 시상자가 건네는 트로피를 거절한 리틀페더는 인디언 차별에 항의하며 수상을 거부한다는 브랜도의 편지를 읽어 내려가요.

실제로 말런 브랜도는 '미국원주민운동AIM'의 창립 멤버로서 원주민의 권익 보호와 인종 차별 폐지에 앞장섰어요. 유색 여성들과 세 번의 결혼과 세 번의 이혼을 했을 정도로 그의 원주민 사랑은 유별나죠. 화가 고갱이 머물렀던 곳으로 유명한 타히티에 있는 섬을 아예 통째로 사들이기도 했습니다. 그는 '말런 브랜도의 섬'이라고 불리는 '테티아로아 섬'에서 구릿빛 피부의 젊고 아름다운 타히티 원주민 출신 여배우와 함께 말년을 보내요. 세상의 눈을 피해 자신만의 낙원을 가꾼 대부의 꿈은 브랜도 가문의 자손들이 이어받아 지상 최고의 리조트를 만들었고, 세계의 부호와 스타들이 그곳을 찾고 있죠.

이제는 작가와 배우 모두가 고인이 되고, 매일 밤 관객들을 이끌었던 무대의 열기도 마치 신기루처럼 사라져 확인할 길이 없지만, 아련한 흑백 필름으로 남은 영화 덕분에 〈욕망이라는 이름의 전차〉는 불멸이 됐습니다. 초연 연출과 배우들을 볼 수 있는 영화 덕분에 우리는 마치 1947년 브로드웨이 초연 현장에 있는 것처럼 상상의 날개를 펼 수도 있네요. 그럼 아직도 전차 역에서 서성이고 있을 블랑슈를 만나러 가 볼까요?

—— '벨 레브', 아름다운 꿈은 사라지고
여동생 스텔라의 집을 찾고 있는 블랑슈는 당황스럽기만 합니다. "이런 빈민가에 살 리가 없어." 하지만 제대로 찾아왔어요.

> 스텔라   (기뻐하며 외친다.) 언니!
>
> (둘은 잠시 서로 빤히 바라본다. 블랑슈가 벌떡 일어나 울부짖으며 스텔라에게 달려간다.)

블랑슈   스텔라, 아, 스텔라, 스텔라! 별처럼 예쁜 스텔라!

(블랑슈는 둘 중 하나라도 멈춰서 생각할 틈을 가지는 게 두려운 듯, 몹시 흥분한 채로 쾌활하게 말을 시작한다. 두 사람은 서로 격정적으로 포옹한다.)

블랑슈   자, 얼굴 좀 보여줘 봐. 하지만 날 보지는 마. 스텔라, 아니, 아니, 아니, 나중에, 목욕하고 좀 쉬고 나면 그때! 저 위 불 좀 꺼! 저 불 좀 끄라니까! 저렇게 무자비하게 환한 불빛 아래서 날 보일 수는 없어.(스텔라는 웃으면서 따른다.)
이제 이리로 와 봐! 아, 내 동생! 스텔라. 별을 닮은 스텔라! (블랑슈는 스텔라를 다시 껴안는다.) 난 네가 이 끔찍한 곳으로 다시 돌아오지 않을 줄 알았어! 내가 뭐라고 하는 거지? 그런 의미가 아니야. 좋은 말을 하려던 거였어. 음, 집이 참 편리한 위치에 있네, 뭐 이런 말 말이지. 하하하! 소중한 내 동생! 넌 한마디도 안 하는구나.[5]

블랑슈에게 달려와 안기는 스텔라가 어쩌나 사랑스러운지요. 자매만이 할 수 있는 살가운 재회. 무뚝뚝한 남동생만 있어서인지 돈독한 정을 나누는 자매를 보면 부럽기만 해요. 이 첫 장면은 비극적인 자매의 운명을 암시합니다. 오랜만에 만난 동생과의 만남에서 "불을 꺼!"라며 신경질적으로 외치는 블랑슈가 어쩐지 불안해 보여요. '빛'은 블랑슈에게 중요한 의미입니다. 어두운 과거와 타락한 현재를 있는 그대로 대면하고 싶지 않은 그녀는 늘 빛을 가리고 피하죠. 프랑스어로 '하얀 숲'을 의미하는 '블랑슈 뒤부아Blanche Dubois, white woods'라는 자신의 이름처럼 젊고 아름답던 한때를 봄날의 과수원처럼 기억하며 그 안으로만 도피해요. 하지만 스텔라는 달라요. '별'을 의미하는 이름처럼 언니와는 달리 자신의 의지대로 빛을 밝히며 인생을 살아가죠. 이렇게 다른 인생을 살아 온 자매가 맞이할 이별이 차례차례 펼쳐집니다.

스텔라의 남편 스탠리의 등장은 자매의 재회 때와는 전혀 다른 분위기를 자아내요. 먹이를 노리는 표범처럼 느릿느릿 배회하는 그의 움직임에 긴장감이 그대로 전해집니다.

> (스탠리가 부엌 칸막이를 거칠게 열어젖히고 들어온다. 175센티미터 정도 되는 중키에 다부지다. 그의 안에 내재되어 있는 동물적인 쾌락은 그의 모든 움직임과 태도에도 그대로 배어난다. 청년기에 들어서면서부터 인생의 중심은 여자와 나누는 쾌락이었다. 의존적이고 나약한 탐닉이 아니라 암탉 무리에 둘러싸여 화려한 깃털을 뽐내는 수탉의 힘과 자존심이 있다. (중략) 그는 성적인 등급으로 여자를 한눈에 파악하고, 야한 이미지가 마음속에 번쩍이면 여자들에게 어떤 미소를 보일지 결정한다.)

> 블랑슈 (스탠리가 빤히 쳐다보자 자기도 모르게 물러서며) 스탠리? 나는 블랑슈예요.
> 스탠리 스텔라 언니죠?[6]

드디어 블랑슈와 스텔라 자매, 그리고 스탠리 세 사람이 모두 만났네요. 대농장을 소유한 남부 상류층 가문의 블랑슈와 스텔라는

'벨 레브'라고 불리는 저택에서 어린 시절을 함께 보냈죠. 하지만 두 사람은 너무나 다른 인생을 살아요. 스텔라는 스탠리 코왈스키라는 폴란드 출신의 노동자와 결혼하기 위해 집을 떠났고, 블랑슈는 고향에 남아 있었죠. 그동안 두 사람에게는 어떤 일이 있었을까요?

《욕망이라는 이름의 전차》는 미국 남북전쟁 이후의 미국 사회를 배경으로 합니다. 1865년 남북전쟁이 북부의 승리로 끝난 후, 남부는 큰 변화를 맞게 돼요. 노예 제도의 폐지로 더 이상 대농장은 유지될 수 없었고, 북부의 산업 자본은 땅으로 무위도식하던 지주 계급을 몰락시키죠. 블랑슈는 대대로 내려오던 가산이 점점 줄어들어 몰락하는 가문을 지켜봐야만 했습니다. 간신히 남아 있던 저택마저도 저당 잡히고, 이제는 부모님과 친척들의 묘지만 남아 있는 그 땅에서 쫓기듯 나와 스텔라를 찾아왔어요. '아름다운 꿈'이라는 의미를 가진 '벨 레브belle rêve'라는 이름처럼 아름다운 시절은 꿈처럼 사라져 버렸습니다.

남북 전쟁 이후 격변하는 미국 사회를 담은 또 다른 영화가 〈바람과 함께 사라지다〉예요. 이 영화에서 비비언 리는 대농장 타라를 부활시키는 강인한 여성 스칼릿 오하라를 연기했는데, 〈욕망이라는 이름의 전차〉에서는 모든 걸 빼앗기고 부서지는 블랑슈 역할을 완벽히 소화해요. 오스카 여우주연상을 받을 만한 연기 변신입니다.

화려한 시절의 추억에서 벗어나지 못하는 블랑슈에게 스텔라의 삶은 충격적이기만 해요. 문도 없이 커튼으로 가려야 하는 단칸방을 둘러보고, 상류층 가문과는 절대로 어울릴 수 없을 법한 천박하고 짐승 같은 스탠리를 만나고 나니 스텔라를 더욱 이해할 수 없는 거죠. 급기야 포커판에서 이성을 잃은 스탠리가 임신한 스텔라를 때리자, 블랑슈는 스텔라를 데리고 집을 나가 버려요. 화면을 뚫고 나올 듯한 말런 브랜도의 폭발하는 야성미. 전 세계에 각인된 영화 속 그 명장면입니다.

> (마침내 스탠리가 옷을 반만 걸친 채 비틀거리며 현관 앞으로 나와서 집 앞 도로로 나 있는 나무 계단을 내려간다. 으르렁거리는 사냥개처럼 고개를 뒤로 젖히고 아내의 이름을 소리쳐 부르며 울부짖는다. "스텔라! 스텔라, 내 사랑! 스텔라!")

스탠리　　스텔라아아아아아아아![7]

　물에 흠뻑 젖은 머리칼과 티셔츠에서 뚝뚝 떨어지는 물방울, 비틀거리며 절규하는 말런 브랜도의 외침. 테네시 윌리엄스와 함께 미국 현대 연극을 이끈 대표적인 작가이자, 〈세일즈맨의 죽음〉으로 토니상을 수상한 아서 밀러도 영화를 보고 이 말런 브랜도의 강렬한 등장에 매료되어 이렇게 말하죠. "우리를 뛰쳐나온 호랑이, 섹시한 테러리스트, 브랜도는 진실을 품은 짐승."

──"난 언제나 낯선 사람의 친절에 의지해 왔어요"
비 내리는 오후, 스탠리와 스텔라가 외출을 나가고 빈 집에 혼자 남은 블랑슈. 〈이브닝 스탠더드〉 신문 대금을 받기 위해 젊은 청년이 찾아와요. 스텔라의 집에서 새로운 인생을 찾기 위해 요조숙녀인 척

감추어 두었던 블랑슈의 욕망이 드러나는 순간. 짧지만 강렬하고, 가장 연극적인 장면입니다.

블랑슈   뉴올리언스의 길고 긴 비 오는 오후를 좋아하지 않나요? 한 시
　　　　　간이 그냥 한 시간이 아니라 영원의 작은 조각이 당신의 손 안으
　　　　　로 떨어진 것처럼— 그걸로 뭘 해야 할지 누가 아나요.

　　　(침묵이 이어지고, '블루 피아노' 곡이 들려온다. 이 장면이 끝나고 다음 장면이
시작될 때까지 곡이 이어진다. 젊은이는 목소리를 가다듬더니 문에 서서 블랑슈
를 흘끗 본다.)

블랑슈   당신, 아, 비에 젖진 않았나요?
젊은이   아닙니다, 사모님. 안에 들어가 있었어요.
블랑슈   가게에요? 음료수를 마셨나요?
젊은이   아, 네.
블랑슈   초콜릿맛?
젊은이   아닙니다, 사모님. 체리맛이요.
블랑슈   음!
젊은이   체리 소다요!
블랑슈   군침이 도네.
젊은이   저는 이만 가봐야겠습—
　　　(젊은이는 수줍어하는 소년처럼 불편하게 웃으면서 서 있다. 블랑슈는 부드럽게
그에게 말한다.)

322

블랑슈   자기야, 이리 와 봐! 이리로 와 봐요. 키스하고 싶어. 단 한 번
        만. 부드럽고 달콤하게, 당신 입술에. (허락을 기다리지도 않고 재
        빨리 그에게 다가가 그녀의 입술을 갖다 댄다.) 자 어서 가요! 잡아
        두고 싶지만 아이들에게 손을 대서는 안 되거든. 안녕![8]

**사실 블랑슈에게는 또 다른 상처가 있었습니다. 오래전 결혼한 남
편이 동성애자였고, 결국 자살로 그녀 곁을 떠났죠.**

블랑슈   소년이었어요. 그저 한 소년이었어요. 내가 어린 소녀였을 때
        죠. 열여섯 살에 난 알게 됐어요. 사랑을요. 갑자기 너무나도
        완벽하게요. 언제나 반쯤 그늘에 가려져 있던 것에 눈이 부시
        도록 번쩍하고 불이 켜지는 것처럼요. 그렇게 내 세계를 환하
        게 비추었어요. 하지만 운이 없었죠. 속았어요. 소년에게는 뭔
        가 다른 점이 있었어요. 남자답지 않은 소심함, 부드러움, 상
        냥함. 적어도 외모는 여성스럽진 않았지만, 그래도, 뭔가 있었
        어요. 그는 내게 도와달라고 왔던 거예요. 난 몰랐어요. 우리
        가 도망쳤다가 돌아와서 결혼을 할 때까지 난 아무것도 몰랐
        어요. 그저 뭔가 확실치는 않지만 그를 실망시켰다는 것, 그
        리고 그가 차마 말하지는 못했지만 필요로 하는 걸 내가 주지
        못했다는 것. 그것만 알게 됐어요! 그는 모래더미에 빠져서
        날 꼭 붙들었어요. 하지만 그를 꺼내주기는커녕 나도 그와 함
        께 빠져버렸어요! 난 몰랐어요. 그도, 나 자신도 구하지 못하
        면서 너무나도 그를 사랑한다는 것만 알았어요. 그러다 깨달

앉어요. 가장 최악의 방법으로요. 빈 방인 줄 알고 들어갔는데
비어 있지 않았어요. 두 사람이 있었어요. 내가 결혼한 그 소
년과 오랫동안 그의 친구였던 나이든 남자가…[9]

어린 날, 사랑이라 믿은 남자와의 추억을 떠올리며 이 긴 대사를
나지막하게 읊는 블랑슈의 얼굴은 꿈꾸듯 행복해요. 하지만 곧 두
눈은 공포로 흔들리죠. 블랑슈의 불안한 감정을 표현하는 아름다운
장면입니다. 이 모든 불행에서 벗어나기 위해 유일한 피붙이인 스텔
라를 찾아와 새로운 삶을 찾으려던 블랑슈.

스탠리의 친구 미치와 결혼해서 여동생 스텔라처럼 현실을 받아
들이는 삶을 살아 보려 하지만 이마저도 스탠리의 폭로 앞에 물거품
이 됩니다. 스탠리의 짐승 같은 감각은 블랑슈의 정체를 가장 먼저
눈치채요. 어린 나이에 만났던 사랑도 실패하고, 대저택을 저당 잡
혀 쫓기듯 고향을 떠나 영어 교사로 근근이 생활하던 블랑슈는 학교
에서 어린 제자와 관계를 가진 사실이 들통나요. 그러고는 호텔방을
전전하며 수많은 남자의 품에 안겨 하루하루를 버티다가 호텔에서
도 출입 금지를 당하는 수모를 겪죠. 갈 곳 없는 몸으로 스텔라를 찾
아온 블랑슈. 가문의 몰락과 수많은 죽음을 맞아야 했던 공포, 그리
고 짓누르는 외로움을 벗어나기 위해 선택할 수밖에 없었던 블랑슈
의 욕망. 그건 너무나 비뚤어진 모습이었어요.

스탠리는 모든 사실을 미치에게 밝혀요. 미치는 블랑슈를 찾아와
비난해요. 밝은 대낮에 만난 적도, 밝은 불빛 아래에서 본 적도 없는
블랑슈의 진짜 얼굴을, 그녀의 진짜 내면을 보여 달라고 합니다.

미치	여기 불 좀 켜 봐요.
블랑슈	(겁에 질려서) 불이요? 무슨 불이요? 왜요?
미치	종이로 씌워 놓은 이거 말이오. (미치가 전구에서 종이 갓을 뜯는다. 블랑슈가 소스라치게 놀라서 숨이 막힌다.)
블랑슈	왜 이러는 거예요?
미치	이래야 당신을 똑똑하게 볼 수 있지!
블랑슈	설마 진짜로 나를 모욕하려는 건 아니겠죠!
미치	아니오. 그냥 현실을 직시하자고.(중략)
블랑슈	내가 원하는 걸 말할게요. 마법이요! (미치가 웃는다.) 그래요, 그래, 마법이요! 난 사람들에게 마법을 주려고 했어요. 나는 사물들을 있는 그대로 전하지 않아요. 나는 진실을 말하지 않아요. 진실이어야만 하는 것을 말해요. 그런데 그게 죄가 된다면 달게 벌을 받겠어요! 불 켜지 말아요!

(미치, 스위치로 간다. 불을 켜고 그녀를 빤히 쳐다본다. 블랑슈, 소리 지르며 얼굴을 가린다. 미치, 다시 불을 끈다.)[10]

극 초반에 스텔라와의 첫 만남에서도 불빛을 막아섰던 블랑슈를 기억하시나요? 초라해진 자신의 모습과 성적으로 문란했던 과거를 한낱 종이 갓으로 가리려 했지만 천박한 알전구 아래에서 모든 게 적나라하게 드러나죠. 미치도 떠나고, 마지막 남은 희망도 사라지자 블랑슈는 서서히 정신 착란 증세를 보입니다.

그날 밤, 아이를 낳기 위해 스텔라와 함께 병원으로 간 스탠리가 혼자 집으로 돌아옵니다. 블랑슈와 스탠리 단 둘이 마주 선 위험한 밤.

스탠리 　난 처음부터 당신을 알아봤지! 단 한 번도 당신은 이 사나이
　　　　의 눈을 속이지 못했다고![11]

스탠리는 블랑슈를 겁탈합니다.

스탠리 　처음부터 우리는 이렇게 될 사이였어![12]

스탠리의 말처럼 블랑슈도 이런 결말을 예감했을지도 몰라요. 아이를 낳고 돌아온 스텔라는 블랑슈를 정신 병원으로 보냅니다. 다른 방법이 없어요. 스텔라가 남편을 버리고 언니를 택할 수 있을까요? 스탠리에게 겁탈을 당한 후 블랑슈는 현실에 닿아 있던 끈을 놓아 버립니다.

'사람들이 욕망이라는 이름의 전차를 타고, 묘지라는 전차로 갈아타서 여섯 블록이 지난 다음, 극락이라는 곳에서 내리라고 했어요.'

블랑슈가 묘지로 변해 버린 '벨 레브'를 버리고 찾아온 곳은 '극락'이 아니었습니다. '극락'이라고 번역된 엘리시안 필즈Elysian Fields는 그리스 신화에서 선택된 영웅들이 죽지 않고 가게 된다는 곳, 엘리시움Elysium. 하지만 블랑슈, 스텔라, 스탠리에게 엘리시안 필즈는 '극락'이 아니라 세 사람의 욕망이 부딪치는 '현실'이었죠.

의사 　뒤부아 양.
　　　 (블랑슈는 얼굴을 의사에게 돌리고 간절히 애원하듯 의사를 응시한다.
　　　 의사는 미소를 지으며 수간호사에게 말한다.) 필요 없겠는데.

블랑슈   (힘없이) 이 여자에게 저를 놔주라고 해 주세요.

의사   (수간호사에게) 놔주시오.

(수간호사는 블랑슈를 놓아준다. 블랑슈는 의사에게 손을 내민다. 의사는 블랑슈를 부드럽게 일으켜 자기 팔로 부축하고는 칸막이 커튼을 지나 그녀를 이끈다.)

블랑슈   (의사 팔에 바짝 붙어서) 당신이 누구든, 난 항상 낯선 사람의 친절에 의지해 왔어요.

(블랑슈와 의사가 부엌에서 현관문으로 갈 때, 포커꾼들은 물러서 있다. 블랑슈는 마치 눈이 안 보이는 듯 의사가 자신을 이끌도록 둔다. 둘이 현관 밖으로 나가자 스텔라는 몇 계단 위에서 쭈그리고 앉아 언니의 이름을 크게 부른다.)

스텔라   언니! 언니! 블랑슈 언니![13]

'죽음의 반대는 욕망'이라는 블랑슈의 말처럼 죽음 대신 욕망을 따른 그녀의 삶은 결국 정신 병원으로 인도되며 막이 내립니다. 모든 걸 잃고 고향을 떠나 먹고살 방도가 없던 그녀를 구한 건 호텔 방을 찾아드는 낯선 남자들의 욕망. 하지만 블랑슈는 몸을 팔아 살아가야 했던 잔인한 현실을 '낯선 이의 친절'이라는 마법으로 기억하며 버틸 수 있었죠. 결국 또 다른 '낯선' 의사에게 몸을 맡기고 쓸쓸하게 스텔라의 집을 떠나요. 스텔라가 자신의 화려했던 과거를 잊고 천박한 색등 갓 아래에서 스탠리에게 안기는 현실을 받아들였다면, 블랑슈는 죽은 남편과 화려했던 남부의 기억에 벗어나지 못해 파멸을 맞죠. 이런 블랑슈를 누가 비난할 수 있을까요? 이 불안한 여인은 과거에 갇혀 변화하는 현실에 적응하지 못하는 위태로운 인간상을 대표하며 많은 사람들의 공감을 얻습니다.

영화는 원작과 다른 결말을 맺어요. 스텔라가 언니를 떠나보내고 스탠리 곁에 남아 있는 희곡과 달리, 영화에서 스텔라는 아이를 안고 "이 집을 떠나 다시는 돌아오지 않을 거야"라며 스탠리와의 이별을 암시하죠. 여러분은 어떤 결말이 더 마음에 드시나요?

—— 모두가 나의 이야기

《욕망이라는 이름의 전차》는 테네시 윌리엄스의 자전적 이야기라고 할 만한 상징과 소재들로 가득한 작품입니다. 남부의 몰락한 가문에서 태어난 자신의 성장기, 어머니의 히스테릭한 성격과 누나 로즈의 정신병, 어릴 때 인지한 동성애 성향, 작가가 인생을 통해 만났던 사람들의 유형과 이름, 지명들을 그대로 가져와 작품에 녹여냅니다. 그래서 작가의 삶을 알고 나면 희곡에 숨겨진 이런 코드들을 찾아낼 수 있어요.

테네시 윌리엄스는 1911년 3월 26일 미시시피 주 콜럼버스에서 코넬리어스 코핀과 에드위나 데이킨 사이에서 태어납니다. 형제로는 평생 사랑했던 두 살 터울의 누나 로즈, 그리고 여덟 살 아래 남동생 톰이 있었습니다. 윌리엄스 가문은 남부 테네시 주 상원 의원과 초대 주지사 그리고 시인까지 배출한 명망가였어요. 하지만 할아버지가 주지사 선거에서 실패하면서 가산을 탕진했고 그때부터 서서히 가세가 기울기 시작합니다.

사실 작가의 이름 테네시 윌리엄스는 본명이 아닙니다. 부모님이 지어 주신 이름은 토머스 레니어 윌리엄스. 1939년 〈우울한 아이들의

테네시 윌리엄스. ⓒGettyimages

들판〉이라는 단편 소설을 내면서 처음으로 테네시 윌리엄스라는 이름을 쓰기 시작하죠. 테네시 지방의 유명한 위스키인 '잭 다니엘 테네시'가 떠오르는데, 테네시 윌리엄스라는 이름이 훨씬 더 작가와 어울리지 않나요? 작가와 독한 술은 언제나 근사한 한 쌍을 이루니까요.

구두 공장의 세일즈맨으로 일하면서 가족을 부양했던 아버지는 불같은 성격의 남자였습니다. 도박을 즐기면서 끊임없이 여자들을 만났고, 히스테릭한 어머니와는 늘 다투었죠. 부모의 싸움으로 움츠러든 윌리엄스는 책 속으로 숨어들어 공상을 하는 게 유일한 탈출구였어요. 미국과 스페인 간의 전쟁에 소위로 참전했던 아버지는 이런 아들을 '미스 낸시'라고 부르며 무척이나 못마땅해 했고요. 윌리엄스는 아버지에 대해 그의 단편 소설에서 처음이자 마지막으로 짧게 평합니다. '아버지는 이해심이 없어 같이 살기에 어려운, 악마 같은 사람이라고 해야겠다.'

테네시 윌리엄스가 작가로서 성장할 수 있도록 교육을 받게 하고 아낌없는 지원을 한 사람은 외조부모였습니다. 자상하고 점잖은 외조부 월터 에드윈 데이킨은 목사였고, 외할머니 로지나 오트는 남편의 목회 활동을 도우며 외동딸 에드위나를 키우기 위해 세탁, 재봉, 피아노 레슨을 가리지 않을 정도로 생활력이 강한 여성이었습니다. 외할머니는 테네시 윌리엄스의 대학 학비는 물론 작가가 되기 위해 돈 한 푼 못 벌고 변변치 못한 글을 쓸 때도 생활비를 보낼 정도로 손자를 사랑했습니다. 대공황으로 모두가 신음하던 그때, 할머니가 편지에 꿰매어 보내 준 10달러의 의미를 테네시는 평생 잊지 못하죠. 훗날 윌리엄스는 외할머니의 별명, '그랜드'를 제목으로 하는 단편 소설에서 추억과 존경심을 가득 담아내요.

월리엄스는 일곱 살 때, 다정한 외갓집이 있고 어린 시절을 보낸 남부를 떠나 북부 세인트루이스로 이사해요. 작은 키에 심한 남부 사투리를 쓰는 그는 친구들의 좋은 놀림감이 되죠. 이때 느낀 외롭고 비참한 소외감은 평생 그를 따라다녔고, 남부에 대한 향수를 키웁니다. 이는 그의 작품을 이해하는 중요한 배경이 돼요. 몰락한 남부 출신이거나, 화려했던 과거에 갇혀 변화에 적응하지 못하는 인물들이 등장하는 이유이니까요.

월리엄스는 요샛말로 하면 '유행어 제조기'로 불릴 정도로 희곡 속 명대사를 남겼습니다. 수많은 시를 남긴 그의 문학성은 희곡 대사에서 시적이고 아름다운 언어로 나타나죠. 자신을 놀림감으로 만들었던 남부 방언으로 쓰인 시들 가운데서 단어를 찾고, 남부 미국인들의 일상적이고도 사실적인 언어를 포착하여 리드미컬하게 글을 써 내려갔죠. "난 항상 낯선 사람들의 친절에 의지해 왔어요"라는 대사는 사실 글보다는 극의 대단원에서 블랑슈의 아련한 목소리를 통해 들을 때 잊을 수 없는 감명을 남겨요. 낯선 의사에게 몸을 의지하고 정신 병원으로 떠나는 그녀의 애처로운 결말을 보며 차라리 끝내 마법에서 깨어나지 않기를, 그저 평안하게 남은 인생을 살기를, 그렇게 바라봅니다.

테네시 월리엄스의 출세작은 1944년 발표한 《유리 동물원》. 대학을 수도 없이 옮겨 다니고 며칠을 굶는 경험을 할 정도로 극심한 생활고에 시달렸지만, 작가의 회상처럼 이 시간은 '축적의 시기'이기도 했습니다. 빈털터리 신세로 전국을 떠돌면서 접시 닦이, 극장 안

내원, 웨이터로 다양한 사람들과 만나고, 이들을 작품 속에 생생한 캐릭터로 불러내면서 의욕적으로 글을 썼죠.

테네시 윌리엄스는 평생 84편의 희곡과 시나리오, 50편의 단편 소설, 164편의 시를 썼습니다. 말년을 술과 약물에 빠져 지내는 오점을 남겼지만, 끊임없이 글을 썼던 그의 놀라운 창작열과 꾸준함을 보면 성공은 하루아침에 얻는 게 아니라는 것을 다시 한 번 깨닫죠.

—— 인간의 약점을 연민의 눈으로 바라본 작가

《유리 동물원》의 성공으로 테네시 윌리엄스는 빈털터리 무명작가에서 〈타임〉과 〈라이프〉지에서 인터뷰 전화가 쇄도하는 유명인이 돼요. 이후 10여 년 동안 《욕망이라는 이름의 전차》,《여름과 연기》,《뜨거운 양철 지붕 위의 고양이》,《장미 문신》 등을 차례차례 발표하며 작가로서 전성기를 맞이합니다.

《욕망이라는 이름의 전차》는 〈유리 동물원〉이 한창 브로드웨이에서 공연되고 있을 때, 어린 시절부터 윌리엄스를 괴롭히던 백내장 수술을 받고 휴가차 떠난 멕시코에서 구상을 시작한 작품이에요. 그리고 서두에 밝혔듯이 뉴올리언스에서 완성하죠.

등장인물 몇몇은 실제 윌리엄스의 인생에서 마주쳤던 사람들입니다. 동성애자로 살았던 윌리엄스의 애인 중 한 명이었던 '판초 로드리게스 이 곤살레스'는 스탠리의 포커 친구 파블로 곤살레스로, 그리고 구두 회사 창고에서 함께 일했던 폴란드 출신의 동료 스탠리 코왈스키는 미국 연극 사상 가장 유명한 남자 주인공 이름이 되죠.

Mrs. Williams with Rose and Tom (Tennessee)
Illustration from REMEMBER ME TO TOM
by Edwina Dakin Williams and Lucy Freeman
published by G. P. Putnam's Sons

윌리엄스의 아픈 손가락이었던 누나 로즈, 어머니, 동생 톰.

결혼을 해서 떠나 버린 동료 스탠리를 윌리엄스는 평생 잊지 못하고 그의 글 속에 불러냈죠.

미국 연극사에서 테네시 윌리엄스의 이름은 미국 현대극의 새로운 지평을 열어 준 극작가로서 아서 밀러와 어깨를 나란히 해요. 1920년대 이후 급변하는 미국 사회에서 인간이 느끼는 깊은 좌절감을 응시하는 연극 중 아서 밀러와 테네시 윌리엄스가 차지하는 위상은 독보적입니다. 두 명의 위대한 작가의 희곡이 우리에게 위로가 되는 이유입니다. 특히 윌리엄스는 인간이 지닌 숱한 약점들을 일찌감치 깨달았고, 이를 연민의 눈으로 바라보며 작품을 썼어요. 어쩌면 이는 정신병을 앓고 있던 누나 로즈를 버려두고 집을 떠나왔던 스스로에 대한 자책감이었을지도 모르죠. 《유리 동물원》의 로라, 《욕망이라는 이름의 전차》의 블랑슈는 바로 누나 로즈의 다른 이름이었습니다.

극작가로 성공한 윌리엄스는 막대한 부가 쌓이자 제일 먼저 누나 로즈를 싸구려 국립 병원에서 최고의 시설을 갖춘 사립 병원으로 옮겨 치료를 받게 했어요. 틈만 나면 누나를 데리고 뉴욕과 키웨스트로 여행을 했죠. 자신의 작품 중 일부의 저작권료를 로즈의 이름 앞으로 돌리고, 자식이 없던 윌리엄스의 유일한 재산 상속자로 정해 두는 등 배려를 아끼지 않았습니다.

1970년대 들어 윌리엄스는 긴 침체기를 맞습니다. 헌신적인 연인이었던 프랭크 멀로가 죽자 방황은 더 깊어졌어요. 성에 탐닉하고, 수면제와 각성제에 의존하며 죽음 같은 시간을 보내죠. 작품에 대한 평가도 당연히 예전 같지 않았지만 글을 쓰는 열망만은 꺾이지 않았어요.

하지만 위대한 작가의 죽음은 초라했습니다. 1983년 윌리엄스는 엘리제라는 작은 호텔에서 의문의 죽음을 맞이해요. 사인은 약병 플라스틱 뚜껑이 목구멍에 걸린 질식사. 하지만 부검 결과 뚜껑은 입 안에 있었고 얼굴에는 피가 낭자했으니, 질식사를 가장한 타살이라는 의문이 제기됐습니다. 하지만 조사는 진척되지 않고, 3월 5일 위대한 극작가를 기리는 장례식이 성대하게 거행됐죠.

누나 로즈는 그 후 13년이나 더 살았습니다. 블랑슈가 낯선 사람의 친절에 의지해 살아왔다면, 로즈는 동생 테네시 윌리엄스가 남겨놓은 마지막 친절 덕분에 평안히 눈을 감았습니다.

감독 | 우디 앨런
출연 | 케이트 블란쳇,
알렉 볼드윈, 샐리 호킨스

〈욕망이라는 이름의 전차〉의 우디 앨런 버전. 화려한 저택에서 매일 밤 열리는 파티의 안주인이자 뉴욕 상위 1퍼센트였던 '재스민'은 남편 '할'의 사기와 외도에 인생이 산산조각 납니다. 그리고 수준 차이가 난다며 연락도 끊고 살던 여동생 '진저'를 찾아 빈털터리 신세로 샌프란시스코의 허름한 주택가로 가요. 딱 '블랑슈'와 '스텔라'를 떠오르게 하죠.

재스민은 말도 안 되는 상황에 적응하기 위해 병원 접수원 일자리를 구하고, 별 볼 일 없는 남자와 어울리면서 날이 갈수록 신경 쇠약 증세만 심해집니다.

자본주의의 몰락을 신랄하게 비웃는 우디 앨런식 풍자와 코미디가 빛나지만, 이 영화의 압권은 단연 케이트 블란쳇. 마지막 남은 자존심과 체면을 차리기 위해 안간힘을 쓰는 케이트 블란쳇의 연기에 오스카도 손을 들었습니다. 2014년 오스카 여우주연상을 수상하죠. 인생 역전을 꿈꾸던 마지막 희망인, 근사한 외교관 '드와이트'와의 결혼마저 파탄이 나고, 고속도로에 혼자 버려져 실크 원피스 겨드랑이가 흠뻑 젖도록 걷는 재스민. 케이트 블란쳇에게 박수를! 그녀가 걷는 그 길에 행운만 있기를!

11장

불평등한 세상에 한 방 먹이고 싶을 때

《서푼짜리 오페라》

베르톨트 브레히트

"말을 타고 온다는 구원자는 없어.

밝힌 자도 반드시 다시 밟고 올라서지."

—— 당신의 첫사랑에 대하여

마리 A.의 추억[1]

푸르렀던 9월 어느 날

어린 자두나무 밑에서 말없이

그녀를, 고요하고 창백한 그 사랑을

품에 안았지. 사랑스러운 꿈을 안 듯,

우리 위, 아름다운 여름 하늘엔

구름 하나 있었지. 오랫동안 난 바라봤어.

새하얀 그 구름은 까마득히 높은 곳에 있었어.

내가 올려다보자 사라지고 없었지.

굳게 다문 입술, 무표정한 얼굴로 도청을 하던 동독 비밀경찰의

브레히트의 시를 읽고
삶이 바뀌는 동독 비밀경찰을
그린 영화 〈타인의 삶〉.

차가운 회색 눈동자가 흔들립니다. 그의 저 깊은 곳에서 서서히 번져 나오는 따뜻한 온기. 마치 등불의 심지를 밝히듯 환해지는 눈빛. 감시를 하던 작가의 집에서 훔친 시집 한 권이 그의 마음을, 인생을 움직여요. 베르톨트 브레히트Bertolt Brecht, 1898~1956의 시, '마리 A.의 추억'. 베를린 장벽이 무너지기 5년 전 동독에서 10만 명의 비밀경찰과 20만 명의 스파이가 국민들의 모든 것을 감시하던 그때, 한 희곡 작가의 삶을 감시하던 비밀경찰 비즐러가 타인을 통해 '자신의 삶'을 찾는 독일 영화 〈타인의 삶〉입니다. 잔인할 정도로 냉정하던 경찰 비즐러는 희곡 작가 드라이만과 그의 연인이자 배우 크리스타의 뜨거운 사랑, 예술에 대한 열정에 점점 동화되어 가죠.

브레히트 시를 읽고 베토벤 피아노 연주에 눈물을 흘리던 비즐러는 결국 작가의 반역 행위를 고발하지 않고 보호하죠. 대신 정부 기관의 의심을 산 그는 우편배달부가 돼요. 독일 통일 이후, 우연히 자신에 대한 기록을 살펴본 작가 드라이만은 비밀경찰의 존재를 알게 됩니다. 그 엄혹한 시기에 무사했던 이유를 그제야 알게 된 그는 절필했던 펜을 다시 들고 글을 쓰기 시작하죠. 영화의 마지막, 서점에서 드라이만의 책을 펼쳐 든 비즐러.

'감사의 마음을 담아, 이 책을 HGW XX/7에게 바칩니다.'

비즐러가 자신의 신분을 감추던 암호명이에요. 비밀경찰과 작가는 이렇게 서로 책에서 만나게 되죠. 서점 직원이 물어요.

"포장해 드릴까요?"
"아니요, 제가 읽을 거예요."

평생 '타인의 삶'을 감시하던 그는 비로소 '나'를 위한 책 한 권을 사면서 자신의 삶을 찾아갑니다. 비밀경찰의 삶을 바꾸어 놓은 브레히트의 시는 저에게도 잊고 있던 한때를 문득 떠올리게 합니다. 시의 나머지 부분도 한번 읽어 볼까요?

그날 이후 여러 달이, 오랜 세월이 소리 없이 흘러갔네.
아마도 자두나무들은 베어 넘어졌겠지.
사랑은 어찌 됐냐고 넌 내게 묻는 거니?
그럼 난 말하지. 기억 안 나.

네가 무슨 생각하는지 다 알아.

하지만 난 그녀의 얼굴은 정말 몰라.

내가 아는 건

언젠가 그 얼굴에 입맞춤했다는 것뿐.

하늘에 구름이 떠 있지 않았다면

입맞춤도 오래전에 잊었을 거야.

그 구름, 나 아직도 알지. 나, 그 구름 늘 알아볼 거야.

새하얀 그 구름은 저 위에서 왔어.

자두나무들은 아직도 꽃을 피우겠지.

지금쯤 그녀는 일곱째 아이를 가졌을지도 몰라.

하지만 그 구름은 몇 분 동안만 꽃처럼 피어 있다가

내가 올려다보자, 바람 속에서 이미 사라지고 없었지.

　수줍게 그의 얼굴에 입 맞추었던 그때의 어린 자두나무 그늘은 사라지고 없지만, 구름만은 그때처럼 지금도 흘러가네요. 이름도, 얼굴도 아련하기만 한 그 사람, 구름마저 없었다면 무엇으로 그를 기억할 수 있을까요? 아, 그는 지금 누구의 품에 있을까요?

　시의 첫 번째 연에서 오래전 그녀를 품에 안았던 그때를 떠올리던 작가는 두 번째 연이 되자 그녀의 얼굴도 기억이 안 난다고 하네요. 그녀를 안았을 때 보았던 구름마저 없었다면 입맞춤도 잊어 버렸을지 모르죠. 꿈처럼 아름답던 그 순간도, 사랑도 그렇게 세월 속으로 사라져 버리니 어쩐지 서글퍼지지만, 우리 모두가 너무나 잘 알고 있잖아요. 세상 모든 첫사랑의 숙명이란 이런 것이라는 걸요.

　브레히트 곁에는 언제나 많은 여성들이 있었습니다. 그녀들 중 몇 몇은 브레히트의 아내였고, 누군가는 작품에 영감을 주는 뮤즈로, 함께 글을 쓰는 동업자로, 비서로 함께했죠. '브레히트의 여인들'이라 불리던 그녀들은 모두 브레히트를 사랑했어요. 예술가들의 여성 편력이야 뭐 흔한 일이지만, 그중에서도 대표적인 인물들이 몇몇 있는데, 저 유명한 피카소에 대적할 만한 위인으로 브레히트를 꼽을 수 있지 않을까 싶어요. '브레히트의 여인들'은 브레히트가 여러 나라를 옮겨 다니며 망명하는 동안에도 그와 함께 고난의 길에 오르는 걸 마다하지 않았어요. 브레히트와 가장 오래 부부 관계를 유지했던 아내 헬레네 바이겔Helene Weigel은 오롯이 혼자 가질 수 없던 남편 때문에 괴로워하면서도 남편이 사랑하는 다른 여인들과도 동지 관계를 유지합니다. 실제로 브레히트와 함께 작업을 했던 여성들은 그와 함께 공동 작가로 나란히 이름을 올려요.

　'마리 A.의 추억'에 등장하는 마리는 브레히트의 첫사랑이었습니다. 그가 열여덟 살이 되던 해인 1916년 고향에서 만난 마리 로제 아만. 그녀와의 짧은 사랑 뒤에 여고생 파올라 빈홀처를 만나 아들까지 낳은 브레히트는 마리를 떠올리며 시를 써 내려가요. 그러고는 '감상시 1,004번'이라는 부제를 붙여 놓았죠. 하지만 그 뜻을 알고 보면 첫사랑의 로맨스는 온데간데없이 사라져요. 저 유명한 호색가 돈 조반니의 수첩을 채운 1,003명이나 되는 여자보다 슬그머니 한 명을 더 붙여서 1,004번째 여인이라니요. 브레히트는 빈홀처가 아들을 낳은 지 3년 만에 헤어지고 뮌헨에서 다시 결혼을 합니다. 끊임없이 사랑하고 이별을 반복한 브레히트의 기억 속에 마리가 자리할 곳은 없었을 것 같네요.

20세기 독일을 대표하는 희곡 작가이자 2,500여 편의 시를 남긴 시인. 그리고 에세이·비평·시나리오·TV 드라마까지 평생 글을 읽고 쓰는데 바친 베르톨트 브레히트. 쉰여덟 살의 일기로 세상을 떠날 때까지 '신발보다 더 자주 나라를 바꿀' 정도로 끊임없는 망명 생활을 한 작가. 기존의 전통 연극을 비판하고 관객에게 현실을 있는 그대로 깨닫게 하는 형식의 '서사극'으로 새로운 연극의 문을 열었고, 47편이나 되는 희곡을 남겼으며, '베를린 앙상블'이라는 명극단을 창단한 그가 연극사에 기여한 성취는 매우 특별합니다. 하지만 자신의 인생만큼 더 연극적인 드라마가 또 어디 있을까요?

50개 언어로 번역되어 매해 30만 권이 넘게 팔리는 브레히트의 책들과 지금도 독일 극장에서 가장 많이 상연되는 그의 희곡들이 한국에 소개된 것은 사실 그리 오래전 일이 아닙니다. 마르크스주의자였던 브레히트는 한국에서는 '금지 작가'라는 꼬리표를 달고 있었고, 공식적으로 해금이 된 건 '88 서울 올림픽' 때였으니까요.

유복한 중산층 가정에서 태어나 의학 공부를 하다가 연극에 심취한 브레히트는 마르크스주의자이긴 했지만, 공산당에 가입하지는 않았어요. 긴 망명 생활을 마치고 동독으로 돌아온 뒤에도 동독 정부 정책에 날선 비판의 칼날을 거두지 않았죠. 그에게 마르크스주의는 작가로서 자본주의 경제와 현실을 보다 냉정하게 볼 수 있는 인식의 틀이자 사상이었습니다.

1980년대 후반에야 국내에 소개되기 시작한 브레히트의 작품들은 이후 봇물 터지듯 다양하게 해석되면서 그 어떤 작가의 작품보다도 자주 공연되고 있습니다. 브레히트의 이름을 전 세계적으로 알린〈서푼짜리 오페라〉는 물론이고,〈코카서스의 백묵원〉,〈어머니〉등이 단골 레퍼토리죠. 가장 최근에는 2019년 국립극단 제작으로 명동예술극장에서〈갈릴레이의 생애〉가 공연되기도 했습니다.

하지만 무엇보다 놀라운 건 브레히트 희곡과 판소리의 만남이에요. 2008년《사천의 선인》이〈사천가〉라는 판소리 형식으로 공연이되죠. 이 색다른 시도의 주인공은 소리꾼 이자람. 한복을 입고 무대에 올라 소리 한판 구성지게 올리다가 입에 착착 감기게 이야기를풀어놓는 그녀의 솜씨에 감탄이 절로 나왔어요.

초연 이후 매해 앵콜 공연이 이어질 만큼 화제를 모으더니 또 한편의 브레히트 희곡이 다시 판소리 공연으로 바뀝니다.《억척어멈과 그의 자식들》이〈억척가〉로 태어났죠. 원래 희곡이라는 것이 연극을 위한 것인데 판소리라니요. 상상하시기 힘들겠지만 이게 또 의외로 척척 들어맞아요. 브레히트 희곡 속 이야기의 흥과 한이 판소리의 노랫가락으로, 사설로 풀어지자 마치 오래전 전해 오는 우리의옛이야기를 듣는 것처럼 빠져들게 됩니다. 젊은 국악인 이자람의 도전은 판소리의 지평을 넓히는 계기가 되었죠.

판소리〈억척가〉의 원작 희곡《억척어멈과 그의 자식들》은 한국무대에 자주 오르는 작품입니다. 이 작품이 한국에서 유독 사랑을받는 이유는 아마도 전쟁통에 자식들을 키우기 위해 억척스럽게 인생을 일군 어머니의 모습에서 한국전쟁을 겪었던 우리네 정서를 쉽게 발견할 수 있기 때문이 아닐까요? 얼마나 많은 '한국의 억척어멈'

―――――――

〈억척가〉를 소화하는 이자람. ⓒ영화의 전당

들이 그 어려운 시대를 헤쳐 왔던가요? 제목만 보면 저 멀리 독일의
브레히트 작품이 아니라 한국 작품이라는 생각이 들 정도로 우리의
정서가 짙게 묻어 있어서 공감을 얻는 게 아닐까 생각됩니다.

　이자람이 각색한 판소리 〈억척가〉의 주인공은 전남 촌구석 처녀
김순종입니다. 이름처럼 순종적으로 인생을 살지만 그녀의 삶은 수
난 그 자체예요. 신혼 첫날밤에 임신한 것이 무슨 죄라고 품행이 방
정하지 못하다며 꼬투리 잡혀 쫓겨나더니, 인생이 꼬이고 꼬여서 몇
번의 결혼을 하지만 실컷 맞다가 도망치기를 반복합니다. 결국 순종
곁에 남은 건 아들 둘, 딸 하나. 세 아이의 엄마가 된 순종은 달구지
를 끌고 모진 인생을 살아갑니다.

　판소리 〈억척가〉가 한국적인 상황으로 많이 개작이 됐다면, 브레

히트의 원작 희곡을 연극으로 살린 맛은 연희단거리패가 제작한 공연이 단연 최고입니다. 2006년 브레히트 탄생 50주년, 연희단거리패 창단 20주년 기념으로 무대에 올려진 이 작품은 그해 주요 연극상을 휩쓸 만큼 작품성을 인정받았죠. 연희단거리패의 공연은 브레히트의 원작을 충실히 따르면서도 자연스러운 한국적 변용으로 전혀 이질적이지 않은 연극 감상의 재미를 줍니다. 원작의 배경인 30년 전쟁을 한국전쟁 중 빨치산이 출몰하는 지리산으로 바꾸고 억척어멈은 세 명의 자식들과 수레를 끌고 전쟁터를 전전해요. 이 연극에서도 판소리 양식을 접목하는데, 억척어멈의 한과 눈물로 울려 퍼지는 고함이 절절한 판소리로 바뀌면서 관객의 심금을 울립니다. 두 작품의 앵콜 공연 소식이 들리면 꼭 한번 보시면 좋겠네요.

—— 〈거지 오페라〉, '발라드 오페라'의 센세이셔널한 등장

브레히트의 나이 서른 살이 되던 1928년, 그의 이름을 세계적으로 알리게 될 작품이 베를린에서 초연됩니다. 통렬한 사회 풍자극 〈서푼짜리 오페라〉. 사실 이 작품의 원작은 따로 있습니다. 1728년 영국 극장을 휩쓴 존 게이의 〈거지 오페라〉죠. 이를 각색한 브레히트는 오랜 파트너였던 쿠르트 바일에게 곡을 써달라 부탁해요. 런던의 악명 높은 칼잡이 매키스를 중심으로 뒷골목의 거지들, 창녀들의 삶을 적나라하게 그려낸 〈거지 오페라〉를 200년 만에 다시 불러낸 브레히트의 아이디어는 적중했습니다. 그때나 지금이나 별반 달라진 게 없는 게 하층민들의 삶이니까요. 아니, 오히려 시대가 흐를수록

사회 계층 간의 갈등은 더욱 깊어져만 가고 있으니 지금도 〈서푼짜리 오페라〉는 전 세계 곳곳의 극장에서 그 무대의 막을 올리고 있습니다.

브레히트에게 대중적인 인기를 안기고, 독일과 영국에서 영화로도 제작된 〈서푼짜리 오페라〉의 원작이 된 〈거지 오페라〉를 조금 더 이야기 해볼게요. 1728년에 런던에서 초연되어 대중의 인기를 얻은 이 작품은 '발라드 오페라'라는 새로운 형식의 문을 연 작품이거든요. 당시 영국 오페라 무대는 작곡가 헨델의 작품을 중심으로 이탈리아 오페라가 지배하고 있었어요. 일반인의 삶과는 거리가 먼 신화나 왕과 귀족들의 삶을 노래했으니, 대중들이 보기엔 마치 딴 세상 이야기였죠. 영국 관객들이 이해하지 못하는 이탈리아어도 문제였어요. 영국의 시인 존 게이의 대본에, 존 페푸시는 당시 관객들의 귀에 익숙한 발라드 선율에 가사를 붙이고, 코미디를 넣어 '발라드 오페라'를 탄생시킵니다. 이렇게 등장한 〈거지 오페라〉는 그야말로 런던 사교계에서 대단한 주목을 받습니다. 초연 후 62회 공연을 기록하며 당대 극장 역사상 최장기 공연을 이어 나가면서 18세기 최고의 히트작으로 기록되죠. 오늘날 웨스트엔드 뮤지컬의 효시가 바로 이 〈거지 오페라〉이기도 합니다.

〈거지 오페라〉는 런던 뒷골목의 소매치기 두목인 매키스, 그를 사랑하는 장물아비 피첨의 딸 폴리, 그리고 매키스의 아이를 임신한 뉴게이트 감옥 간수장의 딸 루시의 이야기입니다. 매키스와 딸의 결혼을 참을 수 없었던 피첨의 밀고로 매키스는 뉴게이트 감옥에 수감되어 사형일을 기다리는 신세가 돼요. 소문난 바람둥이기도 한 매키스를 둘러싸고 사랑을 쟁취하려는 폴리와 루시의 싸움은 매키스의 사형 선고를 앞두고 절정으로 치닫죠. 그런데 갑자기 매키스의 아이를 가졌다며 네 명이 여자들이 더 나타나요. 그야말로 아수라장이 되는데, 다행인지 불행인지 매키스는 교수형 집행 전에 사형을 면하고 결국 그 많은 여자 중 폴리를 선택해서 행복하게 살았다나 어쨌다나. 극의 내용은 황당하기 이를 데 없지만 오페라라는 고상한 장르의 이름 앞에 '거지'라는 어울리지 않는 단어를 붙인 것처럼, 오페라의 형식을 파괴하고 누구나 즐길 수 있는 새로운 오페라가 탄생했다는 것에 그 의미가 있습니다.

하지만 브레히트의 눈에 〈거지 오페라〉는 각색이 많이 필요했어요. 마르크스주의자였던 그의 손을 거치자 강도, 거지, 창녀 들로 대변되는 하층민의 삶과 여왕의 대관식으로 대비되는 계급의 차이, 또 그 속에서 매키스와 결탁하는 부패한 경찰서장까지 등장하면서 '도덕적으로 사는 인생보다 돈이 최고'라는 20세기 자본주의 허상을 비판하는 작품으로 바뀌죠. 그러니 관객들은 더욱 공감할 수밖에요. 브레히트의 각색에 더해 작품 인기에 한몫한 게 있으니 바로 노래입니다. 연극에 음악이 더해진 이런 형식을 보통 '음악극'이라고 부르는데, 작곡가 바일은 1920년대 독일에서 누구나 부르던 단순한 리듬의 독일식 재즈로 곡을 만들어요. 그중 '맥 더 나이프의 발라드'는 루이 암스트롱Louis Armstrong과 보비 대런Bobby Darin이 노래를 부르면서 히트를 치죠. 스팅Sting의 멋진 저음으로 부르는 '맥 더 나이프'도 꽤나 근사합니다. 하지만 경쾌한 리듬과 달리 가사는 무시무시해요. 노래와 함께 막이 열립니다.

—— 도대체 인간은 무엇으로 사나요?

맥 더 나이프의 발라드

소호의 장터 마당.

거지들은 구걸하고, 도둑들은 도둑질하고, 갈보들은 갈보짓 한다. 거리 발라드 가수가 발라드를 부른다.

면도날처럼 날카로운 이빨을 가진 저 상어를 봐.

얼굴에 다 드러나지.

매키스에게는 칼이 있지만

어디에 있는지는 모르지.

템스 강의 진흙탕 물가에서

사람들이 느닷없이 고꾸라지네.

페스트야? 콜레라야?

아니면 매키스가 나타난 거야?[2]

런던 뒷골목의 어둠 뒤로 매키스가 사라지면 피첨이 등장합니다. 피첨의 직업은 '거지들의 친구'라는 회사의 사장. 뭐하는 곳인고 하니 거지들을 위한 통합 카운슬링 회사예요. 사는 게 팍팍해진 사람들이 점점 더 동정심을 잃자 거지들의 벌이가 영 신통치가 않아요. 그럴 때 거지들은 피첨을 찾아갑니다. 어떻게 하면 사람들에게 더 불쌍하게 보일지 피첨과 상담을 하고는 거지 의상 및 구걸 장비를 빌리고, 구걸 허가증을 받는 등 원스톱 카운슬링을 받습니다. 당연히 벌이의 일부는 수수료로 피첨에게 내야 하죠. 말이 좋아 거지들의 친구이지 하다하다 거지들의 등골까지 빼먹는 거죠. 피첨은 자신의 사업을 꾸리기가 얼마나 힘든지 관객에게 하소연을 합니다. 사실 우리들 역시 거리에서 마주치는 노숙자나 걸인들에게서 눈을 돌려 버리기 십상이니까요.

> 피첨   (관객에게) 뭔가 새로운 게 필요합니다. 사업이 너무 힘들거든요. 제 사업이란 게 사람들의 동정심을 불러일으키는 일이에요. 사람들의 영혼을 뒤흔들 만한 건 몇 가지 밖에 없어요. 단지 몇 가지뿐이죠. 하지만 이마저도 여러 번 사용하다 보니 약발이 떨어진 거예요. 말하자면, 인간은 자신의 의지라는 감정을 무디게 만드는 가공할 만한 능력을 가졌기 때문이에요. 예를 하나 들어볼까요? 한 사람이 길모퉁이에서 팔이 잘린 어떤 사람을 봤다고 쳐 봐요. 처음에는 놀라서 그에게 10페니를 기꺼이 주겠지만 두 번째에는 5페니만 줄 테고, 세 번째에 만난다면 눈도 깜짝 안 하고 그를 경찰에 넘겨 버릴 겁니다.[3]

이런 피첨에게 폴리라는 딸이 하나 있는데, 그녀는 매키스와 사랑에 빠져요. 둘의 결혼식장은 마구간. 매키스의 똘마니들은 어디선가 훔쳐 온 음식들과 가구들을 트럭 가득 싣고 와서는 마구간을 결혼식장이자 두 사람의 신혼집으로 꾸밉니다. 희곡과 달리 영화는 바로 이 장면부터 시작돼요. 영화에서 매키스와 폴리는 마구간이 아니라 부둣가의 버려진 창고를 꾸며 놓고 목사님까지 불러서 결혼식을 올립니다. 두 사람이 '어디에서 어떻게' 사랑에 빠졌는지는 전혀 중요하지 않아요. 희곡에서도 여기에 대한 이야기는 일언반구도 없이 다짜고짜 두 사람의 결혼 장면이 나오고, 영화에서는 말 그대로 길 가다가 둘이 눈이 맞아 그날 저녁 바로 결혼하니까요. 간밤에 딸 폴리가 집에 돌아오지 않은 걸 알게 된 피첨 부부는 난리가 납니다. 피첨에게 폴리는 딸이기 전에 노년에 기댈 돈줄이었으니까요. 결혼을 알리기 위해 폴리가 다음 날 집에 나타납니다.

세상살이가 호락호락하지 않다는 걸 알고 있는 피첨에게 딸을 잃는 것은 완전한 파산이다.

거지들을 위한 피첨의 의상실.
오른쪽에 피첨과 피첨 부인. 문간에 폴리가 외투를 입고 모자를 쓰고 여행 가방을 든 채 서 있다.

피첨 부인 결혼했다고? 옷이며, 모자며, 장갑이며, 양산이며 앞뒤로 치장해 주느라 배 한 척 만큼이나 돈을 썼는데, 썩은 피클처럼 쓰레기 더미에 스스로 몸을 던져? 너 정말 결혼한 거야? (중략)

피첨 악명 높은 그 도둑놈이랑. 아니 그러고 보니 이 인간이 어찌나 대담한지! 아무리 곰곰이 생각을 해 봐도, 이건 이 인간이 엄청나게 대담하다는 증거야. 내 노년의 유일한 버팀목인 내 딸을 쥐 버리면 우리 집은 쫄딱 망하고, 내 마지막 개마저도

2016년 영국 국립극장에서 선보인 〈서푼짜리 오페라〉.
소매치기 두목 매키스와 그를 사랑하는 폴리. ⓒGettyimages

도망칠 거야.⁴

피첨 부부는 딸 폴리와 매키스를 떼어 놓기 위해 작전을 짭니다. 매키스를 경찰에 신고해서 교수형에 처해 아예 세상에서 없애 버리려는 거죠. 그가 숨어 있는 곳을 찾으려면 창녀들의 도움이 필요해요. 매키스는 매주 목요일 밤이면 창녀들에게 가는 나름의 규칙이 있거든요. 창녀 제니는 매키스의 오래전 애인이죠. 피첨 부인은 제니에게 돈을 주고 매수해서 매키스를 배신하게 하려는 계획을 짜요.

자, 이제 계획을 실행하기 전에 피첨 부부와 폴리가 함께 노래를 부릅니다. 자신들이 왜 거지들의 등을 처먹고, 창녀들을 찾아다니며 비열하게 사는지 그 이유를 노래해요. 작품의 주제를 드러내는 대목이기도 합니다.

첫 번째 서푼짜리 피날레 : 인간 상황의 불확실성에 관하여

피첨 선행을 베풀자고. 누군들 그러고 싶지 않겠어?

가진 걸 나누자고. 왜 그게 맞지 않겠어?

모두가 선하면 하느님의 나라가 눈앞에 있으리.

하느님의 광명을 누리는 곳에서 더 없이 행복하리.

선행을 베풀자고. 누가 반대하겠어?

하지만 유감스럽게도 우리가 기다리는 동안 이 별에서

식량은 빠듯하고 인간은 야비하지.

조화롭게 살면 기운이 나겠지.

	하지만 우리의 상황이 그렇게 될 수가 없어.
폴리와 피첨부인	그래서 이렇게 된 거예요. 세상은 가난하고, 사람들은 쓸
	모없어요.
피첨	(중략) 너와 가까운 네 형제 얘길 해 볼까?
	둘에게 돌아갈 몫이 없으면
	면전에서 호되게 너를 칠거야.
	충성하면 불명예는 없다고 생각하겠지?
	하지만 너와 가까운 부인 얘기를 해 볼까?
	근근이 살아가고 있다는 걸 알게 되면
	면전에서 호되게 너를 칠거야.
	그래, 감사하며 사는 것, 누가 그러고 싶지 않겠어?
	하지만 너와 가까운 네 아들 얘기를 해 볼까?
	네 연금이 떨어지면
	면전에서 호되게 너를 칠거야.
	그래, 인간적인 것. 누가 그러고 싶지 않겠어?[5]

부모의 계획을 알게 된 폴리는 급히 매키스를 찾아가 도망가라고 해요. 짧디 짧은 만남과 결혼 후의 이별. 매키스는 사업 장부를 폴리에게 넘깁니다. 매키스의 부하들은 여자에게 사업을 맡길 수 없다며 반항을 하는데, 이때 폴리는 멋지게 부하의 따귀를 올려붙이죠. 영화에서 한바탕 웃음이 나는 장면이에요. 사실 매키스는 지금 도망칠 때가 아니라 대목을 잡아야 하거든요. 얼마 있지 않아 런던 시내에서 여왕의 대관식이 열릴 계획입니다. 매키스 말대로 "낮에는 집들이 텅

텅 빌 테고, 밤에는 상류 계층 사람들이 죄다 곤드레만드레 취해 버리니" 강도질하기에는 아주 적절한 때였죠. 하지만 일단 목숨을 부지해야 하니 매키스는 떠납니다. 폴리는 신신당부해요. "어떤 여자도 쳐다보지 말라"고. 매키스는 사내답게 말하죠. "당신만을 사랑하오." 그런데 웬걸. 그 길로 곧바로 매키스는 자신의 고향과도 같은 턴브리지의 사창가로 향합니다. 그리고 제니를 만나요. 매키스는 꿈에도 몰랐죠. 제니는 이미 피첨 부인에게서 돈을 받고 경찰을 불러 둔걸요.

　　포주의 발라드

　　아주 오래전, 지나간 시절
　　나와 그녀, 우리는 함께 살았지
　　내겐 두뇌가 있었고 그녀는 팔아먹을 젖가슴이 있었지.
　　난 그녀를 지켜 주고, 그녀는 날 먹여 살렸지.
　　최신은 아니었지만, 그렇게도 살 수 있는 법. (중략)
　　난 주는 것 하나 없이 시간이 오래도 흘렀네.
　　우리가 살림을 차렸던 사창가에서.

　　문간에 제니가 등장하고 뒤에 스미스가 뒤따른다.

　　둘이서 난 주는 것 하나 없이 시간이 오래도 흘렀네.
　　우리가 살림을 차렸던 사창가에서.[6]

매키스는 제니의 배신으로 감옥에 갇힙니다. 매키스의 뒤를 봐주던 경찰서장의 '빽'도 이제 철창 안에 갇히니 어쩔 수가 없어요. 감옥에 갇힌 매키스를 만나기 위해 두 여자가 찾아옵니다. 폴리, 그리고 매키스의 또 다른 부인 루시. 경찰서장의 딸이죠. 매키스를 앞에 두고 그제야 서로의 존재를 알게 된 두 여자는 "이년아 저년아" 소리치며 난리를 칩니다.

오페라 버전에서는 폴리와 루시뿐 아니라 매키스의 아이를 임신한 또 다른 여자들이 우르르 달려오는데 영화는 조금 달라요. 루시는 등장하지 않고, 대신 매키스를 배신한 뒤 후회하는 창녀 제니가 감옥으로 와서 매키스가 도망치도록 돕는 거죠. 매키스는 그 길로 사업을 능숙하게 이끌고 있는 폴리를 찾아가고, 쫓겨난 경찰서장도 매키스를 찾아와서 그들은 함께 새로운 일을 시작하며 엔딩을 맺죠.

하지만 희곡의 엔딩은 영화와 조금 다릅니다. 이야기는 계속돼요. 루시의 도움으로 매키스가 도망친 걸 알게 된 폴리의 아버지 피첨은 화가 머리끝까지 치밀어 오릅니다. 그러고는 경찰서장에게 빨리 다시 잡아들이라고 하면서 이렇게 협박해요. 성스러운 여왕의 대관식 때 거지떼들을 풀어놓겠다고요. 경찰서장의 얼굴은 하얘집니다. 오! 그렇게 되면 당장 자신의 목이 날아갈 테니까요. 유유히 도망친 매키스는 한가롭게 노래를 해요.

두 번째 서푼짜리 피날레: 인간은 무엇으로 사는가

맥   인간의 칠거지악행으로부터 몸과 마음을 깨끗이 하라고 우리를 가르치는 신사 양반들.

가장 먼저 해야 할 일은 우리에게 먹을 걸 주는 것.

그다음에 설교를 시작하시길.

소돔을 피해 도망친 롯처럼

우리에게 자제하길 설교하지만 당신들의 배때기부터 보기를.

그래서 이 세상이 어떻게 멸망했는지 배우시길.

그러나 무슨 거짓말을 하든

우선은 처먹을 게 있어야 그다음에 도덕이 있다는 것.

그러니 명심해. 굶주림에 지친 사람들에게는

고기를 썰어 나누어 주는 것부터 해야 할 일 .

도대체 인간은 무엇으로 사냐고?

매일 같이 괴로움 당하고, 억압받고, 벌 받고,

침묵을 요구받고, 억눌리는 세상의 수많은 사람들.

자신이 인간이라는 걸 까맣게 잊는 지혜를 발휘해야

인간으로 살 수 있다네.[7]

이렇게 도망친 매키스는 어디로 갔을까요? 또 사창가로 가서 경찰에게 밀고를 당합니다. 이 정도면 어이가 없죠. 아무튼 두 번째로 잡혀 와서 감옥에 갇힌 그는 이제 조용히 앉아 교수형을 기다려요. 단두대에 올라가기 직전에 매키스의 마지막 말을 한번 들어 볼까요?

맥   여러분, 여러분은 몰락하는 계층을 대표해서 몰락하고 있는 사람을 보고 계십니다. 우리는 변변찮은 쇠막대로 구멍가게의 현금 출납기나 터는 소시민 수공업자들인데, 은행이 뒤를 봐주는 대기업인들이 우리를 집어삼키고 있습니다. 주식에다가 쇠막대기가 비할 거나 되나요? 은행을 만드는 것에 비하면 은행을 터는 게 무슨 대단한 일입니까? 한 사람을 고용하는 것에 비하면 한 사람을 죽이는 것이 뭐 대수입니까? 시민 여러분, 이로써 작별을 고합니다.[8]

1928년이 아니라 바로 지금, 거리 어디에선가 들려오는 목소리 같지 않나요? 대기업이 모든 걸 가져가는 불평등, 굳건할 것 같은 은행의 파산을 우리는 얼마나 자주 봐 왔던가요? 브레히트는 역설적이게도 칼잡이에, 강도질을 하며 사창가나 들락거리는 매키스의 입에서 자본주의를 꼬집는 비판을 쏟아냅니다. 매키스를 과연 손가락질할 수 있나요?

매키스는 천만다행하게도 죽음을 면하게 되죠. 한순간에 인생 역전. 그는 여왕의 대관식을 맞아 석방이 돼요. 여기에 갑자기 귀족 지위에 성까지 주어지지 않나, 죽을 때까지 매년 1만 파운드의 연금까지 주어져요. 처음부터 사건의 개연성이라고는 아무것도 없지만, 아무튼 매키스의 인생은 해피 엔딩. 하지만 브레히트는 마지막으로 경종을 울리는 것을 잊지 않아요. 매키스의 행운 앞에 넋이 나가 있는 우리들에게 이렇게 말하죠.

피첨   그러니 제발 당신이 서 있는 자리를 그대로 지키면서, 가난한 사람들 중에서도 가장 가난한 사람들을 위한 찬송을 부르시오. 오늘 당신이 무대에서 연기한 가장 고된 인간을 위해서 말이요. 현실에서 그들이 만나는 운명이란 건 비참할 뿐이지. 말을 타고 온다는 구원자는 없어. 밟힌 자도 반드시 다시 밟고 올라서지. 그러니 불평등을 너무 박해하지 마시오.[9]

—— "당나귀도 알아들을 수 있는 글을 써야 해"

1898년 2월 10일 베르톨트 브레히트는 독일 바이에른 주의 유서 깊은 도시 아우크스부르크Augsburg에서 베르톨트 프리드리히 브레히트의 맏아들로 태어납니다. 아버지는 제지 공장에 입사해 공장장까지 오른 자수성가한 인물이었어요. 안락한 가정에서 어린 시절을 보낸 브레히트는 아버지 뜻에 따라 안정적인 삶을 보장할 뮌헨대학교 의학과에 입학해요.

고향을 떠난 브레히트의 마음에는 풋풋했던 첫사랑의 추억 대신 새로운 열망이 가득 차게 됩니다. 작가가 되는 삶. 열다섯 살 일기에 써 두었던 '나는 항상 창작을 해야 한다'는 결심과 포부를 실행에 옮겨요. 의학 공부를 포기하고 뮌헨과 아우크스부르크를 오가며 평론과 희곡 창작, 그리고 연출까지 하며 세계적인 작가가 되기 위한 토양을 닦는 시기를 보내죠. 이때 그는 자신이 자라면서 자연스럽게 받아들였던 부르주아 사회에서 한 발짝 뒤로 물러나 바라봅니다. 그리고 깨닫죠. 봉건 사회를 무너뜨린 시민 계급의 힘은 20세기 자본주의 사회를 맞이하면서 온데간데없이 사라지고, 오히려 그 시민들

독일 아우크스부르크에 위치한 베르톨트 브레히트의 생가. ⓒGettyimages

은 그 사회로부터 소외 당하는 존재가 됐다는 것을요. 브레히트는 스스로 질문합니다. 개인의 정체성과 개성은 어디로 사라졌을까?

1922년 브레히트는《한밤의 북소리》로 독일에서 가장 훌륭한 희곡에 주어지는 클라이스트 문학상을 수상하며 희곡 작가로서 가능성을 인정받습니다. 제1차 세계대전 중 위생병으로 참전했던 스스로의 경험을 바탕으로 한 이 작품에서 그는 반전주의를 주장하죠. 1924년 베를린으로 떠난 브레히트는 또 한 번 새로운 전환점을 맞이해요. 제1차 세계대전 이후 혼란에 빠진 도시, 빵 한 조각 얻지 못해 거리를 헤매는 극빈자들. 그는 이 대도시에서 단 한 줄의 글도 쓸 수가 없었습니다. 대신 마르크스를 만나죠.

마르크스 철학 사상인 변증법적 유물론은 브레히트에게 현실을 새롭게 인식하는 도구가 됩니다. 마르크스는 우리가 삶을 살면서 무엇을 원하고 욕망하는지, 그 의식조차도 사회에 의해 규정되고 변화한다고 보았죠. 또한 국가와 사회는 적대적 계급 관계로 이뤄진다고 설명합니다. 브레히트는 드디어 그가 그토록 찾아 헤매던 사회와 개인의 관계에 대한 답을 얻습니다. 이후 발표한 작품이 바로《서푼짜리 오페라》입니다. 자본주의 사회 속에서 선과 악, 도덕과 타락의 경계는 얼마나 무의미한지요. 부패한 상류층과 도적의 두목은 무엇이 다른가요? 그리고 국가가 존속하는 한 돈 많은 은행가와 거지떼는 늘 함께일 수밖에 없으니, 모두가 자본주의 사회가 심어 준 꿈, 돈을 쫓아갑니다.

《서푼짜리 오페라》의 성공으로 인해 브레히트의 이름은 나치 감시 명단에 오릅니다. 그의 작품들은 불온서적으로 낙인찍히고 1933

베르톨트 브레히트. ⓒGettyimages

년에 모두 불태워지죠. 이후 15년간이나 이어지는 브레히트의 수난 시대가 열려요. 오스트리아, 스위스, 프랑스를 거쳐 도착한 곳은 덴마크의 스벤보르Svenvorg. 브레히트는 이곳에서 코펜하겐 왕립극장의 전속 배우이자 신문 기자였던 루트 베를라우Ruth Berlau를 만납니다. 그녀는 남은 인생을 브레히트의 망명길에 함께하며 공동 작가이자 연인으로 곁에 머물러요. 브레히트의 아이도 갖게 되지만 유산을 하죠. 1933년 여름, 브레히트를 만나 사랑에 빠지던 그 순간을 베를라우는 자신의 회고록《브레히트의 연인》에서 이렇게 기억해요.

> "그는 주머니가 여럿 달린 푸른 작업복 차림에 검은 혁대를 두르고 있었다. 그는 무척 날씬했고 한 손에 잡힐 듯한 아름다운 어깨를 갖고 있었는데, 나중에 내가 그 어깨를 그토록 즐겨 껴안게 됐을 때야 나는 그 사실을 깨달았다." [10]

하지만 덴마크에서도 오래 머물 수가 없었습니다. 1940년 4월 9일 나치의 덴마크와 노르웨이 침공 소식이 전해지자 덴마크 나치 당원들에게 시민권이 박탈된 브레히트는 가족과 함께 핀란드 헬싱키로 급히 피신해야 했죠. 그리고 이곳에서 다시 시베리아 횡단 급행열차를 타고 모스크바와 블라디보스토크를 거쳐, 배를 타고 미국 땅으로 갑니다. 하지만 미국 영화계와 연극계에 진출하고 싶었던 브레히트의 꿈은 이뤄지지 않았고 6년이나 머물렀던 미국 생활은 고달프기만 했어요. '아침마다 밥벌이를 위해, 거짓을 사 주는 장터'로 나가 영화 대본을 쓰는 일도 지쳐 가는 판에 적대적 외국인으로 등록되어

1947년 9월 하원의 반미행위조사위원회 출두 명령까지 받습니다. 브레히트는 이때 심문에서 "나는 공산주의자가 아니다"라고 밝혀요. 그러고는 다음 날 곧바로 스위스로 떠납니다. 미국도 브레히트가 있을 곳은 아니었던 거죠. 하지만 이토록 힘들었던 미국 망명 시기 동안 브레히트의 연극사적 성취인 '서사극' 이론이 탄생합니다.

브레히트는 기존의 전통 연극은 수동적인 관객만을 만들어 낸다고 생각했어요. 배우는 자신의 배역에 몰입하여 연기하고, 무대는 현실을 충실히 재현하는 것이 최고였으며, 마침내 객석의 조명이 꺼지면 관객은 극 속으로 완전히 감정을 이입했죠. 하지만 브레히트는 그런 관객들에게 '연극은 연극일 뿐'이라며 허구를 인식하라고 외쳤어요. 그럴 듯하게 만들어 놓은 무대, 진짜인 양 연기하는 배우에 속지 말고, 무비판적으로 연극을 보지 말 것. 끝없이 '이것은 연극일 뿐'이라고 외치는 그의 작품들은 시종일관 조명이 켜져 있고, 소품을 교체하는 장면을 그대로 보여 주고, 각 장의 줄거리까지 미리 알리는 화자를 등장시킵니다. 이 같은 파격적인 도발로 인해 관객들은 비판적 안목을 갖게 됐어요. 브레히트의 '서사극'은 사회에서 소외 당하는 우리의 모습이 '당연한 것'이 아니라 '낯설게 인식하고 새로운 각도에서 바라볼 대상'이라고 말합니다. 현실 변화의 가능성을 깨달을 때, 깃발을 들고 행동할 수 있으니까요.

내가 돌아왔을 때
머리는 아직 회색이 아니었다.
그래서 나는 기뻤다.

산을 넘는 노력은 우리 뒤에 놓여 있다.

이제 우리 앞에 평원의 노력만이 놓여 있을 뿐이다.[11]

　1948년 마침내 브레히트는 긴 망명 생활을 끝내고 동베를린에 정착합니다. 그의 나이 쉰 살. 젊음은 타지에 묻어 두어야 했지만 더 늦지 않게 돌아온 것이 기뻤고, 고된 시절은 지났으니 앞으로 평안한 날들이 펼쳐지길 바랐죠. 하지만 그의 기대는 빗나갑니다. 브레히트에게 남은 시간은 그리 길지 않았고 그에 대한 감시의 시선은 거두어지지 않았으니까요.

　이듬해인 1949년 동독 공산당인 사회주의 통일당의 허가를 얻어 아내이자 배우였던 헬레네 바이겔과 함께 '베를린 앙상블' 극단을 창단합니다. 하지만 동독 정부는 브레히트의 작품이 영 마음에 들지 않았어요. 인민의 삶에 영향을 미칠 지도적인 주인공도 없었고, 쾌락을 추구하는 퇴폐주의만 출렁이고 있다고 생각했으니까요. 동독 정부는 첩자를 붙여 브레히트를 감시합니다.

　겨우 50대 중반의 나이였지만 브레히트의 건강은 점차 나빠지고 있었습니다. 망명 생활의 피로, 동독 공산당의 감시는 그의 심신을 지치게 했죠. 하지만 브레히트의 펜을 막을 수는 없었습니다. 1953년 과도한 노동량에 비해 말도 안 되는 보수를 받던 노동자들이 들고 일어난 대규모 시위를 동독 정부가 무력으로 진압하는 사건이 일어나요. 브레히트는 동독 정부를 신랄하게 비판하는《부코 비가》시집을 발표하죠.

　이후 브레히트는 자신의 삶이 그리 오래 남지 않은 것을 예견했는지 조용한 말년을 보냅니다. 정부가 제공한 베를린 근교의 별장에서 시를 쓰고, 베를린 앙상블 연출에 몰두했죠. 평탄치 못한 삶에 대한 뒤늦은 보상을 받듯, 사회주의 건설에 기여한 사람에게 수여하는 문화상 은장 수상과 함께 소련에서 수여하는 사회주의권 최고의 상인 스탈린 평화상도 받아요. 살아생전 작품들이 교과서에 실리는 것을 보고 국민 작가로 인정받으며, 1956년 8월 14일 쉰여덟 살의 일기로 눈을 감습니다. 평생 그를 괴롭혔던 심장병이 그를 하늘로 데려갔죠. 브레히트는 마지막 떠나는 길에도 걱정이 남았는지, 자신의 장례식이 정치적으로 이용될 것을 생각해서 유언을 남겨요. 가족장으로 장례를 치를 것, 묘비에는 이름만 쓸 것, 시신은 자신이 존경했던 헤겔이 묻혀 있는 도로테아 공동묘지에 안장할 것.

브레히트가 덴마크 망명 생활 동안 머물렀던 스벤보르의 집, 그의 서재 창가에는 작은 나무 당나귀가 걸려 있었습니다. 거기엔 이렇게 쓰여 있었죠. '나도 곧바로 알아들을 수 있어야 해.' 모든 이들이 자신의 글로 '다르게 보고 행동하길' 바랐던 브레히트. 그의 뜻대로 지금도 전 세계 무대에서 그의 작품이 공연되고 있으니 평안하게 긴 잠을 이루시길.

감독 | 게오르크 빌헬름 파브스트
출연 | 루돌프 포스터, 카롤라 네허

영화 〈서푼짜리 오페라〉는 세 개의 버전이 있습니다. 1931년에 게오르크 빌헬름 파브스트 감독의 연출로 제작된 독일 영화, 1962년에 역시 독일에서 한 번 더 영화로 만들어진 뒤 1982년 〈맥 더 나이프〉라는 제목으로 미국에서도 제작됩니다. 이때 출연한 캐스팅이 대단해요. 지금은 모두들 영화사에 한 획을 그은 배우들이 이름을 올리죠. 〈해리포터〉 시리즈에 서 덤블도어 교장 선생님으로 우리에게도 잘 알려진 아카데미 남우주연상 수상 배우인 리처드 해리스가 매키스를, 영국의 대배우 줄리 월터스가 피첨 부인을, 〈러브 액츄얼리〉, 〈어바웃 타임〉 등 수많은 영화에 출연한 영국의 국민 할아버지 빌 나이가 경찰서장 역으로 출연해요.

그래도 이 중에서 1931년에 제작된 첫 번째 영화 버전은 발성 영화 초기의 독일을 대표하는 작품으로도 영화사적인 의미가 있는 작품입니다. 다행히 이 오래된 흑백 영화는 지금도 손쉽게 DVD로도 구해 볼 수 있어요. 〈서푼짜리 오페라〉 초연 75주년을 기념하며 2006년에 독일 연방 필름 보관소에 있던 원본이 필름으로 복원됐기 때문이죠. 배우들의 화장이나 의상 그리고 영화의 세트나 편집 등이 지금과는 많이 다르지만, 그 오래된 영화를 보는 맛이 있습니다. 브레히트 원작 희곡을 충실히 따르면서도 영화의 시작과 엔딩 부분은 조금 다르게 각색했고, 관객에게 이야기의 흐름을 더하는 화자도 등장시켜요. 영화 속에서 매키스는 무시무시한 살인마라기보다는 여자 좋아하고 요리조리 곤경을 잘도 빠져나가는 영리한 조폭 두목처럼 보이니, 감옥의 문지기를 속이고 도망갈 때는 응원까지 하게 될걸요.

12장

기다림에 지쳐 갈 때

《고도를 기다리며》

사뮈엘 베케트

"우리는 모두 미치광이로 태어나.

그중엔 미친 채 살아남는 사람도 있고."

—— 죽은 자를 찾기 위한 산 자들의 미로, 몽파르나스

파리의 마지막 밤, 잠 못 이루고 뒤척이던 침대에서 나와 샤워를 하고 옷까지 차려입은 지 몇 시간째. 방안을 서성이다가 창밖으로 눈을 돌리니 새벽빛을 등에 지고 개선문의 웅장한 실루엣이 드러나기 시작합니다. 투둑투둑. 겨울을 재촉하는 늦가을 비가 창문을 두드리네요. 토요일 이른 아침, 도시의 모든 이들이 아직 깊은 잠에서 깨어나지 못한 듯, 텅 빈 거리엔 빗물에 번진 가로등 불빛만 가득해요. 공항으로 떠나기 전까지 남은 3시간. 호텔에서 몽파르나스까지 천천히 걸어가면 30분 남짓이니 시간은 넉넉합니다.

우산을 챙겨 들고 거리로 나섰어요. 빗줄기는 조금 가늘어졌지만 목덜미를 스치는 빗방울이 어찌나 차갑던지요. 머플러를 여미고 발걸음을 옮기니 하얀 입김이 차가운 공기 속으로 천천히 사라져 가요. 코트 깃에 깊게 얼굴을 묻고 바삐 지하철역으로 사라지는 중년의 남

자, 물 묻은 낙엽을 쓸어 내는 청소부. 관광객으로 붐비는 한낮의 파리와는 다른 풍경 속을 걷고 있자니 마치 이 골목 어딘가에 오래 살고 있는 사람처럼 느껴집니다. 아, 이 도시를 떠나고 싶지 않아요.

커다랗고 높은 담벼락을 따라 걷습니다. 저기 두꺼운 철문이 보이네요. 비스듬히 열어 놓은 문 사이로 따뜻한 빛이 새어 나옵니다. 이제야 직원들도 출근을 한 것 같아요. 도착한 곳은 몽파르나스 공동묘지. 1824년에 만들어진 이 오래된 묘지는 이름만 대면 알 만한 작가, 배우, 음악가 들의 안식처이자, 예술가들의 삶을 담은 독특한 묘비와 조각상 들로 꾸며져 있어 마치 공원처럼 파리 시민들이 즐겨 찾는 곳이기도 합니다.

입구에 들어섰습니다. 커피 한 잔을 내리고 있던 수위 할아버지가 "이곳은 죽은 자를 찾기 위한 살아 있는 자들의 미로"라면서 지도를 건네요. 보들레르, 모파상, 사르트르, 보부아르, 세르쥬 갱스부르…. 책으로, 음악으로, 그림으로 만났던 그들의 육신이 긴 영면에 들어간 이 땅 위에 서 있자니 위대한 예술가가 아닌 흙으로 돌아간 한 인간을 마주하는 뭉클함이 밀려왔습니다.

두꺼운 잿빛 구름 아래, 비에 젖은 묘비들은 주인의 이름을 가리려는 듯 몸을 진뜩 웅크리고 있었죠. 비 내리는 공동묘지. 으스스할 법하지만 전혀 무섭지 않았습니다. 걸음을 옮길 때마다 비석에 새겨진 이름을 하나하나 발견하며 연이어 감탄했죠. 아, 드디어 찾았습니다. 밤새 떨어진 낙엽이 온통 이름을 가려 하마터면 그냥 지나칠 뻔했어요. 사뮈엘 베케트 Samuel Beckett, 1906~1989.

파리로 혼자 긴 여행을 떠나면서 준비한 계획표에 베케트의 이름

372

을 가장 마지막에 넣어 두었습니다. 그리고 우연처럼 이 긴 이야기를 닫는 마지막 장의 주인공 역시 베케트가 됐네요. 30대 초반 무렵, 언제나 자신만만했던 패기도 사라지고 세상에 뜻대로 되는 건 없다는 쓴맛을 조금 맛보았던 그때, 의기소침해 있던 저에게 용기를 준 이가 바로 베케트였습니다.

홍대 앞 산울림 소극장의 작은 객석에 옆 사람과 어깨를 대고 앉아 에스트라공과 블라디미르의 끝없는 기다림을 보며 눈물이 핑 돌았죠. 불확실한 미래와 마주하며 조바심치던 저에게 인생이란 그런 게 아니라고, 그저 오늘도 내일도 오지 않을 고도를 기다릴 수도 있는 거라고, 그게 인생이라고 베케트는 말하고 있었으니까요. 고도가 누구이며 무엇을 의미하느냐는 질문에 "내가 그걸 알았더라면 작품 속에 썼을 것"이라는 베케트의 말처럼, 인생을 살아가는 우리 모두에게 각자 기다려야 하는 고도가 있죠.

—— 베케트보다 더 베케트적인 아내, 수잔

그의 묘지를 꼭 찾고 싶은 이유가 한 가지 더 있었습니다. 앞에 나온 작품들을 소개할 때는 시시콜콜 작가의 삶을 이야기했던 것과는 달리, 사실 베케트에 대해서는 말할 수 있는 게 거의 없어요. 감춰진 작가의 삶. 작품을 쓰면서 연출도 종종 맡아 얼굴을 보이곤 했지만 연습실에 나타나서도 그가 하는 일이라곤 그저 아무 말 없이 바라보는 것뿐이었죠. 사생활을 드러내지 않았고, 이름이 점차 알려져 인터뷰 요청이 들어와도 모두 거절했습니다. 심지어 노벨상 수상조차

자신의 삶을 닮은
사뮈엘 베케트 묘지. 그 흔한
조각상조차 없다. ⓒ최여정

그의 오랜 벗이었던 출판 편집자가 대신했을 정도였으니, '침묵의
작가' 베케트라고 불러야 할까요?

베케트는 1938년부터 1961년까지 몽파르나스 역으로 이어지는
철로가 보이는 파리 파보리트 가街 8층에 위치한 작은 스튜디오에
머물렀어요. 그곳에서 《고도를 기다리며》를 비롯해 《몰로이》, 《말론
죽다》, 《이름 붙일 수 없는 것》까지 소설 3부작을 씁니다. 그는 아내
수잔과 자신의 시신을 몽파르나스 묘지에 묻어 달라고 유언을 남기
죠. 장례식을 모두 치르고 나서야 이 노벨 문학상 수상 작가의 부고
가 알려질 정도였으니, 그토록 베일에 가려진 삶을 선택했던 그에

대해 더욱 궁금증이 일어날 수밖에요. 남다른 작품 세계를 구축해 온 이 비범한 작가를 조금이라도 더 알고 싶은 마음이랄까? 그래서 그의 묘지로 향했는지도 모릅니다. 물론 죽은 자는 말이 없죠.

그 흔한 조각상 하나 없이 직사각형의 비석이 전부인 그의 묘지 앞에서 그래도 베케트의 개인적인 삶을 엿볼 수 있었던 건, 아내 수잔 베케트의 이름 때문이었어요. 베케트보다 6년 앞선 1900년도에 태어나 베케트가 생을 다한 해인 1989년에 죽은 그녀. 1929년 베케트의 나이 스물네 살, 수잔이 서른 살이 되던 해에 둘은 테니스장에서 짧은 만남을 가집니다. 당시 베케트는 트리니티칼리지에서 프랑스어와 이탈리아어로 학사 학위를 받은 뒤, 파리 고등사범학교 영어 강사로 일하고 있었고 수잔은 피아노 선생이었어요. 그저 공을 몇 번 주고받은 게 전부였던 두 사람은 10여 년 후 재회를 하죠.

1938년 몽파르나스 거리에서 베케트가 칼에 찔리는 사고가 일어나요. '묻지마 범죄'. 병원에 입원한 베케트에게 수잔이 병문안을 오면서 둘은 곧 연인이 되죠. 그 후 둘은 다시는 헤어지지 않아요. 수잔은 베케트의 무명 시절과 제2차 세계대전 당시 피난 시절을 함께 하며 베케트의 원고를 알리기 위해 파리 전역을 뛰어다녔죠. 태어난 해는 달라도 세상을 떠난 해는 같은 두 사람의 이름을 보니 긴 세월 말로 다하지 못할 깊은 사랑이 전해집니다.

베케트의 이름을 전 세계적으로 알린 불멸의 작품《고도를 기다리며》는 1953년 1월 5일 파리 바빌론 소극장 무대에서 초연됐습니다. 당시 그의 나이 마흔일곱 살. 공연은 대성공을 거두어요. 파리에서만 300회 이상의 장기 공연을 기록했고, 지금까지도 세계 50여 개국의 무대에 오르고 있죠. 무대에 등장하지도 않는 '고도'를 기다리는 정체 모를 두 인물, 이렇다 할 줄거리도 없이 그저 시간을 때우려는 듯 의미 없는 대화들만 반복하는 극의 구조, 결국 "고도 씨는 오늘 밤에 못 오지만 내일 올 예정"이라는 이 황당한 결말은 관객들에게 새로운 충격을 던졌어요.

—— 베케트 스타일의 글쓰기

베케트의 《고도를 기다리며》는 세계 연극사에서 이정표와도 같은 작품입니다. 영국의 연극학자 마틴 에슬린은 이 작품을 본 후 '부조리 연극'이라는 이름을 처음으로 붙였고, 베케트의 등장으로 부조리극은 연극 운동의 새로운 방향을 제시하게 되니까요. 앞에서 함께 읽은 해럴드 핀터 역시 베케트 작품들에서 영향을 받아 부조리극의 대표 작가로 손꼽히게 되죠. 당시 충격적일 정도로 새로웠던 '부조리극'은 지금은 현대 연극의 조류를 이끌 만큼 대중적인 호응을 얻고 있어요. 무대보다 더욱 부조리한 일들이 많이 일어나는 현실에서 더욱 깊은 공감과 성찰을 얻게 되는 건 아닐까라는 생각이 드네요.

베케트는 희곡 작법에서도 새로운 시도를 했습니다. '베케트 스타일'이라고 부를 만한 짧은 단답형의 글, 서사적인 스토리가 아닌 사유의 흐름을 따르는 문장들은 그가 프랑스어와 영어, 두 언어로 작업을 하면서 만들어졌어요. 아일랜드에서 태어나 프랑스에서 작품 활동을 한 베케트는 영어와 프랑스어로 번갈아가며 글을 쓰고 번역을 했어요. 어렸을 때부터 프랑스어를 익힌 베케트의 탁월한 언어 감각은 타고난 것이기도 했지만, 그에겐 한 가지 글쓰기 철학이 있었죠. '모국어보다 습득해서 배운 언어가 스타일 없이 쓸 수 있어 쉽다.'

베케트가 생각하는 언어의 본질이란 '스타일'이 아니라 '인간 존재의 핵심'이었습니다. 태어나면서 자연스레 배우고 사용하는 모국어를 통해 한 인간은 문화적, 사회적 스타일을 갖게 되죠.《고도를 기다리며》의 작품 속 두 주인공 에스트라공과 블라디미르가 주고받는 단답형의 대화에서 우리는 그들의 기본적인 의사 표현 외에 다른 정보를 전혀 유추할 수 없습니다. 장소도, 시간도 불분명한 배경에서 두 인물은 인간이라는 종의 대변자입니다. 그래서 베케트는 마치 숨을 쉬듯 입 밖으로 나오는 익숙한 말들에서 벗어나기 위해 의식적으로 모국어인 영어 대신 프랑스어로 글을 쓰면서 스타일이 아니라 언어의 본질에 충실하려 했습니다. 그리고 어느 순간 프랑스어가 모국어처럼 느껴지면 다시 영어를 사용하면서 인간이 살아 있다는 증거인 '말하기'의 의미를 잊지 않으려 했죠. 베케트 스타일이란 바로 이런 그만의 글쓰기에서 태어났습니다.

—— 고도를 기다린 임영웅 연출의 50년

한국에 연극 〈고도를 기다리며〉가 처음 소개가 된 건 1969년 6월 〈한국일보〉 다목적홀 개관 공연작으로 선보인 무대였어요. 공연 직전 사뮈엘 베케트의 노벨 문학상 수상 소식이 전해지면서 이 생소한 연극을 보기 위해 관객들이 밀려들었고, 티켓은 일찌감치 동이 나서 연장 공연까지 합니다. 이후 지난 50년 동안 〈고도를 기다리며〉는

1,500회 넘게 공연됐고, 22만 명이 넘는 관객들이 관람했으며, 정동환·이호성·송영창·박용수·안석환·한명구 등 탄탄한 연기력을 자랑하는 중년 배우들이 거쳐 가는 우리 시대의 클래식이 됐죠. 홍대 앞 지하에 있는 100석도 채 안 되는 작은 극장에서 만든 놀라운 기록입니다.

〈고도를 기다리며〉가 이어 온 반세기는 한국 관객에게 부조리극의 대표작을 소개했다는 의미를 넘어 한국 연극사의 한 페이지를 기록하는 역사적인 발자취라고도 할 수 있어요. 그 뒤에는 초연 무대부터 이 작품을 연출하고, 산울림 소극장을 만든 임영웅 연출이 있습니다. 임영웅 연출의 〈고도를 기다리며〉는 한국 연극 제작의 우수성을 세계적으로 알리는 데도 큰 역할을 했어요. 1988년 서울 국제 올림픽 문예 축전에서 선보인 〈고도를 기다리며〉를 보고, 이 작품에 처음으로 '부조리극'이라 칭한 연극학자 마틴 에슬린이 호평을 합니다. 임영웅의 연출에는 서양 무대에 선보인 기존 작품들과 차별화되는 상징적 표현이 있었기 때문이죠.

베케트의 극작 의도와 작품 세계에 가장 잘 부합하는 작품을 서양이 아닌 우리나라 연출가의 작품으로 볼 수 있다니 이보다 더한 행운이 또 어디 있을까 싶습니다. 임영웅 연출이 사재를 털어 지은 산울림 소극장, 지하로 향하는 좁은 계단을 내려가면 만날 수 있는 그 작은 무대에 블라디미르와 에스트라공이 언제나 자리를 지켜 주길, 그래서 또 다른 반세기 동안 수많은 관객과 만나기를, 고도를 기다리듯 간절한 바람을 가져 봅니다.

1988년 서울 국제 올림픽 문예 축전의 일환으로 서울 문화회관 대극장에서
산울림 극단의 〈고도를 기다리며〉가 연출되고 있다. ⓒ연합뉴스

——"더 지루한 연극을 만들게"

> "훌륭하네. 하지만 자네는 관객을 충분히 지루하게 만들지 않았어. 관객을 더 기다리게 하게. 그리고 휴지休止도 더 길게 잡아. 관객을 지루하게 만들어야만 하네."[1]

1955년 〈고도를 기다리며〉의 런던 공연 이후 베케트는 연출을 맡은 피터 홀에게 이렇게 주문합니다. 맙소사, 관객을 더 지루하게 하라니요? 사실 앞에서 소개한 작품들과 비교하면《고도를 기다리며》의 감상 도전 난이도는 최고점을 받을 만합니다. 그래서 이 작품을 여러분과 어떻게 읽어야 할지 고민이 되는 것도 사실이에요. 이렇다 할 사건도 줄거리도 없이 그저 하릴없이 기다리는 일이 전부인 두 남자와 세 시간을 함께하자며 무작정 손을 잡아끄는 꼴이니까요. 그래서 연극사의 주요 작품들과 흐름을 먼저 알려드리고, 이 작품을 책의 종착점으로 삼은 이유이기도 합니다. 지금이라면 '지루한 연극'을 만들라는 베케트의 특별한 이유에 대한 답을 찾으시리라 믿습니다. 우리가 이 작품을 통해 처음엔 당황스럽게 맞닥뜨리는 침묵, 권태감, 절망감, 기다림은 오히려 새로운 긴장감으로 다가올 테니까요. '저 우스꽝스러운 두 노인은 누굴까? 저긴 어디지? 고도는 언제 오나?' 그리고 마지막으로 떠오르는 질문, '도대체 왜 고도를 기다려야 하는 걸까?' 아이러니하게도 관객들은 한 치도 지루할 틈도 없이 이 질문들에 대한 답을 발견하려는 자신과 마주합니다.

《고도를 기다리며》는 인간과 인생에 대한 근본적인 물음을 던지는 작품입니다. 세상 누구 하나 똑같은 인간, 똑같은 인생이 없죠. 그래서 작품에 대한 해석은 바로 여러분 스스로의 몫입니다. 다만 바라는 건, 막이 내리고 배우들에게 보내는 박수의 끝에, 용기 있게 고도를 기다리며 인생을 살아가는 스스로에게도 박수를 보낼 수 있으면 좋겠습니다. 혹시 아나요? 베케트도 밝히지 못한 고도의 정체를 발견할지도요.

—— 기다림, 기다림, 기다림.

시골길, 나무 한 그루.

저녁.

에스트라공이 흙무덤에 앉아 구두를 벗으려고 기를 쓴다. 헐떡거리면서 두 손으로 구두를 잡아당긴다. 이내 지쳐서 포기하고 쉬다가, 다시 잡아당긴다. 조금 전과 똑 같은 상황.

블라디미르 등장. (중략)

에스트라공은 온 힘을 다해 구두를 벗겨 낸다. 구두 속을 들여다보고 손으로 만져 보고, 뒤집어 보고, 흔들어 보고, 뭐라도 땅바닥에 떨어진 게 있나 살펴본다. 아무것도 보이지 않자, 멍한 눈으로 다시 구두 속에 손을 넣어 본다.

블라디미르 뭐가 있어?

에스트라공 아무것도.

블라디미르 어디 봐.

에스트라공 볼 게 아무것도 없다니까.

블라디미르 그럼 다시 신어봐.

에스트라공 (발을 살펴보면서) 발에 바람이나 좀 쐬야겠다.

블라디미르 제 발에 잘못이 있는데도 구두 탓만 하다니, 그게 바로 너 같은 인간들이야.[2]

영어로 된 희곡집의 첫 장을 펼치면 단 세 문장이 보입니다.

'A country road, A tree.
Evening'

자, 연출이 받아 든 희곡의 무대 설명은 이게 전부입니다. '대략 난감'이죠. 보통 무대라는 것이 이야기가 언제 어디에서 일어나는지 설명하는 중요한 역할을 하잖아요. 침대가 놓여 있는 무대를 보고 연인이 아침을 맞는 상상을 한다거나, 책상 몇 개가 놓여 있는 걸 확인하고 사무실에서 일어나는 일인가보다 하고 짐작해요. 그런데 그저 나무 한 그루라니요. 여러분이 만약 연출이라면, 어떤 나무를 세우고 싶으신가요?

연출가들에게 도전적 해석을
불러일으킨 '나무 한 그루'.
ⓒThe New York Public
Library Digital Collections

이 명작을 해석하는 연출가들에게 '나무 한 그루'는 그야말로 현대 미술을 대하듯 수만 가지 의미를 부여하고 도전하는 과정이었습니다. 실제로 천재적인 조각가 알베르토 자코메티가 만든 앙상한 나무를 무대 위에 올리기도 했고, 어떤 연출은 옷걸이 모양으로 나무를 구부려 놓기도 했죠. 하지만 가장 자주 등장하는 나무의 형상은 십자가였습니다. 블라디미르와 에스트라공이 그토록 고대하고 기다리는 '고도'를 종교적 의미의 구원자로 연결한 거죠. 실제로 '고도'라는 이 이상한 이름은 영어와 프랑스어로 각각 신을 뜻하는 'God'와 'Dieu'의 합성어라고도 얘기해요. 하지만 이 얼마나 닫혀 있는 상상력인지, 극을 끝까지 읽으면 알 수 있습니다. 고도라고 이름 붙일 기다림의 대상만큼이나 나무의 모양 역시 이 연극을 보는 관객의 수만큼 다양하지 않을까요? 각자의 나무를 마음에 심고, 극장을 나설 테니까요.

나무 하나 덩그러니 놓여 있는 무대에서 블라디미르와 에스트라공이라 불리는 두 방랑자가 이야기를 나누기 시작합니다. 그저 신발이나 들여다보고 있는, 행색이 남루한 두 인물의 이야기를 들어 볼까요?

에스트라공 멋진 곳이야!

그는 돌아서더니 무대 전면까지 나와 관객과 마주하고 서 있다.

에스트라공 정말 멋진 전망이야. (블라디미르를 돌아보며) 자, 가자.

블라디미르 안 돼.

에스트라공 왜?

블라디미르 고도를 기다려야지.

에스트라공 참 그렇지. (사이) 여기가 확실해?

블라디미르 뭐가?

에스트라공 기다리는 곳 말이다. (중략)

블라디미르 도대체 네 속셈이 뭐냐? 우리가 다른 장소로 왔다는 거야?

에스트라공 그가 이리 오기로 했는데.

블라디미르 오겠다고 장담한 건 아니잖아.

에스트라공 만일 안 온다면?

블라디미르 내일 다시 와야지.

에스트라공 그리고 모레도.

블라디미르 그래야겠지.

에스트라공 그 뒤에도 죽.

블라디미르 결국…

에스트라공 그가 올 때까지.[3]

두 사람 모두 꽤나 나이가 지긋해 보이는데 행동과 말이 여간 이상하지 않아요. 벗겨지지 않는 신발이나 붙잡고 끙끙대더니 고작 한다는 말이 마치 유치원생들이 끝말잇기 놀이를 하듯 단답형의 질문과 답만 하죠. 한 가지 미리 알려 드리자면, 극이 끝날 때까지 둘의 대화는 거의 이런 식입니다. 이 작품에서 베케트의 이 특별한 작법은 인간의 말이라는 것이 정보나 지식을 전달하는 도구도 될 수 있지만, 그저 살아 있음을 증명하는 매개체가 될 수도 있다는 것을 보여 주죠. 서로에게 의미 없는 말을 지껄이면서 그래도 오늘 하루를 버틸 수 있다면 다행이라는 겁니다.

그중 이 작품에서 몇 번이고 반복해서 듣게 되는 대사가 있어요. "자, 가자" "안 돼" "왜?" "고도를 기다려야지".《고도를 기다리며》의 줄거리는 이 짧은 네 문장에 그대로 담겨 있습니다. 두 배우가 호흡을 맞춰 주고받는 대사가 운율이 있는 것처럼 들리는데, 연극을 보고 나오면 마치 노래를 흥얼거리듯 읊조리게 되죠.

끊임없이 고도의 존재를 일깨우는 사람은 블라디미르입니다. 에스트라공이 제 풀에 지쳐 몇 번이나 그만 포기하고 떠나려 할 때도, 블라디미르는 자신들이 고도를 기다리고 있다는 것을 잊지 않아요.

단 세 줄의 무대 설명으로 극이 시작되는 것처럼, 베케트의 희곡에는 등장인물에 대한 설명 역시 단 한 줄도 없습니다. 연출뿐 아니라 배우들 역시 이 작품에 도전하기가 만만치 않은 이유이기도 하죠. 어떻게 살아 있는 캐릭터를 만들어야 할까요? 그런데 이 정체 모를 두 인물의 행색이 어쩐지 낯이 익습니다. 바로 찰리 채플린! 베케트는 채플린의 열렬한 팬이었어요. 채플린의 연기가 빚어내는 절망 속의 웃음, 그리고 그 짙은 페이소스를 작품에 담고 싶어 했습니다. 채플린의 1915년 작품 〈부랑자〉는 《고도를 기다리며》의 두 부랑자 에스트라공과 블라디미르를 탄생시키죠.

채플린에 대한 베케트의 애정을 엿볼 수 있는 증거도 있습니다. 노벨상 작가의 소설 원고 여백에 그려진 낙서예요. 2013년 소더비 경매에 그의 첫 번째 소설 《머피》가 담겨진 여섯 권의 노트가 공개됐습니다. 베케트 살아생전, 40회 넘게 출간 거절을 당한 이 비운의 소설이 무려 10만 파운드에 낙찰됐어요. 이 지적인 작가의 취미인 낙서 때문이었죠.

베케트가 평생 흠모하던, 그러나 그 놀라운 재능의 그늘에서 벗어나려 애를 썼던 아일랜드의 소설가이자 시인 제임스 조이스의 그림이 보입니다. 그리고 한눈에도 딱 알아볼 만한 또 한 명의 인상적인 캐릭터가 있으니 배우 찰리 채플린입니다. 모자를 쓰고 해진 양복에 지팡이를 쥔 채 뒷짐을 지고 있는 모습. 종종걸음을 치는 에스트라공의 모습에서 채플린을 발견하고 관객들은 웃음이 납니다. 이 미스

What is my life but preference for the ginger biscuit?

2013년 소더비 경매에 등장한 《머피》에는 베케트가 흠모하던 제임스 조이스(위)와 찰리 채플린(아래)이 그려져 있었다.
ⓒ OPEN CULTURE

터리한 작품의 매력, 바로 이 웃음 때문이죠.

블라디미르와 에스트라공, 그리고 여기에 나타나지 않는 고도까지, 이 정체를 알 수 없는 인물들에 적응하기 위해 머리가 팽팽 돌아가고 있는데, 갑자기 또 괴기스러운 인물들이 등장합니다. 포조와 럭키. 죽을 것처럼 지루한 시간을 때울 수 있는 구세주가 등장한 셈이에요. 그런데 이 둘 역시 행선지도 분명치 않고, 무엇을 하는 인물인지도 전혀 알 수가 없어요. 포조라는 나그네는 잔인하게도 자신의 하인 럭키의 목에 줄을 매달아 끌고 다니는데, 럭키는 마치 짐승처럼 말 한마디 하지 않고 온갖 수모를 묵묵히 견뎌 내고 있습니다.

포조는 럭키의 육체를 지배하는 것을 넘어 정신까지 통제해요. 우습게도 그 방법은 모자에 있죠. 포조의 명령대로 모자를 쓰면 생각을 하고, 벗으면 생각을 못한다니. 자, 이제 여기에서 유명한 장면이 시작됩니다. 럭키의 입에서 쉴 새 없이 쏟아져 나오는 긴 대사. 희곡 분량으로 무려 네 쪽이 넘는데, 귀를 기울여 보지만 도대체 무슨 말을 하는지 도무지 알아들을 수도 없어요. 쉼표도 마침표도 없이 맥락도 없는 단어들로 독백이 이어지죠. 숨을 헐떡이며 말을 뱉어 내는 럭키를 보며 드는 생각은, 럭키라는 이름과는 전혀 다르게 살아가는 생의 아이러니. 목줄을 매고 끌려다니고, 생각마저 통제당하는 그의 삶이 오지도 않을 고도를 기다리는 고통보다 '럭키'한 걸까요? 그래서 그의 모습이 처음엔 우스꽝스럽다가 점점 숨이 막힐 듯 다가옵니다. 강제로 모자를 벗기자 럭키는 그 자리에 쓰러져요.

에스트라공   아무 일도 일어나지도 않고, 아무도 오지도 않고, 아무도 가
                지도 않아. 끔찍하구나.

블라디미르   (포조에게) 저자에게 생각하라고 해 보세요.

포조   저놈에게 모자를 갖다 주시오.

블라디미르   모자요?

포조   모자가 없으면 생각을 할 수 없지.

블라디미르   (에스트라공에게) 모자를 갖다 줘! (중략)

럭키   (단조로운 어조로) 펀쳐와 와트만이 가장 최근의 공동 연구에
          서 밝힌 바에 의하면 까까까까 흰 수염이 달린 까까까까라
          는 인격을 갖춘 신은 시간의 밖에 존재하고… (중략)[4]

  포조와 럭키가 떠나자 어디선가 소년이 등장해요. 그러고는 수도 없이 듣고 또 들었던 말을 하죠. "오늘은 고도 씨가 못 오지만 내일은 꼭 오신대요." 다시 둘만 남은 에스트라공과 블라디미르. 희곡을 통틀어 두 사람의 관계를 짐작할 수 있는 대사가 딱 한 번, 1막이 내리기 직전에 나옵니다. 언제부터 고도를 기다리고 있었는지도 알 수 있어요.

에스트라공   우리가 얼마나 오래 같이 있었던 걸까?

블라디미르   모르겠다. 한 오십 년?

에스트라공   내가 뒤랑스 강에 뛰어들었던 그날, 너 생각나?

블라디미르   포도 수확철이었지.

에스트라공 네가 나를 건져 주었어.

블라디미르 다 끝난 얘기다.[5]

　에스트라공과 블라디미르는 마치 지구 종말 이후 마지막으로 남은 인류처럼 한 그루 나무 밑에서 다시 밤을 맞습니다. 하루 종일 투닥거리고, 이제는 그만 서로 헤어지는 게 좋겠다고 말하기도 하지만, 둘은 50년을 함께 지낸 지기네요. 그 긴 시간, 막막한 하루에 서로의 존재마저 없었으면 어떻게 됐을까요? 아무 말 없어도, 그냥 곁에 있어 주는 한 사람이 있다는 게 얼마나 감사한 일인지. 긴 고독이 죽음을 부르듯, 인간은 혼자 살 수는 없습니다. 그 지루한 고도를 기다리는 것도 함께이니까 가능해요. 문득 그런 생각이 들어요. 고도를 기다릴 수 있는 건 내 안의 희망일 수도, 그리고 내 곁에 있는 단 한 사람 때문일 수도 있겠죠.

에스트라공 이제 그만 갈까?

블라디미르 그래, 가자.

　두 사람 다 움직이지 않는다.[6]

이제 2막이 오릅니다.

　다음 날, 같은 시간, 같은 장소. 에스트라공의 구두가 무대 전면 중앙에 있다. 구두 뒤꿈치는 붙어 있고 앞쪽은 벌어져 있다. 럭키의 모자도 같은 자리에 있다.

나무에 네다섯 개의 잎이 났다.[7]

(중략)

블라디미르   또 너로구나! (에스트라공, 발을 멈추지만 고개는 들지 않는다. 블라
　　　　　　디미르가 그에게 다가간다.) 이리 와, 내가 안아 줄게!

에스트라공   건드리지 마!

블라디미르, 상처 받았지만 감춘다.

블라디미르   내가 가 버리길 바라니? (사이) 고고! (사이. 블라디미르, 그를 유
　　　　　　심히 본다.) 그들이 널 때렸구나? (사이) 고고! (에스트라공은 고
　　　　　　개를 숙인 채 말이 없다.) 어젯밤은 어디서 보낸 거야?

에스트라공   건드리지 마! 묻지도 마! 아무 말도 하지 마! 그냥 내 곁에만
　　　　　　있어 줘![8]

　2막이 시작되면 어제와 같은 장소. 무대 위에는 여전히 나무 한
그루뿐. 아, 그런데 눈썰미 좋은 분들은 뭔가 변한 걸 찾으실 수도
있습니다. 나무에 초록 이파리 몇 개가 달려 있어요. 그 변화를 눈치
챈 건 역시 블라디미르가 먼저입니다. 에스트라공과 어제처럼 시답
지 않은 말을 주고받던 그가 왜 자신들이 고도를 기다려야 하는지를
이야기합니다.

블라디미르 이 거대한 혼돈 속에서도 단 하나는 분명하지. 우린 고도가 오기를 기다리고 있다는 거야.

에스트라공 맞아, 그래.

블라디미르 아니면 날이 저물기를 기다리고 있는 거지. (사이) 우린 약속을 지키고 있고, 그거면 됐어. 우리가 성인군자는 아니지만 그래도 약속을 지키고 있는 거야. 이 정도로 약속을 지킬 수 있는 사람이 얼마나 될까? (중략) 확실한 건 이런 상황에선 시간이 길지. 그 긴 시간을 보내고 지루함을 달래기 위해 별별 짓거리를 다 해야 해. 이게 또 얼핏 보면 그럴 듯해 보이거든. 그럼 결국 버릇이 되어 버리지. 넌 그게 침몰하는 배에서 우리가 제정신을 잃지 않는 방법이라고 하겠지. 그건 나도 알겠다. 하지만 우리는 이미 오랫동안 끝 모를 깊은 바닷속 같은 어둠을 헤매고 있었던 건 아닐까. 난 가끔 이런 생각이 들어. 너 내 말 알아듣겠냐?

에스트라공 우리는 모두 미치광이로 태어나. 그중엔 미친 채 살아남는 사람도 있고.[9]

아, 블라디미르의 이 대사에 가슴 한쪽이 덜컥 내려앉았습니다. 도대체 저들은 왜 고도를 기다리는 걸까? 그저 오지도 않는 존재를 매일 같이 기다리며 하루하루 그저 '존재하니까 존재하는' 두 사람을 보며 위태로움을 느꼈는데, 블라디미르는 고도를 기다리는 이유를 분명히 알고 있었습니다. 약속을 지키기 위해서. 고도를 기다리기로 했으니까 나무에 목을 매달지 않고 다시 또 같은 자리를 찾아

왔던 거죠. 아무 일도 일어나지 않고 그저 기다림이 전부인 고통스러운 삶도 이젠 버릇처럼 견딜 수 있다는 것도 잘 알고 있어요.

문득 서늘해지는 건, 가라앉는 배에서 살아남기 위해 발버둥치는 두 사람을 보면서 안전한 배 위에 올라탄 누군가가 자신의 처지에 안도하고 있을 때, 베케트는 이미 우리 모두가 깊은 바다에 빠져 허우적거리고 있는 존재라는 것을 일깨웁니다. 삶과 죽음을 넘어 인간 존재에 대한 근본적인 물음을 던지는 블라디미르의 말에 에스트라공은 명쾌하게 답하죠. "우리는 모두 미치광이로 태어난다." 그러니 누가 누구를 손가락질하겠어요.

블라디미르와 에스트라공은 또다시 서로의 기억력을 탓하며 실랑이를 벌입니다. 어제 포조와 럭키를 만났는지도 확실치 않아요. 그런데 이때 둘이 다시 등장해요. 포조는 장님이 되어 있고, 럭키는 똑같이 짐을 잔뜩 든 채로요. 달라진 거라고는 끈 길이가 좀 짧아져서 포조가 럭키 뒤에 바로 따라오고 있고, 럭키는 새 모자를 쓰고 있어요. 이번엔 포조 역시 블라디미르와 에스트라공을 기억하지 못합니다. 어제 이곳에 오지 않았냐고 묻는 둘에게 포조는 화를 버럭 내요.

포조   그놈의 빌어먹을 시간 얘기로 나 좀 괴롭히지 말아 주겠소?
        정말 끔찍하군! 언제! 언제! 그냥 어느 날이라고 하면 됐지.
        그냥 어느 날 나는 장님이 됐고, 그 어느 날 우리는 벙어리가
        될 거요. 어느 날 태어났고, 어느 날 죽을 테지. 같은 날, 같은
        순간에 말이오. 이 정도면 된 거 아니냔 말이오? (좀 침착해져
        서) 여자들은 무덤 위에 걸터앉아 아이를 낳지. 햇살이 아이를

비추면 다시 밤이 오는 거요. (그는 끈을 잡아당긴다.) 앞으로!**10**

우리가 늘 확인하고 또 확인하는 '언제'는 중요하지 않습니다. 숨 가쁘게 흘러가는 나날들 속에 우리는 언제 무엇을 했는지 기록하고, 기억해야 하고, 서로를 통해 다시 확인을 해요. 하지만 그게 무슨 소용인가요? 포조 말대로 우리가 분명히 알고 있는 사실은 태어나서 언젠가 죽을 거라는 것. 그 삶도 찰나와 같으니, 죽은 자가 누워 있는 무덤 위에서 생명이 탄생하고, 해가 비추면 밤이 오는 것처럼 죽음을 맞이합니다. 그러니 그 짧은 인생에 무엇을 기억하고 누구를 기다릴지는 각자의 몫. 지겨움에 몸부림쳐도 해는 지고 날은 어두워집니다. 소년이 다시 나타나 오늘 밤도 고도가 오지 못한다고 알립니다. 블라디미르는 이 모든 것을 미리 알고 있었다는 듯 체념하면서도 대신 소년에게 신신당부해요. 고도를 기다리고 있는 자신을 기억해 달라고요. 고도가 오지 못하더라도 그것만은 알려 달라고요.

소년 고도 씨에게 뭐라고 할까요?

블라디미르 가서 이렇게 전해라. (망설인다.) … 나를 봤다고 해. (주저한다.) 그냥 나를 봤다고 해. (사이. 블라디미르가 앞으로 나오자 소년이 움찔하며 물러선다. 블라디미르가 멈추니 소년도 멈춰 선다. 갑자기 난폭하게) 틀림없이 넌 나를 본 거다. 내일이 되면 또 나를 본 적이 없다는 말은 안 하겠지? (중략)

에스트라공 내일 또 와야 하는 거야?

블라디미르 그래.

에스트라공 그럼 내일은 좀 더 튼튼한 끈을 가지고 오자.

블라디미르 그래.

에스트라공 디디.

블라디미르 왜?

에스트라공 난 이 지랄 더는 못하겠다.

블라디미르 그건 네 생각이고.

에스트라공 우리 헤어지는 게 어때? 그게 나을 것 같다.

블라디미르 내일 목이나 매자. (사이) 고도가 오지 않으면.

에스트라공 그가 온다면?

블라디미르 그럼 살겠지.[11]

누군가는 이렇게 말할지도 모릅니다. 그러면 그렇지. 결국 자살하지 않고는 못 배기겠지. 내일은 나무에 목을 매달고 말걸? 하지만 저는 믿어요. 내일도 그다음 날도 에스트라공과 블라디미르는 고도가 올 때까지 기다리리라는 것을요. 베케트의 말처럼 둘은 고통스러운 현실을 잊기 위한 게임을 하고 있을 뿐이니까요. 어쩌면 우리의 하루는 각자에게 주어진 규칙에 따른 게임의 연속일지도 모릅니다.

'이건 게임이네. 모든 것이 게임이야. 에스트라공, 블라디미르, 포조, 럭키. 이 네 인물이 바닥에 누워 있는 게 자연스러워서는 안 되네. 부자연스럽게, 발레 동작처럼 누워 있어야 해. 그렇지 않으면 모든 것이 모방이 될 걸세. 현실의 모방 말이네. 분명하고 명백해야 하네. 그렇다고 감정이 메마르게 표현하지는 말게. 이건 살아남기 위한 게

임이네.'**12**

── 페기 구겐하임도 가질 수 없던 남자

사뮈엘 베케트는 1906년 4월 13일 아일랜드 더블린 근교 폭스로 크Foxrock에 자리 잡은 유복한 신교도 가정에서 태어났습니다. 바닷바람이 숲을 스치면 나뭇잎 소리만 들리던, 낮은 언덕 사이에 위치한 그 집에서 소년은 자라났죠. 고도의 적막한 무대는 어린 베케트를 둘러싸고 있던 풍경이었어요.

'침묵의 작가'로 불릴 정도였지만 어렸을 때부터 내성적인 성격은 아니었습니다. 극작가 오스카 와일드Oscar Wilde의 모교이기도 한 포트라 로열 스쿨에 입학해서 최우수 학생으로 선발될 정도로 공부도 잘했고, 크리켓·수영·럭비에 선수로 참가하며 스포츠맨의 자질을 보이기도 했어요. 앞에서 잠깐 말씀드린 럭키의 긴 독백에 베케트의 스포츠에 대한 관심이 슬쩍 드러납니다. "테니스, 축구, 달리기, 걷기, 자전거 경주, 수영, 마술, 항공, 테니스, 빙상, 스케이트, 롤러스케이트, 테니스, 잔디밭 위의 전나무 위의 바다 위의 공중의 하키…" 온갖 스포츠 종목을 하염없이 나열해요.

1927년 대학을 졸업한 베케트는 파리에 있는 고등사범학교 영어 강사로 가게 됩니다. 이곳에서 운명적인 인물, 제임스 조이스를 만나게 되죠.《율리시스》,《더블린 사람들》을 쓴, 20세기를 대표하는 위대한 시인이자 작가. 아일랜드 더블린 출신인 두 사람은 가까워집니다. 사실 조이스에 대한 베케트의 동경이 굉장히 컸어요. 조이스

사뮈엘 베케트. ⓒGettyimages

의 작품 세계는 물론 그의 외모까지 닮고 싶었던 베케트는 조이스 흉내를 내려고 그가 즐겨 신던 스타일의 에나멜 구두를 신고 다니다가 발이 아파서 지독하게 고생을 했다고 해요. 아마도 그 고통을 에스트라공에게 벗겨지지 않는 구두를 신겨서 고스란히 전해 준 것 같네요.

1934년 베케트가 파리에서 정착한 곳은 바로 몽파르나스. 첫 번째 소설 《머피》가 런던에서 출간되지만 곧 제2차 세계대전이 일어나죠. 프랑스 친구들의 레지스탕스 운동을 돕던 베케트는 아내 수잔과 함께 남프랑스로 피신해서 소설 《와트》를 완성해요. 이때 겪은 경험을 바탕으로 베케트는 《고도를 기다리며》를 구상합니다. 언제 끝날지 모르는 전쟁. 곁에는 아내 수잔밖에 없는 외로운 피신 생활. 베케트에게 고도는 종전 소식이었을 테고, 아내 수잔은 블라디미르이자 에스트라공이 아니었을까요? 긴 기다림 끝에 마침내 제2차 세계대전도 끝이 나고 베케트는 이 희곡으로 세계적인 작가로 이름을 알리게 된 거죠.

> "미처 입을 열기 전에는 대리석상으로 믿길 사람이다. 하지만 자신에게 우호적인 사람과 함께 있을 때면 활기를 띠며 다정해진다. 금발이며, 때로 투명한 푸른 눈 속에서 핀처럼 예리해지는 솔직한 시선을 갖고 있다. 그의 곁에 있으면 마치 사막의 간결함을 경험하는 느낌이다."[13]

사회 운동가이자 작가였던 낸시 커나드Nancy Cunard, 1896~1965는 베케트에 대해 이렇게 추억합니다. 앞서 이야기했듯이 사생활이 거의 공개되지 않은 베케트에 대한 이야기는 그의 지인들이 남긴 글에서 엿볼 수 있어요.

키 크고 늘씬한 몸매에 과묵하고 지적인 작가. 베케트는 많은 여성들이 흠모하는 대상이었습니다. 그중 세계적인 부호이자 미술 컬렉터, 그리고 자신이 모은 세계적인 미술 작품으로 이탈리아 베네치아에 페기 구겐하임 미술관을 만든 구겐하임 역시 베케트를 몹시 사랑했죠. "그의 커다란 초록색 눈은 결코 다른 이를 바라보는 적이 없었다. 그는 언제나 안경을 쓰고 있었고, 마치 그 자리에 부재하거나 어떤 문학적 문제에 온통 정신이 팔린 것처럼 보였다. 그는 말수가 거의 없었다. 결코 쓸데없는 얘기를 늘어놓는 법도 없었다. 그리고 때때로 몹시 부자연스러운 태도를 취하곤 했다." 1938년 수잔과 재회해서 사랑에 빠진 베케트의 목에 매달려 구애하고 헛되게 그를 기다렸던 구겐하임. 아무리 유명한 미술품이라도 돈을 주면 살 수 있지만, 베케트의 사랑만은 살 수 없었습니다.

베케트는 시와 소설을 쓰다가 마흔일곱 살의 늦은 나이에 《고도를 기다리며》로 첫 희곡을 발표했습니다. 하지만 그는 이 첫 희곡에서 침묵과 휴지, 리듬, 그리고 비언어적 기법을 완벽하게 배치하면서 '부조리극'이라는 새로운 스타일의 연극을 탄생시켰죠.

많은 사람들이 베케트의 엄격한 이미지, 그리고 《고도를 기다리며》의 난해함 때문에 쉽게 다가서지 못하는 것도 사실이에요. 이런 작품을 제 인생의 최고의 작품으로 꼽는 이유가 있습니다. 그 고통스러운 인생의 비애 속에서도 잃지 않는 유머 때문이에요. 찰리 채플린의 영화를 즐겨 보고 낙서광이었던 베케트는 웃음의 위대함을 알고 있는 작가임에 분명했습니다. 베케트의 열광적인 독자가 그에게 이렇게 말했다죠. "베케트 선생님, 저는 일생 동안 선생님의 열렬한 찬미자였고 40년 전부터 죽 선생님의 책을 읽어왔답니다." 베케트의 대답은 이랬답니다. "참 피곤하시겠소."

그러니 고도를 기다리는 걸 두려워 마시길. 비극과 희극의 차이가 얼마나 부질없는지, 한 발짝 떨어져서 그 비극적인 인생을 들여다보면 너털웃음이 난다는 것. 다만 바라는 건 내가 다른 이의 인생을 웃으면서 볼 수 있듯이 내게 주어진 인생에도 그런 너그러움으로 부딪칠 수 있길. 아, 우리들 각자의 인생이란 게, 얼마나 위대한지요!

1년 후 다시 파리를 찾았습니다. 비 내리던 늦가을 아침, 베케트를 만나고 난 후 파리가 그리워졌습니다. 5월의 파리는 눈부시게 아름다웠어요. 세상의 모든 사랑이 이 도시에서 태어난 것처럼 한낮의 태양을 피해 연둣빛 나뭇잎이 드리워진 센 강가에서, 별빛처럼 조명이 쏟아지는 한밤의 에펠탑 아래에서 연인들은 입을 맞추었죠. 오랫동안 골목길을 걷다가 지친 여행자의 다리를 쉬게 한 곳은 오래된 '셰익스피어 컴퍼니' 서점 앞에 놓인 삐걱거리는 나무 벤치. 아이스크림을 핥으며 강 건너로 보이는 노트르담 대성당의 웅장하고 아름다운 뒷모습을 눈에 가득 담았습니다. 자리에서 일어나려는데 벤치에 누군가 낙서처럼 써 놓은 사뮈엘 베케트의 글귀가 보이네요. '앉을 자리만 있으면 됐지. 별도 좋은 벤치를 찾으려고 애쓰면서 시간을 보내는 게 우리네 인생이야.'

비어 있는 벤치에 앉아 쉴 수 있으니 감사하고, 여기에 햇볕까지 비추면 더할 나위 없겠지만 이 모두를 가지려고 애쓰면서 인생을 보내지는 마세요. 때론 비어 있는 벤치에서 비를 맞으며 앉아 있을 수도 있고, 때론 길가에 앉을 곳 하나 없더라도 햇살 가득한 날을 맞을 수도 있으니까요. 그게 인생이잖아요.

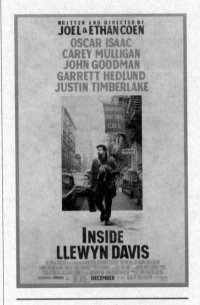

WRITTEN AND DIRECTED BY
JOEL & ETHAN COEN

OSCAR ISAAC
CAREY MULLIGAN
JOHN GOODMAN
GARRETT HEDLUND
JUSTIN TIMBERLAKE

**INSIDE
LLEWYN DAVIS**

DECEMBER

감독 | 조엘 코엔, 에단 코엔
출연 | 오스카 아이작, 캐리 멀리건,
저스틴 팀버레이크

날 매달아 주오 / 난 죽어 사라지겠지 / 목숨엔 미련 없어도 / 무덤 속에 누워 지낼 긴 세월 서럽네 / 세상 구경 잘했소 / 망할 얼미나 굶었는지 / 뱃가죽이 등에 붙었네 / 세상 구경 잘했소.

블라디미르와 에스트라공이 노래를 만들었다면 이렇게 부르지 않았을까요? 어느 작은 라이브 바. 르윈이 기타를 치며 노래를 합니다. 공연이 끝난 후 뒷문으로 나가자 어두운 골목의 그림자에 가려진 실루엣이 보여요. 그 남자는 르윈에게 다가와 다짜고짜 주먹을 날리죠. "함부로 입을 놀리지 말라"면서요. 영화는 이렇게 시작됩니다.

포크송을 부르는 가수 르윈 데이비스가 이 영화의 주인공이죠. 그의 딱한 처지를 보자면, 월세 낼 돈도 없어 집 한 칸 구하지 못해 오늘 밤 지친 몸을 어디에 뉘일지가 고민이고, 뉴욕의 시린 겨울바람을 가릴 코트 한 벌 살 여력도 없어요. 음악을 하고 싶어 선원을 때려치우고 듀엣으로 그럭저럭 노래를 하고 있었지만 파트너마저 자살해 버립니다. 솔로 앨범은 팔리지도 않아서 재고만 몇 박스죠. 여자 친구마저 르윈을 인생 쓰레기라고 부를 정도니 그야말로 막다른 인생. 다시 희망을 갖고 시카고로 오디션을 보러 떠나지만 그곳에서도 그를 반기는 건 매서운 눈보라뿐입니다.

지친 몸을 이끌고 카페에 들어간 르윈. 그의 발을 카메라가 클로즈업합니다. 눈에 젖은 신발에서 발을 빼내자 양말에서 뚝뚝 떨어지는 물방울. 삶의 고단함. 르윈은 음악을 포기해야 할까요? 어쩌면 내일이면 찾아올 고도를 위해 오늘 밤도 어느 집 소파에 시친 몸을 구겨 넣어야 할까요?

《고도를 기다리며》의 1막과 2막이 반복되듯이 이 영화의 프롤로그와 에필로그는 절묘하게 이어집니다. 인생이란 게 그렇잖아요. 수많은 불행한 날 중 단 며칠의 행복한 날을 위해 살아간다고요. 르윈 역시 그날을 위해 오늘도 기타를 놓지 못하는 게 아닐까요? 〈노인을 위한 나라는 없다〉의 코엔 형제가 처음으로 제작한 이 음악 영화에 칸 영화제는 심사 위원 대상을 안겨 주었습니다.

참고문헌

1장. 《세일즈맨의 죽음》 | 아서 밀러

1. Arthur Miller, *Death of a Salesman*, Penguin Books, 1975, p. 15
2. Arthur Miller, 같은 책, p. 12
3. Arthur Miller, 같은 책, p. 56
4. Arthur Miller, 같은 책, p. 59~60
5. Arthur Miller, 같은 책, p. 83
6. Arthur Miller, 같은 책, p. 97
7. Arthur Miller, 같은 책, p. 132
8. Arthur Miller, 같은 책, 1975, p. 138
9. Arthur Miller, 같은 책, 1975, p. 139
10. Arthur Miller, 같은 책, 1975, p. 91
11. 리스타 메르커 지음, 이은희 옮김, 《섹스와 지성》, 한길사, 1999, p.221

2장. 《엘렉트라》 | 소포클레스

1. 아이스킬로스 지음, 천병희 옮김, 《아이스킬로스 비극》, 단국대출판부,

1998. p. 287

2. Sophocles, *Electra and Other Plays*, Penguin Classics, 1953, p. 72

3. Sophocles, 같은 책, p. 75

4. Sophocles, 같은 책, p. 78

5. Sophocles, 같은 책, p. 84

6. Sophocles, 같은 책, p. 113~114

7. Sophocles, 같은 책, p. 116

8. 소포클레스 지음, 천병희 옮김, 《소포클레스 비극 전집》, 숲, 2002

9. 아리스토텔레스 지음, 천병희 옮김, 《수사학/시학》, 숲, 2017

3장. 《갈매기》 | 안톤 체호프

1. Anton Chekhov, *ANTON PAVOVICH CHEKHOV PLAYS*, Wordsworth Editions Ltd, 2007, p. 95

2. Anton Chekhov, 같은 책, p. 125

3. Anton Chekhov, 같은 책, p. 76

4. Anton Chekhov, 같은 책, p. 99

5. Anton Chekhov, 같은 책, p. 126

6. Anton Chekhov, 같은 책, p76

7. 김진선, '잊고 있었지만 이혜영은 연극배우였다', 2016년 7월 5일, 〈매일경제〉, https://www.mk.co.kr/news/home/view/2016/07/480467/

8. Anton Chekhov, 같은 책, p. 73

9. Anton Chekhov, 같은 책, p. 76

10. Anton Chekhov, 같은 책, p. 79

11. Anton Chekhov, 같은 책, p. 96~97

12. Anton Chekhov, 같은 책, p. 109

13. Anton Chekhov, 같은 책, p. 116

14. Anton Chekhov, 같은 책, p. 94

15. Anton Chekhov, 같은 책, p. 127

16. Paul Schmidt, *The Plays of Anton Chekhov*, Harper Perennial, 1999, p. 124

17. A.P. Chekhov & Ol'ga Leonardovna, in Jean Benedetti, *Dear Writer, Dear Actress*, Methuen Publishing Ltd, 2007, p. 284

18. 레이먼드 카버 지음, 최용준 옮김, 《내가 필요하면 전화해》, 문학동네, 2015, p. 372

4장. 《피그말리온》 | 조지 버나드 쇼

1. 오비디우스 지음, 천병희 옮김, 《변신 이야기》, 숲, 2017

2. George Bernard Shaw, *Pygmalion*, Penguin Classics, 2003, p. 119

3. George Bernard Shaw, 같은 책, p. 9

4. George Bernard Shaw, 같은 책, p. 3

5. George Bernard Shaw, 같은 책, p. 18

6. George Bernard Shaw, 같은 책, p. 18

7. George Bernard Shaw, 같은 책, p. 61~62

8. George Bernard Shaw, 같은 책, p. 75

9. George Bernard Shaw, 같은 책, p. 76

10. George Bernard Shaw, 같은 책, p. 78

11. George Bernard Shaw, 같은 책, p. 95

12. George Bernard Shaw, 같은 책, p. 105

13. 헤스케드 피어슨 지음, 김지연 옮김, 《버나드 쇼: 지성의 연대기》, 뗴뗴데로, 2016

5장. 《누가 버지니아 울프를 두려워하랴?》 | 에드워드 올비

1. Edward Albee, *Who's afraid of virginia woolf?*, Signet, 2006, p. 4

2. Edward Albee, 같은 책, p. 20

3. Edward Albee, 같은 책, p. 92~93

4. Edward Albee, 같은 책, p. 190~191

5. Edward Albee, 같은 책, p. 241

6. Edward Albee, 같은 책, p. 241

6장. 《더 러버》 | 헤럴드 핀터

1. Harold Pinter, *HAROLD PINTER Complete Works Vol.2*, Grove Press, 1994, p. 172~173

2. Harold Pinter, 같은 책, p. 168

3. Harold Pinter, 같은 책, p. 161~162

4. Harold Pinter, *Complete works: With an introduction 'Writing For The Theatre'*, Random House, 1977, p. 25

5. Harold Pinter, 같은 책, p. 165~166

6. Harold Pinter, 같은 책, p. 167~168

7. Harold Pinter, 같은 책, p. 169

8. Harold Pinter, 같은 책, p. 175

9. Harold Pinter, 같은 책, p. 176~177

10. Harold Pinter, 같은 책, p. 178~179

11. Harold Pinter, 같은 책, p. 182

12. Harold Pinter, 같은 책, p. 190

13. Harold Pinter, 같은 책, p. 195~196

14. Harold Pinter, *Complete works: With an introduction 'Writing For The Theatre'*, Random House, 1977, p. 35

7장. 《인형의 집》 | 헨리크 입센

1. 나혜석, 《이혼고백서》, 오상, 1999

2. 나혜석기념사업회 간행, 서정자 엮음, 《나혜석 전집》, 푸른사상사, 2013,

p. 257~258

3. Henrik Ibsen, *A Doll's House and Other Plays*, Penguin Classics, 2016, p. 150

4. Henrik Ibsen, 같은 책, p. 161

5. Henrik Ibsen, 같은 책, p. 179

6. Henrik Ibsen, 같은 책, p. 189

7. Henrik Ibsen, 같은 책, p. 221~222

8. Henrik Ibsen, 같은 책, p. 223~226

9. Henrik Ibsen, 같은 책, p. 227~228

10. Henrik Ibsen, 같은 책, p. 232

8장. 《메데이아》 | 에우리피데스

1. 프리드리히 니체 지음, 이진우 옮김, 《비극의 탄생-반시대적 고찰》, 책세상, 2005, p. 88

2. Euripides, *Medea and Other Plays*, Penguin Classics, 2003, 40~43줄

3. Euripides, 같은 책, 100~104줄

4. Euripides, 같은 책, 112~115줄

5. Euripides, 같은 책, 230~252줄

6. Euripides, 같은 책, 315~322줄

7. Euripides, 같은 책, 460~600줄

8. Euripides, 같은 책, 577~579줄

9. Euripides, 같은 책, 792~799줄

10. Euripides, 같은 책, 1070~1078줄

11. Euripides, 같은 책, 1237~1245줄

12. Euripides, 같은 책, 1365~1376줄

13. 아리스토텔레스 지음, 천병희 옮김, 《수사학/시학》, 숲, 2017

1. Peter Shaffer, '*A NOTE ON THE PLAY* ', *EQUUS*, Scribner, 2005

2. Peter Shaffer, *EQUUS*, Scribner, 2005, p. 9

3. Peter Shaffer, 같은 책, p. 51

4~5. 강태경, 《에쿠우스 리포트》, 홍문각, 2017

6. Peter Shaffer, 같은 책, p. 17

7. Peter Shaffer, 같은 책, p. 39~40

8. Peter Shaffer, 같은 책, p. 43~44

9. Peter Shaffer, 같은 책, p. 71~72

10. Peter Shaffer, 같은 책, p. 106~107

11. Peter Shaffer, 같은 책, p. 108~110

10장. 《욕망이라는 이름의 전차》 | 테네시 윌리엄스

1. Tenessee Williams, *A Streetcar Named Desire*, Penguin Classics, 2004, p. 1

2. Tenessee Williams, 같은 책, p. 3

3. 박용목, 《테네시 윌리엄스 평전》, 현대미학사, 2013, p. 136

4. 테네시 윌리엄스 지음, 신정옥 옮김, 《욕망이라는 이름의 전차》, 종합출판 범우(주), p. 222

5. Tenessee Williams, 같은 책, p. 6

6. Tenessee Williams, 같은 책, p. 13

7. Tenessee Williams, 같은 책, p. 37

8. Tenessee Williams, 같은 책, p. 57

9. Tenessee Williams, 같은 책, p. 66

10. Tenessee Williams, 같은 책, p. 86

11. Tenessee Williams, 같은 책, p. 94

12. Tenessee Williams, 같은 책, p. 97

13. Tenessee Williams, 같은 책, p. 107

11장. 《서푼짜리 오페라》 | 베르톨트 브레히트

1. 베르톨트 브레히트 지음, 이옥용 옮김, 《나, 살아남았지》, 에프, 2018, p. 22
2. Bertolt Brecht, *The Threepenny Opera*, Bloomsbury, 2015, Kindle Edition 1,390 줄
3. Bertolt Brecht, 같은 책, 1433줄
4. Bertolt Brecht, 같은 책, 1860~1991줄
5. Bertolt Brecht, 같은 책, 2005~2015줄
6. Bertolt Brecht, 같은 책, 2202~2231줄
7. Bertolt Brecht, 같은 책, 2456~2470줄
8. Bertolt Brecht, 같은 책, 2871~2880줄
9. Bertolt Brecht, 같은 책, 2930~2936줄
10. 한스 붕에 엮음, 박영구 옮김, 《브레히트의 연인》, 자작나무, 1995, p. 54
11. 한국브레히트학회 편저, 《브레히트의 연극 세계》, 열음사, 2001

12장. 《고도를 기다리며》 | 사뮈엘 베케트

1. 권혜경, 《침묵과 소리의 극작가 사무엘 베케트》, 동인, 2004
2. Samuel Beckett, *Waiting for Godot En Attendant Godot: A Bilingual Edition*, Grove Press New York, 2010, p. 17
3. Samuel Beckett, 같은 책, p. 29~31
4. Samuel Beckett, 같은 책 p. 140~141
5. Samuel Beckett, 같은 책, p. 183
6. Samuel Beckett, 같은 책, p. 187
7. Samuel Beckett, 같은 책, p. 189
8. Samuel Beckett, 같은 책, p. 195
9. Samuel Beckett, 같은 책 p. 289~291
10. Samuel Beckett, 같은 책, p. 333
11. Samuel Beckett, 같은 책, p. 355

12. James Knowlson, *Dammed to Fame: The Life of Samuel Beckett*, Bloomsburry Publishing, 1996

13. 나탈리 레제 지음, 김예령 옮김,《나탈리 레제-사뮈엘 베케트의 말 없는 삶》, 워크룸프레스, 2014

• 사랑이라고 쓰고 나니, 다음엔 아무것도 못 쓰겠다

최여정 지음 | 2023 | 16,000원

사랑 앞에서 지독한 방황을 했던 이를 치유한 아홉 편의 연극 이야기. 인류가 처음 생겨난 이후부터 지금까지 사랑은 늘 어려운 숙제였고, 그렇기 때문에 시대와 공간은 달라도 인류의 수만큼 다양한 사랑의 모습에 공감할 수 있다. 끝 모를 긴 터널을 지나는 당신에게 어쩌면 한 줄기 희망이 되어 줄 이야기.

• 국기에 그려진 세계사

김유석 지음 | 김혜련 그림 | 2017 | 19,000원

방대한 역사적 사실 앞에 늘 주눅이 들 수밖에 없는 세계사. 한 국가의 정체성을 압축해 놓은 국기라는 상징을 통해 각 나라의 역사를 살펴본다. 세계사를 본격적으로 알아가기에 앞서 뼈대를 세우는 입문서로 제격이다.

• 지혜가 열리는 한국사

옥재원 지음 | 박태연 그림 | 2018 | 18,000원

국립중앙박물관, 국립고궁박물관에서 초등학생들에게 한국사를 가르친 저자의 노하우를 담았다. 저자는 어린이들의 역사 공부는 암기하는 것이 아니라, 역사를 통해 생각하는 힘을 길러주는 게 목적이라고 말한다. 어린이용과 어른용, 두 권의 책으로 구성되어 있는 이 책은 어린이와 어른이 따로 읽고, 함께 대화를 나누는 콘셉트를 갖고 있다. 한국사를 잘 모르는 어른들도 충분히 아이들과 역사를 소재로 대화할 수 있도록 만들었다.

• 당신은 지루함이 필요하다

마크 A. 호킨스 지음 | 서지민 옮김 | 박찬국 해제 | 2018 | 12,800원

눈코 뜰 새 없이 바쁜 삶을 살아가는 당신에게 '지루함'이 왜 필요한지 설파하는 실용 철학서. 지루함이 삶을 돌이켜 보고 그 전과는 다른 창조적인 삶을 살 수 있는 기회를 제공한다고 주장한다. 일중독과 게임 중독 등 갖가지 중독에 사로잡혀 지루할 틈이 없는 한국인들에게 큰 의미를 던지는 책이다.

• 만년필 탐심

박종진 지음 | 2018 | 15,000원

펜을 사랑하는 이들에게 만년필은 욕망의 대상이자 연구의 대상이다. 한자로 표현하면 '貪心'과 '探心', 우리말로는 '탐심'으로 동일하게 음독되는 양가적인 마음이 있다는 이야기다. 이 책은 어느 만년필 연구가의 '貪心'과 '探心'을 솔직하게 드러낸 글이다. 40년의 세월 동안 틈만 나면 만년필을 찾아 벼룩시장을 헤매거나, 취향에 맞는 잉크를 위해 직접 제조하는 수고를 마다하지 않으며, 골방에서 하루 종일 만년필을 써 보고 분해한 경험을 담담히 써 내려간 만년필 여행기다.

• 본질의 발견

최장순 지음 | 2017 | 13,000원

업(業)의 방향성을 고민하는 이들을 위한 안내서. 삼성전자, 현대자동차, 이마트, 인천공항, GUCCI 등 국내외 유수 기업의 브랜드 전략, 네이밍, 디자인, 스토리, 인테리어, 마케팅 업무를 진행해 온 '브랜드 철학자' 최장순이 차별화된 컨셉션 방법론을 제시한다.

· 토마토 밭에서 꿈을 짓다
원승현 지음 | 2019 | 14,000원

이 시대의 농부는 투명인간이다. 멀쩡히 존재하지만 모두가 보이지 않는 것처럼 대한다. 우리 시대가 농업을 대하는 태도를 방증하는 일면이다. 《토마토 밭에서 꿈을 짓다》는 이에 반기를 든다. 새로운 산업의 상징인 디자이너에서 1차 산업의 파수꾼으로 변모한 저자는 자신의 토마토 농장의 사례를 통해 우리 농업의 놀라운 가능성과 존재감을 보여 준다.

· 널 보러 왔어
알베르토 몬디·이세아 지음 | 2019 | 15,000원

방송인 알베르토 몬디의 인생 여행 에세이. 이탈리아 베네치아를 떠나 중국 다롄에서 1년을 공부한 다음, 인생의 짝을 만나 한국에 정착하기까지의 이야기를 담았다. 백전백패 취업 준비생, 계약직 사원, 주류 및 자동차 영업 사원을 거쳐 방송인이 되기까지의 여정이 그려져 있다. 자신의 정체성을 잃지 않으려 노력하며, 남들이 뒤로 물러설 때 끊임없이 도전적인 선택을 하는 모습이 인상적이다. 책의 인세는 사회복지법인 '안나의집'에 전액 기부된다.

'지구 여행자를 위한 안내서' 시리즈

· 지극히 사적인 이탈리아
알베르토 몬디·이윤주 지음 | 2023년 개정판 출간 예정 | 17,000원

한국인이 가장 사랑하는 이탈리아인 중 한 명인 방송인 알베르토 몬디가 전하는 이탈리아 안내서. 커피, 음식, 연애, 종교, 휴가, 밤 문화, 교육, 축구와 F1, 문화유산 그리고 커뮤니티 등 열 가지 키워드로 이탈리아의 문화와 사회를 소개한다.

· 지극히 사적인 프랑스
오헬리엉 루베르·윤여진 지음 | 2023년 개정판 출간 예정 | 17000원

문화와 예술의 나라, 미식의 나라, 좌우가 함께 나는 나라, 끊임없이 논쟁과 토론을 즐기는 나라. 현재 한국방송통신대학교 교수이자 JTBC '비정상회담' 멤버였던 오헬리엉 루베르는 우리가 알고 있던 프랑스와 실제의 프랑스를 비교할 수 있도록 쉽고도 자세하게 설명한다.

· 지극히 사적인 네팔
수잔 샤키야·홍성광 지음 | 2022 | 16,300원

"히말라야의 네팔이 아니라 네팔 사람들의 네팔을 알고 싶다면 읽을 만한 좋은 책입니다."라며 문재인 전 대통령이 추천한 책. 126개 민족이 어울려 사는 이 나라 사람들은 '섞이지 않지만 그렇다고 밀어내지도 않는', 묘한 삶의 원칙을 갖고 있다.

· 지극히 사적인 러시아
벨랴코프 일리야 지음 | 2022 | 16,800원

유럽도 아니고 아시아도 아닌 독특한 문화, 처음에는 불곰 같이 무뚝뚝해 보이지만 알고 나면 정이 넘치는 러시아인들, 광활한 대지에서만 볼 수 있는 자연 경관. 러시아는 한국인에게도 매력이 있는 나라다. 우크라이나와의 전쟁으로 비호감인 나라가 되었지만, 실은 러시아와 한국은 언젠가는 다시 협력하고 교류해야 할 나라다. 미리 서로를 알아갈 수 있도록 벨랴코프 일리야가 다리를 놓았다.